汉译世界文学名著丛书

夏洛蒂·勃朗特书信

［英］夏洛蒂·勃朗特 著

杨静远 译

商务印书馆

Charlotte Brontë
THE LETTERS OF CHARLOTTE BRONTË
选自 *The Brontës: Their Lives, Friendships and Correspondence*
(edited by T. J. Wise and J. A. Symington, Oxford, 1932)

汉译世界文学名著丛书
出版说明

1902年，我馆筹组编译所之初，即广邀名家，如梁启超、林纾等，翻译出版外国文学名著，风靡一时；其后策划多种文学翻译系列丛书，如"说部丛书""林译小说丛书""世界文学名著""英汉对照名家小说选"等，接踵刊行，影响甚巨。从此，文学翻译成为我馆不可或缺的出版方向，百余年来，未尝间断。2021年，正值"汉译世界学术名著丛书"出版40周年之际，我馆规划出版"汉译世界文学名著丛书"，赓续传统，立足当下，面向未来，为读者系统提供世界文学佳作。

本丛书的出版主旨，大凡有三：一是不论作品所出的民族、区域、国家、语言，不论体裁所属之诗歌、小说、戏剧、散文、传记，只要是历史上确有定评的经典，皆在本丛书收录之列，力求名作无遗，诸体皆备；二是不论译者的背景、资历、出身、年龄，只要其翻译质量合乎我馆要求，皆在本丛书收录之列，力求译笔精当，抉发文心；三是不论需要何种付出，我馆必以一贯之定力与努力，长期经营，积以时日，力求成就一套完整呈现世界文学经典全貌的汉译精品丛书。我们衷心期待各界朋友推荐佳作，携稿来归，批评指教，共襄盛举。

商务印书馆编辑部
2021年8月

译者前言

文学批评与研究要不要研究作家？要不要研究作家的生平、际遇、性格、思想，他的家庭和社会环境，他所处的时代、地域、国情民俗，一切影响着他的文艺思想、创作方法和艺术风格并受其影响的事物？这问题似不难回答，但在文学批评史上却有两种相反的见解和做法，表现为两个极端的倾向。一是研究者注意力的扩展、外延，从作品本身转移到它的外围，转移到环绕着作品的纵的和横的环境和背景。在无穷琐细芜杂的考证中，文学的本体——作品——有时仿佛被自己那庞大的影子遮没而淡化了。传统的文学批评容易掉进这样一个陷阱。作为这种偏向的反动，某些现代批评流派则走向了另一极端。它表现为注意力的内向、收缩、排他。它把文学批评的放大镜只对准一部作品的"艺术"，把其他一切有关因素（包括作家）都视为不相干而加以摒弃。如"新批评"派主张用所谓"本体论"批评来取代它所指为传记式、历史式、社会式的批评。"新批评"派理论家维姆萨特在他的《意图谬见》一文中宣称："要衡量一部文学作品成功与否，作者的构思或意图既不是一个适用的标准，也不是一个理想的标准。""诗确非批评家自己的。但同时它也不是作者自己的。它一生下来，就立即脱离作者而来到世上。作者的用意已不复作用于它，它也不再受作者支配。"由这里出发，批评家把一部作品与它所由产生的母体环境割裂开来，切断它与生活的一切血肉联系，而锁闭在"纯"艺术的樊笼里。一部作品不复是现实的反映，不复是人的思想的产物，而成了批评家手术台上一具供解剖的肢体。

我们不否认，就艺术而言，作品对作家及其背景有相对的独立性。研究一个作家，不能代替鉴赏和品评一部作品。但判断一个机体的状况，尚需考虑到遗传和环境的因素，更何况一部作品是作家精神的产品，是人的思想的凝练和结晶。湖泊和注入湖泊的汩汩水源，又怎能截然断开呢？那种形式主义的批评方法滥用的结果，便出现了对一部作品望文生义、妄加臆测、任意理解和解释的现象，在某些现当代文论中颇不鲜见。

作品的艺术形式是不能和思想内容分开的。文学批评当然首先要研究和评价作品本身，但关于作家及其背景的研究也必不可少。只有深入了解一个作家和他的思想，才能更深地理解他的作品。后世要了解一个历史上的人物，一般是通过各种生平资料，包括传记、自传、日记、回忆录、书信等。其中最原始而可靠的，大概要数书信。因为，传记往往反映撰写者的主观见解和意图。自传、回忆录等虽是作者本人的声音，但经过了时间的筛选过滤，事后的思考反省，去芜取精的加工过程，是提炼过的资料。而书信，除了某些有意写来供发表和留传者外，一般都是即时的思想表露，信笔书来的真情抒发，因而也最能如实反映书写者当时的思想、感情、个性的本色。

作品——思想——人，三者之间存有不可分割的有机联系。在某些作家身上，这种联系尤其显著。夏洛蒂·勃朗特就是这样一个作家。她的为人、思想和艺术，在她的书信中看得非常清楚。她的书信和她的传记一样，是英国文学史上重要的文献，是研究这位作家及其艺术必不可少的资料，而它本身也具有甚高的文学价值，可以作为好的散文来读。

1855年2月，夏洛蒂·勃朗特正值声名鼎盛之际逝世，在国内外引起很大的震动和深切的哀悼。赞誉之声海潮般从四面八方涌向荒原中的牧师住宅，给悲痛的父亲和丈夫多少带来些许安慰。但有关这位作家本人的生平事迹，报道颇多讹传不实，有损于她身后的哀荣。她的父亲帕特里克·勃朗特牧师决心请人为女儿撰写一部权威性的生平传略，以正视听。他选中了伊丽莎白·盖斯凯尔夫人为传记执笔人。这个选择再恰当也没有了，因为她是夏洛蒂的好友，又是一位与夏洛蒂齐名的女作家。其结果，便是《夏洛蒂·勃朗特传》这部名著的问世。它与博斯威尔的《约翰生传》和洛克哈特的《司各特传》鼎足而立，同为英国传记文学的不朽典籍。

盖斯凯尔夫人着手写传时，若不是手头拥有夏洛蒂本人的大量书信，是断然写不出这样一部哀艳动人的心史的。

伊丽莎白·盖斯凯尔和夏洛蒂·勃朗特的友谊是文学史上一段佳话，但这可贵的友谊尚在蓓蕾初开时就被死亡掐断，她们彼此了解还不是很深。如果盖斯凯尔夫人图省事，她原可以就已知的表面材料，写一本简短的行状，也能交代过去。但是对亡友的深沉的爱，以及作家的高度责任感，使她知难而进，全力以赴去搜集资料。她跟随夏洛蒂的脚印走遍她生活过的地方，寻访有关的人，特别是通过一切可能的途径征集她的书信。由于她的努力，这些珍贵的资料才不致散失淹没,而得以流传于世。

1857年《夏洛蒂·勃朗特传》的出版,在大西洋两岸掀起了"勃朗特热"的新高潮。早就迷上了《简·爱》的读者,现在更迷上了《简·爱》的创造者,感怀她不幸的身世,她那"极不寻常"的性格,她的两个天才的妹妹,她们那个埋藏在荒原深处的不寻常的家庭。但这部传记之特别引人入胜,不在于它的女主人公生活经历丰富多彩或离奇曲折,而在于作传者多半退居幕后,推出女主人公,让她亲自向读者说话。传记以表现夏洛蒂其人为主,因为作者认为:"夏洛蒂·勃朗特作为朋友、女儿、姐姐、妻子,被人们了解得越充分,在必要时通过她自己的话来了解,她受到人们的评价就越高。"写生活的篇幅大大超过写文学活动的篇幅,作为一部作家传,这应该说是一个美中不足之处。

有盖斯凯尔夫人开路,研究勃朗特一家的专著相继出现。1883年出版了第一部艾米莉·勃朗特传(玛丽·罗宾森著)。1886年出版了勃兰威尔的朋友弗兰西斯·雷兰为他写的传。1897年出版了帕特里克·勃朗特的传《勃朗特姐妹的父亲》(W. W. 耶茨著)。随之,更多的书信被发掘出来。1893年,勃朗特协会成立,不遗余力地搜集勃氏遗物。1895年,霍渥斯的勃朗特陈列馆开幕,1928年它迁至勃朗特家的故居牧师住宅,成为永久性的纪念馆。勃朗特协会的活动则迄未间断,延续至今。

到1895年时,热心的勃朗特研究者克莱门特·肖特决心收集所有的书信,出一本专集。为此他专程赴爱尔兰访问夏洛蒂健在的丈夫亚瑟·尼科尔斯,从他那儿得到许多珍贵的资料,包括《夏洛蒂·勃朗特传》中未收入的信件,加上从夏洛蒂的亲朋故旧那里收集到的更多的书信，于1896年出版了第一部书信集《夏洛蒂·勃朗特和她的社会圈子》(后改名《勃朗特一家和他们的社会圈子》)。这本集子中的书信不是按时间顺序编排，而是按写信人或收信人以及书信的内容分章编排的，因而不尽科学合理。例如归在"艾米莉·勃朗特"一章内的，既有艾米莉写的信，也有夏洛蒂写给艾米莉的信，还有夏洛蒂写给友人论及艾米莉的信。又如，夏洛蒂写给她的编辑威廉斯的信，则分别归入"威·史·威廉斯"、"文学抱负"和"文学上的友谊"各章。这就很难查找。另一个重大缺陷是，由于版权关系，这本集子中不包括《夏洛蒂·勃朗特传》中引用过的信件。直到1908年，传记版权终止后，肖特才得以将其中的信收进来，加上新发现的其他信件，按时序重新编为一集——《勃朗特一家：生平与书信》。肖特深信，他已把勃氏书信收罗净尽。但是到1913年，《泰晤士报》爆出冷门，发表了夏洛蒂致埃热先生的四封"情书"。这说明搜集勃氏书信的工作仍大有潜力可挖。1932年，托马斯·怀斯和亚历山大·赛明顿合编的《勃朗特一家：生平、友谊和书信》四大卷问世，标志着勃氏书信编辑出版的新里程碑。这个集子在肖特的基础上，又增添了约300封信，共收入1046封，全部按时序排列编号，从勃朗特姐妹幼年(1820年代)直到她们去世(1850年代)后四十年间，可谓集勃氏书信的大成。尽管以后几十年中又陆续有新的发现，但它的权威性已经确立，成为任何一个勃朗特研究者和传记作家的案头必备书。

四卷集中以夏洛蒂的信为主，在全部1046封信中约占800封。艾米莉的信只有一两封，安妮的信也不过寥寥数封，都不甚重要。

因此，无论就数量和内容而言，一部勃朗特书信集，其实就是一部夏洛蒂·勃朗特书信集。

夏洛蒂是写信的能手。她的信有内容、有见地、有感情、有文采。她热衷于写信，首先是出于生活的需要。她是一个穷牧师家庭的长女。父亲无力关顾女儿们的前途。弟弟沾染了酗酒浪荡恶习，只知向家庭伸手。两个妹妹从不出头露面，一切听凭大姐安排。于是夏洛蒂成了全家的主心骨。她从小就养成了关心全家的习惯。正是一种庄严神圣的、不可推卸的责任感，支配着她一生的思想和行动，从个人、家庭，推而及于社会。她必须为自己和妹妹的生存和发展打开出路。没有现成的社会关系可依靠，她必须自己去建立社会关系，交朋友，并长久保持友谊。为了开拓文学事业，她必须给知名作家、诗人写信求教，和出版商、评论家打交道，结交文友。在长期的幽居生活中，犹如胎儿靠脐带与母体沟通，夏洛蒂主要靠书信与外部世界保持联系。

但夏洛蒂写信，更多的是出于感情上和精神上的需要。她热情，内心里有着太多的感情需要倾吐。她多思，头脑中有太多的思想需要交流。姐妹三个都酷爱大自然。艾米莉心在荒原，远避尘寰，除家人外，与世无交。可是夏洛蒂还向往人间温情。她爱父亲，以近似母爱的深情爱着弟妹。她和同窗埃伦·纳西和玛丽·泰勒结为终身莫逆之交。她给埃伦的信近500封，绝大部分保存下来，成为她的书信的主体。她给玛丽的信更富思想内容，惜未保存。成名后，她和女作家盖斯凯尔夫人、马丁诺女士，男作家萨克雷，出版界威廉斯、史密斯等人建立了诚挚的友情。她和萨克雷之间既友善，又有分歧。她佩服萨克雷的社会批判的勇气,却不满他沾染了伦敦上流社会的市侩气,过于仰权贵的鼻息。在这一点上,她是个较萨克雷更彻底的社会叛逆。她和威廉斯的友谊则另是一样。这位正直、谦和而好思索的长者,第一个发现了夏洛蒂的才华,成为她在思想上、事业上的知交。夏洛蒂给他写过不下100封信,向他诉说自己的痛苦、烦恼和希望,畅谈对各种问题的意见和感想。这些信是她全部书信的精华。这些可贵的友谊,在她惨遭人生悲剧时,如同甘霖,润泽着她龟裂的心田,支持着她度过了精神危机。

夏洛蒂像她笔下的简·爱、露西·斯诺、卡罗琳·赫尔斯通一样,有一颗十足的女性的心,向往着正常的人生幸福、美满的爱情婚姻。假如她像伊丽莎白·布朗宁一样幸遇知音,可以想见,她会留下多么缱绻动人的"两地书"。然而这样的信在她的书信中却付缺如。如果有什么算得上是"情书",那就是她写给她的比利时老师康斯坦丁·埃热的信。夏洛蒂对埃热先生的感情的性质,是传记作家们多方探究而莫衷一是的题目。盖斯凯尔所知道的肯定要多于她所写的。从仅存的四封信来判断,她的感情确已超出一个学生对恩师的爱戴。但是若断言她对一个有妇之夫存有非分之想,那却与夏洛蒂整个的为人、信念和行事不相符,绝无可能。看来,她的感情有可能是一种介乎师生情和两性爱之间的难以界定的恋情。它确乎有点儿超出世所公认的礼法常规,但断然不会越轨逾矩。她要求得到一个异性的知己、一个知心,以满足她对心智、情感交流的渴望,仅此而已。如果说这是爱情,那多半是一种升华于肉欲之上的柏拉图式的爱情,她对此是问心无愧的。无论如何,这四封信的公布,启开了夏洛蒂生活中一扇迄未为人所知的门，揭示了她内心的一个密室，填补了盖斯凯尔夫人为她绘的不完整的肖像的一角。四封信之所以值得注意，在于它们显示了夏洛蒂心灵震荡的深度，有助于解释她的女主人公们那异乎寻常的激情的由来。

夏洛蒂·勃朗特的书信，贵在真实。它们不是像曾文正公家书或有些大人物书信、日记那样，专为训世和教诲子孙后代而写的。她的信，是一颗赤热的心和多思的头脑的自然流露，一个过于饱满的心灵不可抑制的外溢。她开始写信时，还是一个天真无邪的乡村少女，及至成了名，也始终保持着谦逊质朴的普通妇女本色。她的信会有朝一日披露于世，这是她万万想不到的。她谈到自己的信时说："我从不把它们看得多么重要，也从不考虑它们的下落。"（923）[①] 正因如此，她在写信时就毫无约束，保持着精神上的自由。这些信逐年逐月乃至逐日记录了她的生活，她那虽不复杂但绝非平淡的经历。尤其是，它们有如年轮，忠实地记载了一个心灵从幼株到成材的全过程。无怪盖斯凯尔夫人在传记的后半部分几乎逐页征引夏洛蒂的原信，因为她深知，再也没有比这些信札更能准确鲜明地勾勒出她的面貌的了。

夏洛蒂是一位艺术家，不是学者、思想家。她的信中没有渊博的学识或高深的哲理。她论人论事，多凭感想、直观和良知。但唯其发自内心，才更具有朴实的自然美和浓郁的个性的芬芳。这些书信帮助我们了解了这个作家，也了解了这个人。

[①] 这个数字是书信的编号，下同（本书除特别标注外，均为译者注）。

首先是人。

有不少大作家，他们创作了令人难忘的作品，但他们本人却仿佛隐身在时空的雾霭里。他们笔下的人物和景象会反复出现在我们记忆的屏幕上，而握笔者的音容笑貌却模糊不清。夏洛蒂·勃朗特不是这样的。她的影像会悄悄地潜入我们意识的深部，长住下来，像简·爱的影像一样清晰，有时二者竟重叠起来，因为她们本质上是如此相像。她是生活中的简·爱。但由于生活要比虚构更加丰富得多，她也比简·爱丰富得多。

读着她的信，我们仿佛看到她由少女长成妇人，熟悉她的一切，像熟悉一个我们身边活着的人，一个诚实、坚强、热情、勇敢、奋发向上、自强不息的妇女。

弥漫着她的全部作品的巍然正气，同样也贯穿着她的全部书信。萨克雷在纪念夏洛蒂的文章《最后一幅素描》中说："凡是读过她的书的人，谁不钦佩这位艺术家典雅华贵的英语文体，谁不钦佩这位妇女对真理的炽烈的爱、她的勇敢、她的纯真、她对邪恶的义愤、她热切的同情心、她虔诚的爱和信仰、她激越的荣誉感？""一种急切的诚实，是这位妇女的性格特征。"读了她的书信，我们也会得到同样的印象，而且更深刻、更难忘。

我们看到她性格上相反的但并不矛盾的两面。她温柔、热情、悲天悯人，她自己遭遇不幸，深深同情一切不幸的人。"我们最好忘记自己，深切地关注他人的疾苦、损失、奋斗和困难。假如我们自己生活得称心如意，那就要时时记住，我们的千千万万同类在遭遇着不同的命运；最好让我们沉睡的同情心受到激发，我们麻木的自私心受到震撼。"（711）另一方面，她不是柔软的材料做成的。她傲骨铮铮地冷对权势，极端轻蔑、厌恶上流社会的虚伪和荒谬。"你们的那些有良好教养的人们，在我看来……都是头朝下在走路，倒过来看世间万物。对于他们，谎言成了实话，实话倒成了谎言；他们把没完没了的令人厌倦的无聊活动当成乐趣，而把明智的追求视为 ennui〔厌事〕。"（279）上流社会对于她，绝不是酸葡萄。当她有机会成为贵妇人座上的贵宾时，她傲然拒绝了（678）。对下暖如春风，对上冷若冰霜，夏洛蒂就是这样一个既软又硬的性格。

奋斗，进取，是夏洛蒂一生的主旋律。奋斗，抗争，和病弱的身体抗争，和逆境抗争，和习惯势力与陈腐观念抗争，和心灵创伤、绝望情绪抗争，和失败抗争，和死亡的打击抗争，为了实现自己和妹妹们的文学抱负，她百折不挠，不达目的不罢休。但她毫不自私，她的奋斗不是自我中心的个人奋斗。她认为，自我解放不能以损害他人或不顾他人为代价取得。出于原则或出于必要时，她能够放弃自己所向往和珍惜的一切，做出牺牲。她坚信："正确的道路，乃是那条要求你在个人利益上做出最大牺牲、对别人有最大好处的道路。"（257，273）这是她的信条，是她据以律己的行为准则。还在少女时代，她就把责任看成做人的第一要旨，自觉自愿接受它的羁约。"责任，需要，这都是严峻的女主人，不容你不服从啊。"（38）不论在就业和婚姻问题上，她都曾为家庭做过重大牺牲而无怨尤。

妇女问题和爱情婚姻问题，是夏洛蒂思考得较多的问题，必然在书信中占有重要地位。这反映了当时英国妇女无权的状况，也突出地表现了夏洛蒂激进的民主思想。恩格斯说过，妇女解放的程度是衡量普遍解放的天然尺度。可见，妇女问题所包含的内容和意义比表面看来的深广得多。在当时的英国，妇女的受压制是和工人的受剥削平行的重大社会问题。贫穷妇女特别是贫穷的知识妇女普遍找不到出路，如果没有机会结婚，就只有靠当家庭教师养活自己。家庭教师这种职业，实际上是有钱人残酷剥削有文化教养的穷人子女的一种制度。家庭教师地位的低下、劳务的繁重、待遇的菲薄、人格的屈辱、已经到了引起公愤的程度。夏洛蒂身受其苦，体会很深，因而发出强烈的抗议。她在小说中以艺术形象做了控诉，而在书信中则以社会学的精确性把这种制度的剥削本质揭露无遗。（368）

当女家庭教师固是一种苦差，但比起居家赋闲，无所事事，靠父兄养活，在她看来还是二恶之次。她坚信，"靠诚实的劳动挣得的面包比不劳而获的面包更香甜"（84）。独立的人格，有赖于独立的经济地位。贫穷的姑娘宁去挤劳动市场，也不要到婚姻市场上去屈辱地出卖自己。她看到一家一家的英国姑娘坐等出嫁，无目的无意义地虚度岁月，打心底可怜她们。她唯愿全英国、全世界的女子都能获得一个生活的目的。（452）她亲身体会到，有成效的工作是上天赐给人类的最大福祉，是治疗心灵创伤的良药。它能把一个掉进绝望的海洋行将灭顶的人托出水面。正是工作——文学创作，把她从丧失亲人的悲痛中拯救出来，给了她活下去的勇气。（451，452）夏洛蒂不是社会学家，不懂政治经济学，更不知有马克思主义学说。但她清醒地看到，妇女问题是整个社会问题的一部分，许多弊端，深深扎根于社会制度本身。不过她认为，社会制度问题只能由哲学家、政治家们去思考、去解决，

xiii

不是她所能过问的。她也不是女权运动者，她对男女平等、妇女解放的要求，主要关系到就业、受教育、婚姻家庭等方面，从未涉及妇女参政问题。她以为，如果妇女们自己争气，还是有可能局部改善自己的处境。（368，592）作为一个作家，她认定自己有责任通过文学揭露社会的不平，激励受压迫者——不论是妇女还是工人——起来抗议。（368）

在婚姻问题上，她的激进的民主观点表现为猛烈抨击形形色色封建的和资产阶级的功利主义婚姻，倡导建立在爱情基础上的平等的婚姻。从书信看，她自己在婚姻问题上的思想是矛盾的。一方面，她切望能有幸嫁给一个真正的知音。她怀着理想主义的浪漫情绪，要求爱自己未来的丈夫达到崇拜的地步，以至甘愿为他去死，否则宁可终生不嫁，决不迁就。（72，73）她执着于自己的理想，十多年中拒绝了三次求婚，其中有两次（亨利·纳西和詹姆斯·泰勒），从现实的眼光来看，原是可以接受的。另一方面，她又对现实生活中的婚姻抱现实的甚至幻灭的态度。她嘲笑法国式的"巨大的热情"是"巨大的愚蠢"，劝女友不要指望在结婚前恋爱。（95，106）她早就认定自己不可能结婚，思想上做好了独身的准备，却不料在命运拨弄下陷进了一场"巨大的愚蠢"，爱上了一个有妇之夫，遭受了沉重的感情创伤。独身，在当时的英国是相当普遍的，特别是在那些贫穷而又有谋生本领的女子当中。夏洛蒂并不怕独身。假如她挚爱的两个妹妹活着，又有她热爱的文学事业，她对两性情爱的渴望就可以得到补偿。妹妹的死，抽去了她感情的支柱。她不幸，并非"因为我是一个单身妇女……而是因为我是一个孤独的妇女"（783）。正是这种无以解脱的孤独感，终使她放弃了自己的理想，和一个热爱她但她并不爱的男人结了婚。及至婚后，才发现她劝朋友先婚后恋的话，竟在她自己身上应验了。她的激情，她内心深处的波澜，在书信中鲜有表露，但在她的小说中却可以找到充分的反映。她关于爱情婚姻的种种见解和思考，包含着一个妇女解放运动先驱者的先进思想内容，是书信中饶有意义的部分。

作为一个作家，夏洛蒂书信中最值得注意的，自然是她谈论文学和创作的部分。

夏洛蒂不是文艺理论家，没有成套的理论性阐述。但她有明确的文艺思想，虽不系统但脉络尚清楚的文艺理论。这些见解，大量散见于她为自己和妹妹的作品撰写的序言，以及与出版人、编辑、批评家、文友和读者的通信。这方面她的主要通信人是史密斯－埃尔德公司的编审威廉·史密斯·威廉斯。她和公司的业主乔治·史密斯以及另一业务骨干詹姆斯·泰勒也常就稿件问题交换意见。她的文友中，关系较密切的是作家萨克雷和盖斯凯尔夫人。仅仅由于无意扩大交游面，她才未和狄更斯结识。恰恰是这四个作家，而不是别人，被马克思誉为"现代英国的一批杰出的小说家"，难道是偶然的吗？这说明，在创作思想上，他们是属于同一类型的，都是批判现实主义作家。此外，她同作家兼批评家乔治·亨利·刘易斯书信往还的论战，是极有趣的部分，充分显示了她大胆、泼辣、犀利、勇于坚持她自认为正确的东西。

首先给人以深刻印象的，是她对文学事业所抱的态度。这是她从事写作的出发点。19世纪批判现实主义小说家的一个共同特征，是他们都有高度的严肃性、使命感，明确地意识到作家对人类社会应负的庄严责任。夏洛蒂在这方面尤为突出，有大量的言论见于她的序言和书信。她写作的宗旨不是为艺术而艺术，不为自娱或取悦于少数有闲者。她坚持作家的社会职责，坚持文学的社会功能。她强烈反对不道德的文学艺术。"一个真正热爱人类的人，应该献出毕生的精力来保护和捍卫人类；应该荡涤每一种诱惑，横眉怒对它的鬼蜮伎俩。"（848）她强调说，一个作家写的东西"如果对读者没有好处，他会感到主要目的没有达到，白白浪费了自己的时间和劳动"（318）。这个"好处"，首先是道德上的裨益；是促进人性的升高和净化，不是使它堕落；是宣扬真善美，鞭挞假恶丑。其次，才是给人以美的感受。在她的一封带宣言性的信中，她庄严宣称："我以为，作家的第一职责，是忠于真实和自然；第二职责，是勤勤恳恳地钻研艺术，以期雄辩而有效地阐释这两位伟大神灵所宣示的教谕。贝尔兄弟（即勃朗特姐妹）都竭诚地崇拜真理，他们也希望致力于探讨艺术，以便有朝一日获得语言的功力，以令人信服的声调来表述其信念。"（385）可见，真理和艺术在夏洛蒂眼中是统一的，只不过二者之间还有主次之分。她所说的这个真理，不是抽象的真理，不是超验的真理；它具有明确具体的社会内涵，那就是真实地反映现实生活，揭露不合理的社会现象，首先是人和人之间的不平等。她赠给萨克雷的崇高称号"当代第一位社会改革家"、"力求匡正时弊的工作者队伍的领袖"，也正是她给自己定下的努力方向——她力求成为这个"工作者队伍"的一员。她强烈抗议社会不平等，并列地提出了一国内"两个民族"的问题和妇女状况问题。她抗议森严的加尔文教义对正常人性的压制和摧残。社会的和宗教的两重抗议，给她招来了统治阶级和教会顽固派的忌恨。他们借文学批评的园地（《每季评论》和《基督教醒世报》）对她狂施打击。面对来势汹汹的敌人，她正气凛然、毫无惧色，因为她深信自己站在真理和正义一边，有人民大众的支持。她无畏，还因为她无私。她写作一不为名，二不为利，只为信念。信念禁止她因惧怕责难而牺牲真理，她果敢地接受了这个禁令。（425）

既然认定作家的使命是服务社会、宣扬真理，她深深鄙弃那些专为营利而写作的人，轻蔑地称他们为"写书匠"，断言他们的作品虽畅销一时，却不能持久。（348）

作家照例害怕批评家，夏洛蒂却不怕。在批评面前，她不卑不亢，与批评家分庭抗礼，要争一个是非曲直，不管他们权威多大。可是，一个穷工人的评价，她却看得比什么都重，视为对她的作品的"最高礼赞"加以珍藏。（537，538）足见她的民主言论不是只挂在口头上。

和同时代的男作家狄更斯、萨克雷相比，夏洛蒂作品的题材狭窄得多。囿于生活环境和性别加之于她的种种限制，她不能广泛地接触社会，不得不写她所熟悉的事物：女教师、女学生、教会人士、学校生活，等等。这一点，她深有自知之明。但她并不以此为满足。她羡慕狄更斯和萨克雷了解社会的深度和广度。（343）看到《汤姆叔叔的小屋》的作者斯托夫人有魄力、有能力处理奴隶制这样一个重大题材，她甘拜下风。（792）她对简·奥斯丁不满的一个主要原因，就是在那位女作家的小说里，只见一座绅士淑女们的精心侍弄的花园，不见广袤的田野，生气勃勃的人民生活。(340)《谢利》就是她力图冲出自己狭小天地的一次尝试。虽然她处理工人运动的题材不如处理熟悉的题材那样得心应手，给人一种吃力的印象（锡德尼·多贝尔形象地把《简·爱》比作"肥牛"，把《谢利》比作"瘦牛"），但她的精神应充分肯定。她的努力，为英国文学留下了一幅关于早期工人运动的珍贵画面。值得注意的是，在她写完最后一部小说《维莱特》后，她曾有意转移目光，去搜索"生活的真实面而不是文饰面"，试着迈出小资产阶级知识分子的生活圈子，去探摸社会的底层。她对报道伦敦贫民状况的文章非常感兴趣。(643)在伦敦时，她专门自选了参观的项目——监狱和弃儿医院。这样做，当然不是出于"阴暗的兴趣"。可以设想，她是在为下一部作品搜集素材。(814)

夏洛蒂重视作品的思想内容，但也绝不忽视艺术方法和写作技巧。她的作品是血肉丰满的艺术品，不是干瘪的道德说教的图解。

在创作方法上，她走过了一条漫长而曲折的道路。在写《简·爱》以前，她已有过近二十年的摸索实践。她曾毅然抛弃少年习作中浪漫的狂想，转向第一部正式的小说《教师》那平淡的写实主义。然后她总结了两方面的不成功的经验教训，找到了一条把浪漫主义吸收到现实主义中来的独特的创作道路。由于她善于描写强烈的激情，大胆运用丰富的想象力，挖掘主人公的内心生活，以及在情节中掺入某些"哥特式"传奇因素，她便被有些评论家归入浪漫主义作家之列。但现实主义是她的作品的内容实质，也是她的基本方法。浪漫主义仅仅是她拿来变换和丰富现实主义手法的一种并用的手法。着重描写激情和心理，则是她从19

世纪法国浪漫主义文学那里部分吸取的方法。这种方法标志着以讲故事为主的老式小说到以刻画人物性格为主的新型小说的发展，并不是浪漫主义的特征。

夏洛蒂恪守现实主义的创作方法，这一点从她的序言和书信里可以得到毋庸置疑的明证。她坚持写真实："真实总归胜过艺术。彭斯的歌谣比布尔沃的史诗更好。萨克雷的粗糙、草率的素描比成千上万精致完美的油画更可取。"（433）写普通人："我书中的主人公应该像我所看到的真实的人那样，靠诚实的劳动度过一生……"（《教师》序）写真事："你要看到的是种真实的、实在的、实际的事情；是种像礼拜一早晨那样毫无浪漫气息的事情。"（《谢利》第一章）她嘲笑那些醉心于惊险小说的出版商和读者热衷于"那种狂野、奇妙、惊险的事物——离奇怪诞、惊心动魄、凄楚动人的事物"（《教师》序），并且极端蔑视通俗小说中那种"多愁善感、诗情画意和虚幻缥缈的东西"，"热闹、刺激和通俗闹剧"（《谢利》第一章）。可见，真实地描写现实，是夏洛蒂自觉奉行的原则。那么，为什么在《简·爱》里（以及后来在《维莱特》里）会出现"哥特式"的神秘色彩和情节上的巧合呢？那是因为《教师》连遭六次退稿而不得不改变做法的结果。（316）即便如此，也不影响《简·爱》的现实主义性质。对于它的社会批判的内容实质来说，浪漫主义的因素是用以渲染和烘托、增强悬念趣味的华丽的装饰，是非本质的东西。

在坚持写真实的同时，她也反对死守着经验的园地，不越雷池一步的自然主义写法。从《教师》到《简·爱》，是她的想象力从压抑到解放的一个可喜的飞跃。她笔下的人物都是她生活中熟悉的性格典型，但绝不是真人的肖像。"我们只能让现实做出**暗示**，而绝不能让它做出**指示**。"（492）她不同意刘易斯的主张，认为艺术不应是对自然的简单的临摹。她强调说，作家在写作时会身不由己地受到一种强大的力量的支配，那就是文艺女神的翅膀——艺术想象力。（316）

独创，是夏洛蒂的艺术的一大特色。她的小说给当时人的第一个印象就是新颖，不落俗套。她为自己定下了一个标准："小说里那些标准的男女主人公，我向来不感兴趣，我不相信他们是自然的，也无意去模仿。倘若我被迫不得不去抄袭这样的人物，那我宁肯干脆什么也不写。……除非我有自己的话要说，除非我能够把眼光超越最伟大的**文学大师**，去研究**自然**本身，我无权描绘什么。除非我有勇气使用**真理**的语言，摒弃**世俗**的陈词滥调，我理当保持缄默。"（392）她忠实地奉行这个准则。这首先表现为新型人物的塑造。她大胆地捐弃了文学中传统的女主人公的那个标准像：美丽、温柔、纤弱、被动，像温室的鲜花。她破例创造了一个崭新的女主人公："矮小，不美"，却仍然令人感兴趣，刚强、勇敢、坚忍，如抗风霜的劲草，但仍充满激情和魅力。简·爱的形象如此深入人心，以致三流作家群起效颦，一时写"丑女人"成风。但这些木偶人全都被遗忘了，唯有简·爱永保新鲜不败，活在一代又一代读者心中。因为，她的新鲜不在外形，而在内心。

夏洛蒂在书信中经常谈论英国和外国的、当时和过去的其他作家和书，如英国的司各特、拜伦、兰姆、菲尔丁、奥斯丁、骚塞、萨克雷、狄更斯、盖斯凯尔夫人、特罗洛普夫人、马尔什夫人、马丁诺女士、利·亨特、金斯利、刘易斯，美国的爱默生、斯托夫人，法国的巴尔扎克、乔治·桑，德国的歌德、埃克尔曼，等等。这些段落之所以有趣，不仅因为它们表现了她的文艺观点，而且透过她的眼睛，可以瞥见欧洲小说史上辉煌灿烂群芳争妍的一个时期风貌的一斑。她论及二妹的作品的书信和序言，尤有价值。

夏洛蒂的书信，有许多本身是华美流丽的散文，有很大的可读性。书信的文笔和风格因通信对象不同而异。给家人、好友的信，信手写来、不拘形式，但感情真挚、柔媚温存。给文学界友人的信较讲究辞令，注重文采，喜用华丽的对偶句。而论战性的信则笔锋犀利泼辣，时有夸张的语调。译文原应忠实传达原来神韵，惜译者能力有限，未免走样失色，恳请读者指正。

本选集从原书的1000余封信中选译了280封。取舍的范围，主要着眼于两个方面：说明夏洛蒂之为**作家**；说明她之为**人**。后者以表现她的思想为主，但也涉及她生活中的重大事件，她的学业和工作、家庭、交游、爱情和婚姻。我以为，对于夏洛蒂这样的作家，不宜把书信集编成言论录的形式。通过生活实践体现出来的她的思想和为人，更真实、更有血肉。

选择表现她的思想的书信时，我采取正反两面兼收的做法。夏洛蒂的社会思想和政治观点之间有着明显的矛盾或差距。例如，她抨击贵族资产阶级社会，却拥戴反动的帝国主义的英国政府；同情工人阶级的苦难，却不赞成他们有组织的革命行动——卢德运动和宪章运动；对欧洲轰轰烈烈的革命运动怀着忧惧心理；反抗清教思想的桎梏，却忠于国教会，对无神论心存疑虑。这些唯心的、保守的乃至反动的观点，来自她的阶级出身和教养的影响。这方面的书信，我同样收入。我认为，只有这样，而不是替古人讳，才能客观地呈现一个人的本貌，有助于对她做出全面的正确的评价。

选译的信，除个别取自其他地方，全部选自怀斯与赛明顿合编的《勃朗特一家：生平、友谊和书信》四卷集（T. J. Wise and J. A. Symington ed., *The Brontës: Their Lives, Friendships and Correspondence*, 4 vols., Oxford, 1932）。书信的顺序一律按时间先后编排。每封信前面的编号是原书信集的编号，因此在本书中是不连贯的。第1-167号属第一卷，第168-451号属第二卷，第452-777号属第三卷，第778-1050号属第四卷。每封信在原书中的卷数和页数不再单独注明。为了便于读者理解，译者在有些信前加了一些说明，现用楷体排出，以区别于信件正文。

杨静远
1984年1月8日

目　录

一　少女 ………………………………………………………… 1
（1832-1835.书信编号 26-36）

友谊——谈读书——论跳舞——自省——憧憬——谈政治

二　女教师 ……………………………………………………… 11
（1835-1841.书信编号 38-121）

伍勒女士学校——论责任——宗教怀疑——创作梦——请教骚塞——亨利·纳西求婚——西治威克家——勃鲁斯求婚——对婚姻问题的思考——怀特家——女家庭教师的苦恼——争取出国求学——致姨母

三　布鲁塞尔 …………………………………………………… 49
（1842-1843.书信编号 131-163）

埃热夫人学校——对比利时人的偏见——奔姨母丧——独返布市——"黑天鹅"埃热先生——可怕的孤寂——一次"真正的"忏悔

四 莫测的前途···63
（1844—1847. 书信编号 169—294）

办校计划落空——致埃热的信——玛丽去国——副牧师们——自我牺牲——勃兰威尔被辞退——论男女教育——艾米莉的诗——自费出版《诗集》——致德·昆西

五 崭露头角···93
（1847—1848. 书信编号 300—335）

《教师》的遭遇——《简·爱》的胜利——论作家的社会职责——萨克雷赞《简·爱》——论萨克雷——与乔·亨·刘易斯商榷——论简·奥斯丁——论写实与想象——论刘易斯和萨克雷——论《教师》、《呼啸山庄》、《艾格妮斯·格雷》——《简·爱》再版序

六 蜚声文坛的"柯勒·贝尔"·······························113
（1848—1849. 书信编号 336—392）

论《简·爱》——论奥斯丁与乔治·桑——论狄更斯、萨克雷与题材——女作家卡万纳——《简·爱》搬上舞台——论法国革命——《基督教醒世报》的中伤——论战争和革命——论宪章派——论刘易斯和他的小说——否认写小说——论女家庭教师——论《米拉波传》——论罗斯金、《怀尔德菲尔府的房客》、爱默生——论真理与艺术——赞萨克雷——论罗切斯特、希思克利夫、亨廷顿——论教士女儿学校——初访伦敦——会晤出版人——歌剧院——论模仿与独创——论兰姆姐弟——论三姐妹的诗

七 命运的打击···**175**

（1848-1849. 书信编号 394-448）

勃兰威尔去世——艾米莉患病——《两世界杂志》的赞誉——《北美评论》的毁贬——艾米莉去世——《每季评论》的恶毒攻击——詹姆斯·泰勒——玛丽·泰勒论妇女的出路——论《谢利》手稿——论真理与艺术——论利·亨特、卡莱尔、罗斯金、葛德文——安妮患病——斯卡博罗——安妮去世

八 悲痛之果——《谢利》·······························**207**

（1849. 书信编号 450-500）

人去楼空——论女子生活的目的——从工作中求解脱——《每季评论》——论歌德——论《谢利》手稿——论《大卫·科波菲尔》——论《谢利》人物——工作的慰藉——论对《谢利》的评论——刘易斯和《爱丁堡评论》——盖斯凯尔夫人和马丁诺女士——欧仁·福萨德和《两世界杂志》

九 伦敦文坛露面···**233**

（1849-1850. 书信编号 501-559）

二进伦敦——史密斯一家——会见萨克雷——会见马丁诺女士——批评家们——论友谊——论萨克雷的小说——反驳刘易斯——萨克雷的信——亚瑟·尼科尔斯读《谢利》——《简·爱》和《谢利》在家乡——致伍勒女士——论演剧——穷工人的鉴赏——论天性优秀和习得才学——论《泰晤士报》——副牧师们的反应——论骚塞——论简·奥斯丁——

xxv

致一读者

十 名作家生涯 ········· 267
（1850-1851．书信编号 565-665）

三进伦敦——给萨克雷提意见——卡万纳女士——苏格兰之游——与史密斯的关系——由里奇蒙画像——游湖区——会见盖斯凯尔夫人——论妇女状况——锡德尼·多贝尔的《柯勒·贝尔》——编辑二妹遗著——论三姐妹的诗——论《呼啸山庄》——论巴尔扎克和乔治·桑——致 K.T.——致多贝尔——访马丁诺女士——对史密斯的态度——论《教师》——论马丁诺与无神论——詹姆斯·泰勒访霍渥斯——第三次回绝求婚——批评萨克雷

十一 《维莱特》 ········· 315
（1851-1852．书信编号 673-803）

四进伦敦——萨克雷文学讲座——"水晶宫"博览会——萨克雷逢迎权贵——名演员拉歇尔——访盖斯凯尔夫人——《维莱特》的难产——评《亨利·埃斯蒙德》——评菲尔丁、《巴黎随笔》、《荒凉山庄》——讨论《维莱特》手稿

十二 婚事 ········· 343
（1852-1854．书信编号 807-907）

亚瑟·尼科尔斯求婚——父亲的阻挠——五进伦敦——为《露丝》让路——《维莱特》出版——参观监狱、弃儿医院——同马丁诺女士决裂——萨克雷的肖像——尼科尔斯离

去——评《克兰福德》——《基督教醒世报》的攻击——致《基督教醒世报》——盖斯凯尔夫人来访——转机，宣布订婚——婚前的思虑——婚礼和蜜月旅行

十三 最后的时日………………………………387
（1854-1855. 书信编号910-950）
教士之妻——评《北与南》——尼科尔斯要求烧信——观瀑遇雨——患病——逝世

一 少女

（1832-1835. 书信编号26-36）

友谊——谈读书——论跳舞——自省——憧憬——谈政治

1832年夏,16岁的夏洛蒂从罗海德的伍勒女士学校毕业,回到霍渥斯家中。此后三年,她一面继续自学,一面辅导两个妹妹。她在罗海德结交了两个终生挚友,埃伦·纳西和玛丽·泰勒,与她们开始了从未间断的通信。

下面这几封早期的信,涉及了她对读书、跳舞、伦敦、政治、宗教等许多问题的思考,闪露出一个尚不成熟但认真不苟、孜孜求索、努力完善自己的少女的心灵火花。

26. 致埃伦·纳西
（1833年1月1日）

我们曾约定,每月通一次信;自我收到你上次寄来的有趣的信,已经过了一个月,因此我现在要立刻给你回信。"新年"来临,请接受我的祝贺。就像人们常说的,不过包含着真实的含义——祝愿你每过一天,就变得更聪明、更好。元月的第一天,总在我思想上引起一连串非常庄重严肃的反省,提出了一个不断涌现的、易问但不易回答的问题:在过去的一年里,我取得了哪些进展?瞩望来年的黎明,我有哪些良好的设想?这些,最亲爱的埃伦,都是有分量的问题,对你我来说,尽管年轻,不论怎样深刻地严肃地反省都不为过分。我感到歉然的是,你在两个方面缺乏自信,我想这都出自你对自己的能力信心不足。其一是,你不肯用法文给我写信,而我认为这样做将大大有助于提高你的法语。你一片好心,告诫我不要因爱妹妹心切而把自己看得过于重要，接着你又插话说，请求我不要生气。埃伦啊，你想我会因你对我的任何一句劝告而生气吗？不，为此我诚心诚意感谢你，并且爱你，如果我还能爱你爱得更深。……我很高兴你喜欢《肯尼尔沃斯》①，这无疑是一部辉煌的作品；它更像一本传奇而不大像一本小说，在我看来，它是伟大的司各特爵士笔下最有趣的作品之一。你以你特有的纯真，对瓦尔内这个人物表示厌恶，我觉得非常有趣，在读信时忍不住放声大笑。这个人确实是地地道道的邪恶的化身；司各特在刻画他那险恶阴暗的心理时，表现出对人性至为精深的了解。他把他的洞察力体现在一个人物身上，使别人也得以分享他的这种知识，在这方面，他的技巧是惊人的。

27. 致埃伦·纳西
（1833年6月20日）

埃伦，你上封信显示出一种大有出息的思想状态。我在读信时禁不住要希望，要是我自己的思想更接近于你一些就好了。不幸的是，凡是来到**我**头脑里的好思想，几乎还没有被我觉察到，就消失无踪了；凡是我做出的正确决定，都那么短暂、那么脆弱、那么易碎，我有时不禁担心，恐怕我永不会成为我应该成为的那样一个人。

---

① 瓦尔特·司各特的小说，1821年出版。

30. 致埃伦·纳西

（1834年2月20日）

你的信给了我真正的由衷的快乐，其中还夹有不小的惊奇。玛丽原先告诉过我你到伦敦去了，因此我想，你正置身于那座被誉为欧洲的商都的伟大城市，面对着它的洋洋大观和种种新鲜事物，我不敢指望你给我写信。依人情之常，我以为，一个乡下小姑娘初次来到这样一个容易激发好奇心、分散注意力的地方，定会暂时忘掉一切远方的熟悉的事物，一门心思去欣赏眼前的迷人景象。然而，你那有趣的备受欢迎的来鸿，说明我的猜想是既谬误又苛刻的。你谈到伦敦和它的种种奇观时那种漠然无动于衷的语气，仿佛那一切在你心上都引不起惊奇感，这使我颇感有趣。当你瞻仰圣保罗教堂和西敏寺时，难道不曾油然而生敬畏之心？当你在詹姆斯宫凭吊历代君王登临朝政的殿堂，你能不感到浓烈的兴味？你不必担心自己显得像个没见过世面的"乡巴佬"，因为伦敦的辉煌壮丽，就连那些饱览世界各地风光的、经验丰富的旅游者也赞叹不置。你见到过赴伦敦出席议会的哪位大人物吗？威灵顿公爵，罗伯特·皮尔爵士，格雷爵士，斯坦利先生，奥康奈尔先生？我若是你，在城里的期间我就不急着去读书。此刻，用你自己的眼睛去观察，而把作家们在作品中奉送给我们的眼镜至少暂时放置一旁吧。

下面这封论读书的信，不仅揭示了夏洛蒂读书涉猎的范围，而且表现了她对一些古典作家如何说长道短。她认为莎士比亚的喜剧和拜伦的某些诗不适合少女读，大概反映了维多利亚时代前期关于少女教育的一般观念。

32. 致埃伦·纳西

（1834年7月4日）

你要我推荐一些书给你读；我尽量说得简短些。如果你喜欢读诗，就读第一流的诗：弥尔顿、莎士比亚、汤姆逊、哥尔斯密、蒲伯（如你愿意读，我可不喜欢他）、司各特、拜伦、坎贝尔、华兹华斯、骚塞。埃伦，可不要被莎士比亚和拜伦的名字吓坏了。这两个都是伟大的人，而他们的诗恰如其人。你会懂得怎样去芜取精的，最精彩的诗段总是最纯净的诗段，而那些坏诗则一无例外是令人厌恶的，你读过一遍之后，就再也不想读第二遍。撇开莎士比亚的喜剧和拜伦的《唐·璜》不要读，也许还应加上《该隐》，虽说这是一首辉煌的诗；余下的尽可放心大胆去读。谁要是能从《亨利八世》、《理查三世》、《麦克白》、《哈姆莱特》和《裘力斯·恺撒》里面找到邪恶的东西，那么这人的心灵必是腐朽透顶的。司各特的甜美、豪放、浪漫的诗篇，对你绝不会有害处，华兹华斯、坎贝尔、骚塞的诗也一样。骚塞的诗，至少大多数是如此，他有些诗当然是要不得的。想读历史的话，就读休谟、罗兰，以及《世界史》——假如你读得下去，我是从来读不下去。想读小说，光读司各特就行了；在他之后，所有的小说都一文不值。想读传记，就读约翰逊的《诗人传》，博斯威尔的《约翰逊传》，骚塞的《纳尔逊传》，洛克哈特的《彭斯传》，莫尔的《谢里丹传》和《拜伦传》，《沃尔夫遗风》。想读自然史，就读彪伊克和奥杜邦，还有哥尔斯密，以及怀特的《塞尔博恩史》。想读神学，你哥哥会给你指导。我只能说，坚持读那些经典作家的书，不要赶时髦。

33. 致埃伦·纳西
（1834年11月10日）

你在前信中问起，我对跳舞这种娱乐有什么看法，是否反对把一两个钟头消磨在少男少女的舞会上。……依我看，这个问题似是这样：一般都认为，跳舞的坏处并不在于仅仅摆动小腿（像苏格兰人说的）这件事本身，而在于随之而来的后果——轻浮无聊和浪费时间。如果像你说的那样，仅仅利用跳舞让年轻人获得一小时的体育和娱乐（他们当然有权得到一点轻松愉快而不致违背上帝的戒律），那就不会引起不良后果。因此之故（按照我的辩论方式），在这种场合，这种娱乐是全然纯正无害的。

夏洛蒂受父亲的影响，从小（据她自己说，从5岁开始）对国内政治生活怀有敏锐的兴趣。和父亲一样，她的政治观点趋向保守，崇奉正统。她拥护君主立宪制，把反动将军和政治家威灵顿当作偶像来崇拜，不赞成通过革命手段获致社会正义。这种种与她激进的社会思想相抵触。这种矛盾日后不能不反映在她的作品（如《谢利》）中。

35. 致埃伦·纳西
（1835年3月13日）

你以为国内政治的趋向如何？我提出这个问题，是因为我看你现在对政治抱有健康的兴趣，而以前你是不大关心的。你瞧，勃鲁安获胜了。可恶的家伙，我恨透了他。世界上若有一个我极端嫌恶的人，那就是此人。不过反对派现在分裂为二了，狂热分子和不冷不热的温和派。而公爵（顶顶了不起的公爵）[1]和罗伯特·皮尔爵士似仍安然无恙，虽然他们已两度被击败；所以，"courage，mon amie"[2]。就像往昔的骑士临战前常说的，上天保佑正义的一方！好了，埃伦，对我这一套牛皮，大笑一场吧。不过，这都是你自找的。你记得吗，你不是要我给你写同我写给玛丽·泰勒的一样的信吗？这就是一个样品；下面接着该是长篇大论地讨论书籍，不过我给你免了。

---

[1] 指威灵顿公爵。
[2] 法文："勇敢些吧，朋友。"

36．致埃伦·纳西

（1835年5月8日）[①]

选举！选举！这呼声响彻了我们冷清的山区，宛如吹起了一只号角，它怎样唤起你们那人烟稠密的伯斯托尔地区？埃伦，你可知道你的哥哥们站在哪面旗帜下？是蓝旗还是黄旗？对他们施加影响吧，必要时跪下来恳求他们吧，在当前的危急关头，求他们站在自己的国家和宗教一边吧。啊！我希望我们高贵的约克郡的整个西莱丁地区会感到这种努力是必要的……啊！我希望斯图亚特·沃特利，约克郡最富爱国心的贵胄的儿子，能当选为本省的议员。

[①] 原信中注明日期为3月，显系笔误。——原编者注

二 女教师

（1835-1841．书信编号38-121）

伍勒女士学校——论责任——宗教怀疑——创作梦——请教骚塞——亨利·纳西求婚——西治威克家——勃鲁斯求婚——对婚姻问题的思考——怀特家——女家庭教师的苦恼——争取出国求学——致姨母

1835年7月，19岁的夏洛蒂第一次外出谋生。她是去三年前毕业的母校伍勒女士学校任教。她可以带一个妹妹去上学，以抵她的部分工资。同时，她外出挣钱，也是为了帮助弟弟去伦敦皇家艺术学院深造。但不久两方面都落空了。勃兰威尔在伦敦闲逛，钱花光，两手空空地回家。跟她去上学的艾米莉则因想家心切而闹病，只好送她回家，换了安妮去。当教员，本不合夏洛蒂的性格，也与她想当作家的愿望相违，但为了家庭，她不得不做出自我牺牲。

38. 致埃伦·纳西
（1835年7月2日）

我曾经满怀喜悦，准备今夏在霍渥斯见到你，可是世事无常，人的决定必须服从事态的变化。我们姊妹几个即将分离、拆散、各奔东西。艾米莉要去上学，勃兰威尔要去伦敦，我要去当女教师。当女教师是我自己的抉择，因为我知道，我早晚要走这步路的，就像苏格兰民谚说的，"宁早勿晚"吧。同时我也知道，如果勃兰威尔上了皇家学院，艾米莉上了罗海德学校，以爸爸那有限的收入，势难维持。你要问，我将去哪儿任教？最亲爱的，就在离你家四英里的地方，对你我都不陌生，不是别处，正是上面提到的那个罗海德学校。是的，我将去我自己受教的学校任教。伍勒女士请我去，我也乐意接受，这比我曾接到的一两处私人家庭教师的职位要好些。想到要离家，我不由得心中悲伤，十分悲伤；

但责任,需要,这都是严峻的女主人,不容你不服从啊。我不是有一次说过,埃伦,你应该为你的独立地位感恩知足?当时我那么说,也那么想,现在我加倍认真地重复这话。如果有什么令我感到鼓舞,那就是想到离你很近,你和波莉①一定会来看我的——你们一直待我那么好。

牧师的女儿夏洛蒂,在宗教的环境里成长,血液里却没有被灌进基督教的驯顺精神,这大概与她父亲在宗教上的自由思想有关。但她不是没有经历过宗教思想的矛盾和冲突。在埃伦的虔信的影响下,她心灵上曾有过强烈的震荡,摇摆于做一个盲从的"好"教徒和做一个独立思考的人之间,摇摆于瞩望天国和追求人生之间。后来事实证明,她的人文主义思想的胜利,终使她在一定程度上成为反抗宗教桎梏的叛逆者。

44. 致埃伦·纳西
(1836年5月10日)

不要骗你自己,以为我身上有一丝真正的美德。亲爱的,如果我像你,我就面向天国,尽管偏见和谬误偶尔会投下一层迷雾,遮住眼前的光辉景象。因为,哪怕你单纯真诚,你也难免会有过

---

① 即玛丽·泰勒的小名。

失。然而我**不像你**。倘若你知道我的思想，知道我一心做着什么梦，知道我那火一般的想象——它不时吞噬了我，使我感到现社会极其乏味——你会可怜我，还会瞧不起我。可是埃伦，我知道《圣经》里有什么宝藏，我爱它，崇拜它，**我看得见**那清澈明净的"生命之泉"；可是每当我俯身去饮那净水时，它从我唇边滑走了，仿佛我成了坦塔罗斯①。瞧瞧我都写了些啥，活像个**傻子**。

45. 致埃伦·纳西

（1836年）

读了来信，此时我正兴奋得浑身发抖。这样的信，我从未收到过。它是一颗热烈、温柔、宽厚的心在尽情倾吐；它包含的情绪不为人的动机所左右，却是受到纯洁的上帝的启迪而产生的；它表现出一种我所不配承受的高尚的同情。埃伦，宗教着实提高了你的品格。对你的善意，我至为感谢。我不再避不回答你的问题。我**真的**希望，我比现在这个样子更好。有时我热烈地祈求我天生来更好。我有过良心的谴责，有过悔愧，有时某种神圣的、无法形容的东西突然在我脑中闪现，而以前它对我是全然陌生的。它也许会消失，使我陷入午夜的黑暗，但我恳求仁慈的救主，如果这就是福音的真正曙光，但愿它逐渐明亮起来，变成白昼的天

---

① 希腊神话中的吕狄亚王，触怒了天神而受惩罚，想喝水时水从嘴边退走，想吃果子时树枝升高。

光。不要误解我的意思，埃伦，不要以为我是善良的。我只是希望如此，只是恨我过去的轻浮和孟浪。唉，其实我丝毫也不比过去好。我如今正处在那种可怕而阴郁的信疑参半的阶段。如果我保证能为上帝所容并通过上帝之子的力量而得救，我是否甘愿马上变成一个白发苍苍的老人，让欢乐的年华永逝不返，让自己蹒跚在坟墓的边沿？我不知道。我并非绝对不关心这些事，可我总是对它们抱着一种疑惑而厌恶的想法；现在，疑云更加阴沉，一种更加压人的消沉在不断压迫我的精神。亲爱的，你给了我鼓舞，有一刹那，我觉得我几乎可以把你叫作我精神上的姐妹。可是那阵兴奋过去了，我还是原样，苦恼着，了无希望。今晚我要依你的愿望来祈祷。但愿全能的主垂怜，听到我的声音。我谦卑地相信他会听到的，因为你将用你那圣洁的祈求加强我这不洁的请愿。

46．致埃伦·纳西

（1836年）

一天的辛苦过后，……我疲惫不堪，坐下给我亲爱的埃伦匆匆写几句。如果我只是在信口雌黄，原谅我吧，因为我筋疲力尽，情绪低落。这是一个暴风雨之夜，风声呜咽不绝于耳，我心情十分抑郁。每逢这种时候，这种心情，我不由得要在某种宁静、平和的思念中寻求休憩，于是此刻我召来你的幻影，以求得到安息。你端坐在那儿，依旧穿着你那身黑衫，戴着白头巾，你那大理石般白皙的脸，显得那么安详，那么亲切，就像你本人一样。我盼望你跟我说话。如果我们将要分离，如果我们命定要相隔迢迢，永不能再相见，那么，到了老年，我将如何勾起少时的回忆，当我思念着早年的朋友埃伦·纳西时，我将体味到怎样忧伤的快乐啊！如果我喜欢一个人，我的本性就要我如实相告；我不怕煽起你的虚荣心。你主要的魅力来自宗教，但愿宗教的影响永远使你在思想和行为上都保持和现在一样纯洁，一样毫不矫揉。比起你来，我算得了什么？和你相比，我就感到自己一钱不值。我是个非常鄙俗、平庸的可怜虫，埃伦。我有一些品质，使我深感苦恼，有些感情，是你所没有的，世上很少有人能够理解。我并不以这些特点自豪，我竭力想掩盖它们，压制它们，可它们有时要爆发出来，于是看到的人会鄙视我，而我在事后许多天会痛恨自己。我们要做晚祷了，我不能继续写这些废话，不过这都是千真万确的。

48. 致埃伦·纳西

（1836年）

我在前信中告诉你那些话，我不后悔。是你的同情和好心，挤出了我的忏悔自白，为此，我怎样感谢你也不够。我现在心境颇奇特，仍旧阴郁，但并不心灰意冷。我一直试图正确地行事，压制错误的思想。可是，每时每刻，我都发现自己走到邪路上去。我经常有一种倾向，要蔑视那些比我好得多的人，生怕自己变成某一流人中的一个,生怕我如做出一分虔信的表示,就会立即陷入伪善的泥淖,同那些自命正确的人合流。就在写信的这一刻,我都深恶使用一句听来像宗教行话的说法。我恨自己,鄙视自己。如果加尔文教义是真理,那我现在已经是一个被弃的人——你简直想象不到,我的全部感情是何等顽固不化地离经叛道、桀骜不驯。当我开始思考这个问题时,我的情绪几乎变得亵渎神灵,变得像个无神论者了。不要抛弃我,不要被我吓坏了,你了解我是怎样一个人。亲爱的,我希望能见到你,我已把一颗赤热的、执拗的心最温暖的感情倾注给你,如果你冷下来,那就全完了。

53.致埃伦·纳西
(1836年12月6日)

假如我能和你永远生活在一起,每天同你一道读《圣经》,假如我们的嘴唇能同饮那圣洁的仁爱之泉的甘露,我希望,我相信,有一天我会变得更好,远胜过我那飘忽不定的邪念、我那冷淡于灵而热衷于肉的腐朽的心所造成的我。我常常筹划着我们在一起所过的愉快生活,我们将用自我牺牲的力量,用往昔圣徒们常有的那种深沉热烈的献身精神来互相激励。当我把对未来满怀希望的欢乐状态同我眼下这种郁郁不乐的状态做比较时,我不禁热泪盈眶。我是否有过真正的献身精神,我不清楚。我在思想和行动上彷徨无主,我渴望圣洁,可是**永远、永远**也达不到圣洁。我内心深处有时惶悚万分地意识到，说不定××①的那种吓人的加尔文主义教义是真理；总之，我被精神死亡的阴影笼罩在一片黑暗中。如果一个人必须有基督徒式的完美才能得救，那我将永不能得救。我的心是罪恶思想的温床。至于实践，当我决定采取什么行动时，我很少想到要向救主请示。

我不懂得如何祈祷，不能把我的生命奉献给行善的伟大目标。我不断寻求一己的快乐，追求个人欲望的满足。我忘掉了上帝，上帝难道不会忘掉我吗？可同时我知道耶和华是伟大的。我承认这个真理，承认他的言辞是完美的。我崇敬基督教信仰的纯洁性，我在理论上是正确的，在实践上却谬误得可怕。

夏洛蒂从13岁起，就和弟妹一起用诗文编造故事，开始是游戏，后来发展成认真的文学创作活动。做一个作家，是她毕生魂牵梦萦的愿望。20岁时，她给著名"湖畔派"诗人罗伯特·骚塞写信求教，并附去自己的诗作。却不料骚塞抱着对妇女的偏见，当头浇了她一瓢冷水，严重地挫伤了她写作的热情。此后九年，她放弃了当作家的目标，死心塌地负起她所厌恶的教师职责，直到艾米莉的诗重新燃起她创作的火焰。

她写给骚塞的第一封信没有留存下来。骚塞给她的

---

① 可能指考恩桥学校的董事长威尔逊，亦即《简·爱》中的布洛克赫斯特先生的原型。

第一封回信，显然使她深受震动。她在信上写下了这样一行字："骚塞的忠告须永志不忘。记于21岁生日。罗海德，1837年4月21日。"她成名后，对盖斯凯尔夫人追忆这段往事时说："骚塞先生的信是和善的、可佩的；虽然有点儿苛刻，可于我有益。"

59．罗伯特·骚塞致夏·勃朗特
（1837年3月）

……来函久置未复，并非不尊重或不关心尊信的内容，实因甚难下笔作答，况且，给青年人的兴致和热望浇冷水，亦绝非快事。……

你不曾要我对你施展天赋的方向提供建议，而是要我对你的天赋提出意见，但，我的意见也许无甚价值，而我的建议则或有相当价值。你显然拥有（而且拥有不少）如华兹华斯君所谓的"诗的才赋"。这种才赋，现下屡见不鲜。我这样说，毫无贬低之意。如今每年都有多卷诗集出版，却未能引起公众的注意；其中任何一卷如出现在半个世纪以前，都会为它的作者赢得美名。因此，一个人若想在这方面扬名显迹，他就必须准备失望。

但是，如果你打算谋求一己的幸福，你就不要为扬名显迹而培养这种才赋。我本人就把文学作为我的职业，并为之奉献了我的一生，对我的选择，从未有过片刻的懊悔。然我感到自己有责任告诫每一位向我寻求鼓励和忠告的年轻人，最好不要选择这样一条充满风险的道路。你许会说，一个妇女无须这种劝告；对她来说，走这条路不致担什么风险。从某种意义上说，这话是对的；不过这里也存在着一种危险，我愿满怀善意和恳切之心，向你提出告诫。你惯常沉湎其中的白日梦，很可能会导致心性的失调；由于世上一切平常的劳务在你看来都是平淡无味而毫无裨益的，反过来，你也会变得不适于从事这些劳务，同时也不适于从事其他任何事务。文学不能也不应成为妇女的终生事业。她在她所应尽的职责方面做得愈多，便愈无闲暇从事文学活动，即便作为一种才艺和消遣亦复如是。你现在尚未负起那些职责，等你负起那些职责的时候，你就不会那么热衷于成名了。你不会到想象中去寻求刺激，因为人生的坎坷浮沉，你所不可望幸免的种种忧患（不论你境遇如何），会给你带来太多的刺激。

但是请不要以为我蔑视你所拥有的天赋；也不要以为我不鼓励你运用你的天赋。我只是劝你这样来对待它和运用它，使之服务于你长远的裨益。要写诗，就为写诗而写诗；不要出人头地，不要希望成名成家。你越不抱那样的目的，你的诗就越可能具有诗的价值，而最终越有可能达到诗的境界。这样来写，对于心胸和性灵都是健康的；它可以成为一种慰藉心灵、提高心灵的最可靠的手段，仅次于宗教。你可以将你最美好的思想和最睿智的情感体现其中，并在这样做时，培养和加强你的思想感情。

再见了，亲爱的女士。我用这样的口气给你写信，并非因我忘记了我也曾年轻，而正是因为我记得这一点。你不会怀疑我的诚意或我的善意；不管我的话同你目前的观点和脾味多么不相投，但你活得愈长，就愈会感到我言之有理。虽然我也许只是一个不知好歹的忠告者，请允许我对你今生和来世的幸福致以最良好的祝愿。

60. 致罗伯特·骚塞

（1837年3月16日）

先生，——在回你的信之前，我无法休息，虽说我已是第二次给你写信，显得过分叨扰了；但我必须对你屈尊惠赐的亲切而明智的忠告深表谢忱。你这样的回答，我本不敢奢望，你的信语气是何等关怀，精神是何等崇高啊！我必须抑制自己的感情，否则你会觉得我的热情太傻气。

初读你的信时，我只感到羞愧，自悔不该贸然用我浅薄的狂想来打扰你。当我想到那一沓沓涂满字迹的纸张时，一阵痛苦的热流涌上我的脸颊，那些字纸曾给过我许多的快乐，但现在只是令我迷乱的源泉。不过，我稍事思考并反复重读你的信后，前景似乎渐渐明朗起来。你并没有禁止我写作；你并没有说，我所写的东西都毫无价值。你只是告诫我不要陷入这种谬误：为想象的快乐而忽略实际的职责，为扬名而写作，为出人头地的自私的刺激而写作。你亲切地允许我为写诗而写诗，在我完成了分内的职责以后，可以去寻求那种单纯的、引人入胜的、美妙绝伦的满足。先生，恐怕你会觉得我非常愚蠢。我知道，我给你写的第一封信，从头到尾都是无聊的废话；不过我并不完全像那封信所表现的那样，是一个无所事事的梦幻者。

我父亲是一位教士，收入有限但尚敷用度，我是他的长女。为了公平地对待其他的孩子，他用于我的教育的财力，恰与他所能提供的财力相当。因此当我离校时，我认为自己的职责是当家庭教师。作为一个家庭教师，我的心思全被占据，脑和手也全被占据，而无片刻的闲暇以沉湎于想象的梦境。晚间，我承认，我是在思考，不过我从不用我的念头去打扰任何人。我小心地避免流露出思虑重重和孤僻古怪的神情，以免我周围的人猜到我所做的事情的性质。我父亲从我小时起就用如你信中所用的那种明智而友好的口吻对我进行规劝。遵循他的劝导，我不但竭力克尽一个女子应尽的职责，而且力求以此为乐。我并不总能做到这一点，因为有时当我在授课或缝纫时，我宁愿读书或写作；但我力图克制自己；而我父亲的赞许，对我的损失是丰厚的酬劳。请允许我再一次向你表示衷心的谢忱。我相信我再也不会雄心勃勃地希望看到我的名字印在书上；这种愿望只要一露头，我就重谈骚塞的信，把它压下去。我给骚塞写过信，并且收到了他的回信，这就够荣幸的了。他的信是神圣的；除我爸爸和弟妹外，我不让任何人看到。再一次感谢你。我想，这件小事永不会重演；如果我活到老，30年后我还会回想起它来，像回味一个快乐的梦。你怀疑我的署名是假名，但那是我的真名。因此，我必须再一次署上我的名字

夏·勃朗特

又及——先生，请原谅我再次给你写信；我不得不写此信，部分是因为我要告诉你，我多么感谢你的好意，部分是为了让你知道，你的劝告不会落空；尽管对我来说，要遵照你的劝告去做，开始时会是多么难过和不情愿。

61. 罗伯特·骚塞致夏·勃朗特

（1837年3月22日）

你的信使我深感愉快，如果我不告诉你这一点，我就不能原谅自己。你接受规劝的态度，正如我做出规劝一样，是充满体谅和善意的。现在我向你提出邀请，如你有朝一日来到我居住的湖区，请让我和你见见面。那时，你事后会更怀好感地想到我，因为你会看到，由于时光和观察的影响而造成的我的思想状态，既不严厉，也不乖僻。

感谢上帝的恩泽，我们能够保持一定程度的自制力，这对我们自己的幸福是必不可少的，对我们周围的人也有莫大的裨益。请注意不要过度兴奋，努力保持心灵的宁静（即使对你的健康来说，这也是能够给你的最好的忠告）。如此则你在道德和精神方面的改善将与你在才智方面的修养齐头并进。

女士，愿上帝祝福你！

再见，请相信我是你真诚的朋友，

罗伯特·骚塞

夏洛蒂一生受到四个人的求婚，前三个都被她拒绝了。第一个求婚者是埃伦·纳西的哥哥亨利·纳西，一个正派、严肃但毫无浪漫气质的青年牧师。尽管夏洛蒂深爱他的妹妹，但感到自己与他性格不合，不可能产生真正的爱情。她不能接受没有爱情的婚姻，但又不愿伤他的感情。她的拒婚信写得那么诚恳、委婉，结果没有造成不愉快的局面，他们一直保持着诚挚的友谊。几个月后，第二个求婚者（勃鲁斯）意外地出现，却只被夏洛蒂引为笑谈。但勃鲁斯的突然病逝，却勾起她无名的悲哀，或许还夹有几分内疚。

这一时期她和埃伦的通信中，大量涉及爱情和婚姻问题，其中固有不少未阅世少女浪漫的幻想，但也不乏睿智的见解，表现出一种对爱情婚姻的理想主义和现实态度以及某种幻灭感的奇特混合。有不少思想苗头后来发展为她作品中的主导思想。她对某些世俗观念积习的批评，则反映了当时的社会风尚和没有财产的姑娘们面临的难题。

72. 致亨利·纳西

（1839年3月5日）

在复你的信之前，我本可以对你的信的内容做长时间的考虑；不过，我收到并读了你的信后，便立即做出了决策，因此稽延不复实无必要。你很清楚，我有许多理由感激你的一家，有特殊的理由至少对你的一位姐妹怀有深厚的感情，而且，我也非常敬重你——因此，当我告诉你，我不得不以**断然的否定**回答你的求婚时，请不要责备我动机不纯。我做出这个决定，与其说是遵循我的意愿，毋宁说是遵循我的良心。与你结合，我个人并无反感，但我确信，我生来不属那种能使你这样的男人幸福的类型。我自幼养成了一个习惯，喜欢观察研究我所遇到的人们的性格，我想我了解你的性格，能够想象出哪种类型的女性适合做你的妻子。她的个性不应太突出、太热烈、太独特，她的脾性应是温顺柔婉的，她应该毋庸置疑地笃信宗教，她的情绪平稳而欢快，而且她应有相当动人的外貌，使你悦目并引以自豪。至于我，你并不了解我；我不是你设想的那样一个严肃、持重、头脑冷静的人；你会觉得我太罗曼蒂克、太怪诞；你会说，我太爱挖苦人，专好吹毛求疵。不过，我蔑视虚伪，我绝不会为了赢得结缡的荣耀和逃避做老姑娘的耻辱而嫁给一位我自认不能使他幸福的男子。在结束此信之前，让我对你的另一建议——关于在唐宁顿一带开办一所学校——向你深表谢忱。你这样关心我，实出自一片好心。但事实是，我现在不能着手实行这样一个计划，因我缺乏使之获得成功的资金。我欣喜地得知你已舒适地安居立业并大大增进了健康。我相信上帝会继续对你施以仁慈。我还要说，我欣赏你信中表现的明智和毫不阿谀的态度。再见。我将永远乐意作为一个**朋友**收到你的信。

73. 致埃伦·纳西
（1839年3月12日）

亲爱的埃伦，你问我是否收到过亨利的一封信。收到了，大约一星期前收到的。我承认，信的内容有点儿使我感到意外，不过我没对任何人说过，若不是你问起，我也永不会提到。亨利说，他已在唐宁顿舒适地安居就业，健康情况大有好转，他打算在复活节后招收学生。接着他说，到那时，他将需要一个妻子为他照料学生的生活，他直截了当地请求我做他的妻子。他的信总的说写得毫无虚夸奉承之词，合乎常情，说明他有着良好的判断力。

我亲爱的埃伦，你瞧，他的求婚对我有一种强大诱惑力的因素。我想到，假如我和亨利·纳西结了婚，那么他的妹妹就能同我住在一起，我该多么快乐啊！可是我又扪心自问：我爱他，是否像一个女子应该爱她嫁给的男人那样深？我是否最具备使他幸福的条件？唉，埃伦啊，我的良心对这两个问题的回答都是：**否**。我感到，虽然我尊敬他，虽然我对他怀有好感——因为他是一个天性温厚善良的人，但我没有也不能有那种强烈的爱恋，使我甘愿为他去死。倘若我有朝一日结婚，我对我的丈夫必须怀着类乎崇拜的感情。十之八九我再也不会遇到这样的机会了，但这没啥。而且，我感到亨利对我太不了解，他简直意识不到他是在给谁写信。要是他看到我天生就的自然的本性，定会大吃一惊的。他会认为我是一个疯疯癫癫的、罗曼蒂克的狂热家。我不能成天价正襟危坐，在丈夫面前摆出一副不苟言笑的庄重面孔。我要笑，要挖苦讽刺人，要想到什么就说什么。如果我的丈夫是个聪明人，爱我，那么全世界比起他最微小的愿望来，就会像空气一样轻。既然自知我的思想如此，我又怎能问心无愧地说，我将接受亨利这样一位严肃、沉静的年轻人？不能，那将是欺骗他，这种欺骗行为我不屑为之。因此我回了他一封长信，尽可能委婉地表示拒绝，并且诚坦地申述了拒绝的理由。我也给他描绘了适合做他妻子的人的性格。

1839年5—6月，夏洛蒂在西治威克家当家庭教师。繁重的劳动和精神压抑感使她身心交瘁，没多久，就辞职回家。1841年3—12月，她在怀特家再度任家庭教师。东家为人虽比前次好，但她发现，这种要求一个人抹杀自己的本性、顺应他人的需要的职业，实与她（以及妹妹们）的个性不相容。这时家中开始酝酿着一个由姐妹三个自办学校的计划。为了取得学识和资历，她向姨母借钱，带着艾米莉去比利时留学，以求为全家打开一条新的出路。

夏洛蒂两度任家庭教师时间虽不长，却使她有机会窥见资产阶级社会的生活和体验家庭教师的苦情，为她后来写《简·爱》提供了素材，使这本小说成为女家庭教师的"大宪章"。

75. 致艾米莉·勃朗特
（1839年6月8日）

……我做了极大的努力来喜欢我的新职位。这儿的田野、房舍、庭园，我说过，都无比美好。可是天哪！面对着你周围这一切美妙的事物——爽心的树林、蜿蜒的白色小径、碧茵茵的草坪、蔚蓝的晴空——却没有一点点自由的时间或闲散的心情来欣赏享受，还有比这更倒霉的事吗？孩子们老是缠着我，真没见过比他们更调皮捣蛋、刁顽、难管教的小畜牲。要想纠正他们的缺点吧，我很快就发现，谈何容易！你得由着他们的性子。要是你对西治威克太太诉一句苦，马上就会遭她的白眼。她会用种种不公正、偏袒的借口护着孩子。我试过一次，成果那么辉煌，叫我再也不尝试了。前信中我说过，西治威克太太不了解我。现在我明白了，她根本不想了解我。她丝毫不关心我的一切，除了尽可能从我身上榨取最大限度的劳动而外。为此，她把成堆的针线活儿塞在我手上。我得给成码的细麻纱包边，做一顶又一顶的纱睡帽，还得给那些洋娃娃做衣服。我觉得她一点也不喜欢我，因为处在这样一个全然陌生的环境里，周围不断变换着新面孔，我禁不住要羞涩。现在我比以前任何时候都清楚地看到，一个私人家庭女教师根本没有个人的存在，不被人当作一个活人、一个有理性的人看待，除非把她同那些必须完成的烦人的职责联系在一起。当她教孩子们念书、给他们做活儿、哄他们玩儿的时候，好歹凑合还过得去。要是她抽空做一点自己的事，她就成了个厌物。……科林斯太太说西治威克太太打算长久留用我，我想她不见得有此打算，而且我也无意久留，除非有什么改变。例如，这付针线活儿的重担必须解除。实在不像话。我这辈子还从来没有让我的全部时间都这样被占用。……西治威克太太要求于我的是我做不到的事——爱她的孩子并且把全部身心奉献给他们。

76．致埃伦·纳西

（1839年6月15日）

我只好用铅笔给你写信，因为此刻弄不到墨水，除非上客厅去，可我又不愿去。……我们现在不住在斯通盖普而是在斯瓦克利夫，这儿是西治威克太太的父亲格林伍德先生的一处消夏别墅，位于哈罗盖特和里彭近郊。……我只消请你想象一下，像我这样一个沉默寡言的可怜虫，突然一下子给推到一大家子人当中——这家人傲得像孔雀，阔得像犹太人，又碰上正值他家特别热闹的时节，宾客盈门，出出进进全是我没见过的陌生人，——我的苦恼，你可想而知。在这种状况下，把一大帮可怕的孩子交给我，我不但要给他们教课，还要不断地哄他们、逗他们。我很快就发现，这种不停地勒索我的精力的活动，使得我的体力储备消耗殆尽，有时我不由地感到——大概也显得——闷闷不乐。令我吃惊的是，在这个问题上我竟遭到西治威克太太的训斥，其态度之严厉、语言之粗暴，简直难以置信。我像个傻子痛哭失声。我没法不哭，我的精神首先垮了。我觉得我已尽了最大的努力，拧紧每一根神经来讨她的欢心；而她竟那样待我，仅仅因为我腼腆怕羞，有时闷闷不乐，这真是太过了。最初我想甩手不干，回家去。可是再思之后，我决定振作起全部精神，顶风逆浪坚持下去。我对自己说："我以前每离开一个地方，从来没有不交到一个朋友就走；逆境是一所好学校；穷人生来就得劳动，下属生来就得忍受。"我决心忍耐，控制自己的感情，逆来顺受地对待一切。我考虑，这场考验不会延续许多星期，我相信它会对我有益。我想起了那则关于柳树和橡树的寓言，于是柔顺地弯下了腰，现在我相信风暴已经过去了。人们都认为西治威克太太是个招人喜欢的女人；我不怀疑，在一般社交场合，她是招人喜欢的。她身强力壮、精力充沛，所以能够在客人们当中谈笑风生。可是，唉！难道这能补偿她根本缺乏细腻的情感，缺乏体贴人的心肠这种缺点吗？她现在对我比起初稍微客气一点了，孩子们也稍微听话一点了；可是她不了解我的性格，也不想了解。打我来这里后，还没有和她谈过五分钟的话，除非挨她的骂。我不愿乞求怜悯，除了向你。如果和你面谈，我可以告诉你更多的事。

79. 致埃伦·纳西

（1839年8月4日）

告诉你一件怪事，准备好大笑一场吧！前不久，霍奇森先生（爸爸以前的副牧师，现在是教区牧师）带着他自己的副牧师，来我家玩了一天。那位副牧师叫勃鲁斯先生，是个年轻的爱尔兰教士，新近从都柏林大学毕业。我们都是第一次见到他，不过，他按照爱尔兰民族的方式，很快就混得很熟，无拘无束了。他的性格立刻在谈吐中表现出来：机智、活泼、热情，也很聪明，可是缺乏英格兰人的那种庄重和稳重。埃伦，你是知道的，在家里，我能够随便讲话，从不羞怯，不像我在外面那样，给那倒霉的mauvaise honte① 压倒。所以我同这个爱尔兰人谈话，他讲笑话时我放声大笑，虽然我看出他性格上的毛病，却因他新颖独到的见地给我的趣味而原谅他的毛病。到晚间过半时，我冷静了些，有所收敛，因为他开始在言谈话语里夹杂某些爱尔兰式的恭维话，我

---

① 法语：羞涩，难为情。

不大欣赏。然后，他们走了，我也把他们抛到脑后去了。过了几天，我收到一封信，颇令我迷惑不解，因为写信人的字迹是我不熟悉的。显然这信不是由我自己的通信者，你或玛丽寄来的。启开一看，原来是那位聪明的爱尔兰青年用他那热情洋溢的言辞表白爱情和求婚的信！咳！我想，一见钟情的事儿，我倒听说过，可这件事堪称一绝。我要你猜猜我的回答是什么，相信你不会猜错，冤枉我。等我们下次见面时，我要给你看看那封信。我希望它能让你痛痛快快笑一场。这次奇遇不像是我遇到的，倒像是玛丽遇到的，是不是？我是命中注定要当老姑娘的。没关系，自打12岁起，我就下定决心接受这个命运了。

84．致亨利·纳西

（1839年10月28日）

……你猜对了，关于你暗示过的一件事，我听到了一点风声。这消息使我高兴，特别是因为我敢断定，你所关注的对象是一位可敬的女子。你采取这一步骤，想必会被你众多的亲友视为不够慎重，因为这位小姐所拥有的诸多长处，不包括财产这一长处。就我来说，我必须承认，我因此更尊敬你，因为你不追求财富，设若对方有坚强的心灵、坚定的原则和温柔的性情来弥补缺少财富这种万能吸引力之不足。给丈夫带来财富的妻子，往往也带来自命不凡的意念，并且力争她自认为属于她的权利，这些都不利于婚后生活的幸福。她很可能想要控制，尽管天性和感情都要求她顺从。在这种情况下，我想日子是不会过得舒心的。

从另一方面来说，也必须考虑到，当两个没有钱的人结婚时，就应该具有道德上的勇气和体力上的勤勉来弥补这种欠缺——他们要有蔑视仰人鼻息的精神，忍受贫困的耐心，以及为谋生而辛勤劳动的精力。如果具备这些品质，我想，上帝赐福，这一对以心相许而结合的人就有权期望取得成功，获得一份不算过奢的幸福，尽管他们也许距世俗的深谋远虑的训诂稍远。靠诚实的劳动挣得的面包比不劳而获的面包更香甜；而相亲相爱和家庭和睦乃是无价之宝，远比那些会生锈朽坏蠹咬蛾蚀的财物为可取。

前不久我和埃伦同游，玩得非常痛快。这样的快乐很少来到我跟前。我不打算告诉你我对海的观感，因为那样我就会陷入我那屡犯的狂热病。不过我可以说，海的辉煌壮丽、变化万千、汹涌澎湃，它那无休无止的涛声，构成了一个使人思念不已的题目，无论于眼、于耳、于心，都永不会厌倦。

88. 致埃伦·纳西

（1840年1月24日）

一想到我必须作为一个家庭教师终此一生，就不由得悲从中来。我感到，那种职业主要要求一个人逆来顺受、随遇而安——这种品质是我们全家都奇缺的。我知道，一个像西治威克太太这样的人，我无法和她相处。但我希望其他的女人都不要像她。我的座右铭是："再试试看。"

……勃鲁斯先生死了。一个时期以来，他身体变得很衰弱，一根血管破裂，便一命归天。我见到他时，他是一个身强力壮的、运动员似的男人，那只不过是半年前的事。我对他了解很少，当然不会深切地或长久地关心他的事，但尽管如此，我承认当我听到他的死讯时，我感到又震惊又悲伤。这种感觉并没有什么可耻，是不是？

94．致埃伦·纳西
（1840年4月30日）

亲爱的埃伦，在你这封信的整个精神里，我还看到另有某种东西，使我感到欣慰，因为你和你的某个亲属①不一样。时髦、财富、社会地位似是她衡量一个人的价值的唯一标准。你姐姐以为她已经摒弃了俗世，可是俗世的某些最荒谬的观念如同瘟疫般附在她身上。我相信，埃伦，你会永远避开这些条条框框，仍然"保持着你的纯真"。安原是一个聪明女子，但她对事物的判断力给腐蚀了，她完全丧失了识人的能力。她的感情也许曾经是热烈的，可现在变得薄弱、败坏了；这都是冷酷无情的权势欲造成的恶果——想在世上出人头地，想受到一些人的尊重；财富和时髦使得那些人的见解在她眼中变得极其重要。

---

① 指埃伦的姐姐安。

95. 致埃伦·纳西

（1840年5月15日）

千万不要让人家劝来劝去，劝得你同意嫁给一个你所不能尊重——我不提**爱**——的男人；因为我想，假如婚前你能尊重一个人，婚后至少会产生中等程度的情爱。至于强烈的**热情**，我相信那不是什么值得向往的感情。首先，这种感情很少得到或根本得不到回报；其次，即令得到回报，那也是转瞬即逝，只延续到蜜月期满；过后，也许让位于厌倦，也许让位于冷漠，那就更糟。这当然是就男方而言。就女方来说，如果单剩下她一厢情愿在热恋，那只有天可怜见了。

我相当有把握地确信，我是永不会结婚的。理性这样告诉我，而我也并非全然是感情的奴隶，还能**偶尔听从理性的声音**。

106. 致埃伦·纳西

（1840年11月20日）

你前信中谈到的问题委实重要，我一天也不能延宕作复。现在，埃伦，我要给你写一篇布道词，一片忠言，你务必把它看成是出自你奶奶的口。不过在我开始给你训话之前，先让我对文森特先生①耳语片刻，但愿我的话能传到他耳中。

---

① 一位正在追求埃伦的年轻人。

……那位和蔼的青年绅士为什么不像个男子汉大丈夫似的堂堂正正走上前来，亲自向你说他要说的话，却要在你的男女亲属跟前嘀嘀咕咕？我说，文森特先生，在哪一天的早晨，步行或骑马来到布鲁克罗伊德，你会发现埃伦小姐端坐在客厅里，手上正缝制一件救济穷人用的小白衫。你开门见山就说："埃伦小姐，有句话，想跟你谈谈。"埃伦小姐自然彬彬有礼地回答："听候你的吩咐，文森特先生。"然后，当所有的人都退出房间，只剩下**你和她**时，在靠近她的一张椅子上坐下，恳求她放下那劳什子的针线活儿，听**你**说话。然后，用清晰的、毕恭毕敬然而坚决果断的声调开腔说："埃伦小姐，我想向你提一个问题，一个至关重要的问题——你愿意接受我做你祸福与共的夫婿吗？我不是一个富翁，但我的财产足够维持我俩的生活；我不是一个大人物，可我真诚地爱着你。埃伦小姐，如果你涉世更深，你会看到，我的奉献是不应受到轻蔑的——我奉上的是一颗善良的挚爱的心，加上一份过得去的财产。"照我的吩咐去做吧，文森特先生，你兴许会马到成功的。要是你继续向亨利写那些多愁善感的相思信，对你这种求爱方式，我才不买账哩。

　　以上是对文森特先生的嘱咐。现在，耐儿，该轮到你来吞咽这颗名叫朋友的忠告的黑药丸了。我感到为难，因为我不了解文森特先生。要是我了解他，我就用两句话概括我的意见。这人是个傻子吗？他是个骗子，是个伪君子、笨蛋、草包吗？要是他是这样一个家伙，当然不必同他周旋，立即回绝他，闪电般迅速而锋利地粉碎他的希望就是了。

　　假如他比这要好些呢？起码是有常识、秉性好、脾气温和呢？耐儿，那就不妨考虑考虑。你**现在**有些讨厌他，很可能十分厌恶他，可是千万要记住，你还不了解他，你认识他只不过三四天的工夫。时间长一些，熟识程度深一些，也许会使你大大改观。现在，不管你恼火不恼火，我要告诉你一句实话：依我对你的性格的了解——我认为我了解你颇深——我要说，你绝不会在**婚前恋爱**。待到婚礼行过，安居下来，几个月过去，熟悉了你结为终生伴侣的那个人，你兴许会成为一个最恩爱的幸福的妻子。即令那人不完全符合你的愿望，你也会宽容他的小毛病、小怪癖，而不为之烦恼。假如他相当明智，在重大问题上允许你当家做主，那么尤会如此。既然如此，耐儿，我希望你不要怀着那种浪漫的荒唐念头，等待着法国人所谓的"巨大的热情"的觉醒。我的好姑娘，"巨大的热情"不过是"巨大的愚蠢"。这话我曾经告诉过你，现在我再一次告诉你。悠悠万事，中庸即是智慧，而涉及情感的问题上，中庸则是至高无上的智慧。等你活到我这把年纪（我不是你奶奶吗，起码有60岁了），你就会懂得，这类世训名言，尽管大部分貌似冷酷，使年轻人生畏和反感，却是奠立在智慧基础上的。有一次，你不是孩子般天真地对我说："我想，夏洛蒂，在对方正式提出求婚以前，任何一位年轻小姐都不应坠入情网。"我忘了我当时是怎样回答你的。现在经过适当的思索，我回答你："毫厘不爽，完全正确。"这是一句至理名言，希望你永远信守不渝。我甚至还要把它加以扩大和强调：在对方提出求婚、求婚被接受、婚礼业经举行、头半年的共同生活度过之前，任何一位年轻小姐都不应坠入情网。只有到那时候，一个女子才可以开始爱恋，但还要小心翼翼地、极其冷淡地、有节制地、理智地去爱恋。一旦她爱得过火,以致丈夫的一句苛厉的言辞或冷漠的眼神会刺痛她的心,那她就不啻是个傻瓜。要是她爱得过火,以致丈夫的意志就是她的法律,她养成了察言观色揣度他的意愿的习惯,她很快就会成为一个遭到忽视的傻瓜。我不是告诉过你这样一个例子吗?我的一个亲属,他对一位小姐颇有情意,可是后来他怀疑她更属意于他,于是一下子就瞧不起她了。①你知道我何所指——这事切勿对人提及。我有两个供我考察的对象,一个是**你**:一个沉静、安详的性格如何赢得成功、信任和尊重。另一个是玛丽:她由于展示了一种感情,竟招致轻蔑、懊悔和曲解。这种感情本身原是高尚、热烈、慷慨、忠诚而深沉的,只因流露得太随便、授予得太率直,它的真正价值就得不到承认。愿上帝祝福她。今生今世,我再也不可望见到一个比她更高尚的性格了——为着她所爱的人,她甘愿去**死**,她的天赋和才学都属上乘。然而我怀疑玛丽这辈子是否会嫁人。

我最好还是结束此信,因为我毕竟没有给你任何值得接受的忠告。我要说的话可以压缩为一句简短的话。一方面,如果你**认定你忍受不了**那人,不要接受他。另一方面,不要因为你不能崇拜他就拒绝他。……亨利牧师阁下对有些小姐心里想说"是"嘴上却说"不"反感颇强。他向我担保说,他不是指哪个具体的人。但愿如此。当然,他谴责这样一种毫无意义的行径,我是颇为赞同的。心里宣布肯定,舌头却讷讷吐出一个否定,实在荒谬透顶。也许这毋宁是一种英雄气概的自我克制吧,就我来说,我承认我

---

① 指她弟弟勃兰威尔和玛丽·泰勒的事。

完全做不到这点。哪怕奖赏我一千镑，**我也绝不撒这种谎。**

108. 致亨利·纳西
（1841年1月11日）

我想我告诉过你，我过去听到一些有关文森特先生的事。不过自他上次访问布鲁克罗伊德以后，已经过了很长一段时间，加上他最近的表示，我揣摩大概出现了什么障碍，阻止了他的进一步行动。当我听说情况并非如此时，我感到欣慰，因为没有什么比听到埃伦**美满地**结婚更令我高兴的了。不过"**美满地**"这个小小的副词是个重要的附加条件。它包含着许多内容——个性、脾气、趣味的相投，相当丰足的财产。你所描写的文森特先生似具备这些条件，只是其中有个词显得有点儿美中不足——你说他**古怪**。如果他的古怪不属于一种卑劣的或可笑的性质，如果它不是出自智力的低下，我想埃伦没有理由认为这是一个严重的障碍；但有一种古怪，表现为愚蠢和猥琐，常给当事人招来讪笑——这样一种古怪，定会削弱一个妻子对丈夫的尊重，因而是很糟糕的。我曾就我了解此事的有限程度劝说埃伦，假如文森特先生毅然提出求婚，就接受他。由于我这样劝告，她似乎怀疑我在从旁插手推波助澜……你可以为我洗刷这种不光明的好管闲事的罪名。我就这个问题要说的话，我都对她自己说过，简而言之就是："如果文森特先生是个善良的、诚实的、可敬的人，那就接受他，即便你目前对他并没有强烈的感情。法国人称之为'巨大的热情'的荒唐玩意儿，同你沉静的性格是不一致的，因此不要等待这样一种感情的出现。如果文森特先生是个明白人，脾气好，我不怀疑你很快就会发现，做他的妻子是很称心的。"

从上面这些话你可以看出，我并不主张你所抱怨的那种假端庄——有些年轻小姐心里想说"是"，嘴上却说"不"。但就我所知，埃伦不是这种人，因此对她不宜催逼过紧。亲友们可以陈述他们的意见，提供建议，余下的由她自己的理性和判断去决定吧。在我们看来，她最好是结婚，但如她另有想法，她自己的判断最正确。我们知道，回避结婚，可以免去许多麻烦。既然当今一大批年轻小姐那么迫不及待地追求这道彩虹，让我们尊重一个例外：她掉转头去，宣称那不过是一条五色缤纷的气带，凑拢去看，颜色就会消退。

我将愉快地接受你寄给我的诗作。你要我回赠你同样的礼物，可你怎么知道我有能力应你的所求？我曾一度诗兴颇浓，那时我才16、17、18、19岁。可我如今已满24岁，近25岁，中间这些年头，夺去了生活中多余的色彩。到了这个年龄，想象力需要修剪枝杈，判断力需要培植起来，少年时代那数不清的幻想，至少有一些应该被剔除掉了。很久很久，我没有写诗了。

109. 致埃伦·纳西

（1841年3月3日）

此间房子不是很大，但极舒适，管理得井井有条；庭园宽阔幽雅。我接受这个职务时，在工资方面做了重大牺牲，只为图一个舒适的环境——非指丰美的饮食或温暖的炉火或一只软榻,而是得以和愉快的面孔朝夕相处,这些人的头脑和心不是由铅矿里挖出来的,或由大理石矿里凿出来的。我的年薪实际上不超过16镑,虽说名义上是20镑,但从中要扣除洗衣费。学生共两名,一个8岁的女孩,一个6岁的男孩。至于我的雇主,关于他们的为人,你不能指望我谈多少,因为我昨天才来这里。我不具有第一眼就洞悉一个人的性格的能力。我必须首先从各种不同的角度和观点来观察一个人,才敢判断他的性格。所以我只能说,怀特夫妇看来都是好样的。迄今为止我没有理由抱怨他们不知体谅或不懂礼貌。我的学生们很野,未经教化,不过本质显然不错。……只要我感到自己能令人满意,同时又能保持身体健康,我希望就能得到不大不小的快乐。可是,除了我自己,谁也不知道家庭教师这种工作对于我是何等艰苦,因为除了我,没有谁知道我的整个心灵和天性同这种职业是多么水火难容。……我感到,要制止娃娃们粗鲁的亲昵行径是太难做到了。我感到,不论向女仆或女主人要一件我迫切需要的东西,是太难启口了。我宁愿忍受极大的不便,也不愿到厨房里去,请求为我解除这种不便。我是个傻子。天晓得,可我毫无办法!

114. 致亨利·纳西

(1841年5月9日)

我要抽一个礼拜天晚上的部分时间来复你上次的信。你也许认为这样做不大妥当,可我并不以为我做错了。礼拜天的晚上几乎是我唯一的暇时。要是我用这业余的一小时来同一位朋友愉快地谈谈天,不会有人责备我;那么我用它来写一封友好的信,又有什么不好呢?

……你不用指望我告诉你什么趣事或新闻,我没有,即使有,我现在也无心谈这些。请原谅我这封信写得东扯西拉。要是我认为你是个吹毛求疵的人,我就不会费力不讨好地和你通信。真的,对你,我个人并不大熟识,可我坐下来给你写信,丝毫不拘礼节,不感拘束,细想起来似有点儿怪。事实是,我写信时无法拘于礼节,我只要写信,就得有一说一,有二说二。大概埃伦已经告诉你,我现在又当上家庭教师了。正如你说的,离家出门在外,特别是离开一个**美好的家**——不是富丽堂皇的家——在感情上是难受的。我的家对陌生人来说是贫贱的,毫无吸引力可言,但对于我,它包含着世上仅有绝无的东西——姐妹兄弟间深厚、强烈的同胞手足之情,他们的思想是用同样的模子铸造的,他们的观念来自同样的源泉,他们从小相依为命,从来没有被争吵口角拆开。

现在我们一个个天各一方,在陌生人当中竭尽所能挣口饭吃——我妹妹安妮在约克市附近,弟弟在哈利法克斯附近任职,我在这里。只有艾米莉一人留在家里,因为她能干又心甘情愿留下,家里离不开她。在这种情况下,我们应该嗟叹命苦吗?我想不应该。我们相互间的感情,在任何困难条件下都会给我们安慰。只要我们信赖的上帝保证赐予我们健康和力量,让我们得以继续恪尽职守,不论遇到什么诱惑都不偏离分毫,我们就有充分的理由心怀感激和满足。

我并不假装说我老是感到满足。一个家庭女教师，总得甘受精神折磨。……

119. 致埃伦·纳西
（1841年8月7日）

现在是星期六晚上，我把孩子们打发上了床，可以坐下来给你回信了。又剩下我独自一人——管家兼家庭教师，因为怀特先生太太到……去了。说实话，他们不在家，我固然寂寞，可这还是我最幸福的时光。孩子们现在**多少**服管教了，仆人们对我十分关怀周到。主人主妇偶尔不在家，解除了我一个沉重的职责，就是要随时随地强作欢颜，要同一些人谈得来，而这些人的思想感情对**我**来说几乎是无法理解的，正如我的思想感情（如果我毫无保留地表露出来）对**他们**大概也是无法理解的。

玛莎·泰勒[①]看来正获益匪浅，玛丽也一样。你也许会感到惊讶，她马上就要同她哥哥约翰重返大陆——但不是常住，只是做一个月的旅游和休憩。……我收到玛丽的一封长信和一个包裹，内有一条非常漂亮的黑丝头巾，一双美丽的羔皮手套，是在布鲁塞尔买的。当然，从一方面来说，收到这些礼物，我很高兴；高兴的是，她们远在异国，置身于欧洲最繁华的首都之一，兴奋之余，

[①] 玛丽·泰勒的妹妹。

尚能念及我。然而我又深感不安。我想到,玛丽和玛莎手头零用钱并不充裕,还不够她们自己花销。我宁愿她们用较便宜的信物来证明她们的关怀。

玛丽信中谈到,她参观过一些绘画和大教堂——精美绝伦的绘画,令人肃然起敬的大教堂。读着她的信,一股不知什么涌上我的喉头——对约束和一成不变的平淡工作产生了剧烈的厌烦情绪。一阵强烈的渴望,希望插翅高飞——钱财能供给的翅膀;切望去观察、去了解、去学习;刹那间,内里仿佛有种东西大胆地膨胀起来。我感到有些官能从未得到运用而跃跃欲试。俄顷,一切都坍塌了,我陷入了绝望的深渊。

亲爱的埃伦,这样一个自白,除了你,我不愿对任何人做。就是对你,我也宁愿在书信中而不是口头上吐露。这些兴风作浪荒诞不经的情绪只是短暂的,不出五分钟,我就把它们浇灭了。但愿它们不致死灰复燃,因为那是剧烈痛苦的。关于我向你提到过的那个计划①,眼下尚无进一步的措施,大概也不会有什么措施。不过艾米莉、安妮和我一直想着这事。它是我们的北极星,每当我们情绪沮丧意气消沉,我们就仰望着它。我怀疑我现在是在一种紧张的心理状态下写信,会使你觉得我不快乐——事实远非如此。相反,我懂得,作为一个女家庭教师,我现在这个职位是够好的。只是有时我不免感到心烦意乱。一个念头总是萦回脑际:我自信天生来与我的这份职业格格不入。如果只需要教课,那倒容易;可现在你得住在别人家里,抛开你真实的个性,摆出一副

---

① 指三姐妹自办学校的计划。

冷漠的无动于衷的面孔，这才是痛苦的事。

　　……………

　　我身体很好。令我心头隐隐作痛的一件事（我原决心不提，可又不得不提）是关于安妮。她得吃很大的苦，比我的苦大得多。每念及她，我总是看到她像一个忍气吞声备受欺凌的陌生人，身边围着一群盛气凌人、专横骄矜得无法想象的人。我知道她天性中有多少潜在的敏感。当她感情受伤时，我希望能在她身旁，为她涂敷一点止痛的香膏。她比我更孤单，比我更缺少与人交往的本领。罢罢，不谈这个吧。

121. 致伊丽莎白·勃兰威尔

（1841年9月29日）

　　亲爱的姨，——自我给伍勒女士写信表示愿接受她的聘约后，尚未收到回信。我猜不出久无回音原因究竟何在，除非发生了某种预料不到的障碍，致使合同无法签订。朋友们劝我，如果我希望取得久远的成功，我应推迟办校六个月，想方设法到大陆去学习一个时期。他们说，英国的学校如此众多，竞争如此激烈，若不采取此种步骤以取得优势，我们可能要挣扎良苦，到头来还不免失败。他们还说，既然伍勒女士同意我们借用她的家具，你惠允借给我们的一百镑贷款，也许暂时用不着；如要使办校计划获得成功，应将此项款额的半数用于上述方式，以确保较快地还清本利。

我不拟去法国的巴黎。我想去比利时的布鲁塞尔。去那里所需的旅费不出五英镑，生活费用只合英国的半数多一点，而教育设施则与欧洲任何其他地方相当或更胜一筹。不出半载，我即能彻底掌握法语，大大提高意大利语，甚至还可突击一下德语，当然，假定我的健康状况继续像现在这样良好的话。玛丽·泰勒现正在布鲁塞尔，就读于一家第一流的学校。我不打算去她就读的科克堡学校，因那里收费过昂。但如我给她去信，她和不列颠驻比领事的妻子詹金斯夫人的助手将能为我物色一家廉价而体面的住宿学校并给以适当的保护。我将有机会经常和她见面，她会帮助我熟悉该城。同时，在她的表亲的协助下，我或能结交一些社会关系，其资历及文化修养较之我过去认识的人高出许多。

这些有利条件，待我们切实着手办校的时候，都会产生莫大的效益。如果艾米莉能与我共享这些惠益，只消半年，我们今后就能在世上奠定一个现在达不到的立足点。我提出艾米莉而不是安妮，因为如果我们的学校办成，将来某个时候可以轮到安妮去学习。我写此信时，确信你一定会看到我所提到的打算是适当的。你一向乐意把你的钱用来获得最大的收益，你不喜欢寒酸的零敲碎打的小花销。每当你施惠于人，出手总是堂皇体面的。请相信我，50 镑或 100 镑这样用出去，准是使用得当的。当然，除你外，我在世上再也没有什么亲人，能向他提出这样的申请。我深信不疑，如果我们受到这样的栽培，那将终生造就了我们。爸爸也许会认为，这是一个狂想的过奢的计划，但是没有雄心壮志，谁又能在世上出头？当爸爸离开爱尔兰去剑桥大学时，他不是和我现在一样雄心勃勃吗？我希望我们全家都向前迈进。我知道我们是有才能的，我希望这才能得以兑现。我指望你，姨，给我们帮助。我想你不会拒绝的。我知道，如果你同意了，一定不会懊悔你做的好事，如若懊悔，那绝不会是由于我的过错。

三 布鲁塞尔

（1842-1843. 书信编号131-163）

埃热夫人学校——对比利时人的偏见——奔姨母丧——独返布市——"黑天鹅"埃热先生——可怕的孤寂——一次"真正的"忏悔

欧洲名城布鲁塞尔！当夏洛蒂隔海遥望时，它闪耀着一个未知世界的海市蜃楼般诱人的光辉；然而就近去看时，那光辉却像彩虹似的消退了。她怀着岛国的偏执，鄙弃当地的风土民情，尤其憎恶天主教制度。但第一年她还算过得愉快。她有艾米莉和泰勒姐妹做伴。她强烈的求知欲得到了满足，特别高兴的是，她受到她所崇敬的老师康斯坦丁·埃热的指导和赏识。一年后，姨母病逝，她和艾米莉回国奔丧，过后她独返布市。自此她陷入了思想感情上的严重危机。她和当地人的矛盾深化到敌对的程度。由于她不隐讳对埃热先生的热情（一种不自觉或半自觉但无疑是洁白无瑕的爱情），她遭到埃热夫人的忌恨和冷遇，饱受孤独、寂寞、无告的心灵创伤之苦，濒临精神崩溃的边缘。这些情感经验后来赋予了她的作品以英国小说中前所未见的激情色彩。两年的游学，使她得以系统地研究并吸收了欧陆古典文学传统和浪漫主义文学新潮流的精神，在创作方法上有一个飞跃。两年的旅欧经历，也扩大了视野、启开了思路、丰富了阅历，直接为她的四部小说中的半数（《教师》和《维莱特》）积累了素材，供应了主题。因此，这两年对她个人和文学创作生涯都是至关重要的。可惜由于内心生活的隐秘性质，这一过程在这一时期的书信里甚少直接的表露，但也不无蛛丝马迹可寻。

131. 致埃伦·纳西

（1842年5月）

如今人们时兴给异国的友人寄去大批的白纸，以代替写信。

一两个星期以前，我满26周岁。在生命的这个成熟阶段，我当上了一名女学童，地地道道的女学童，而且总的说来，这身份使我感到很快活。起初，要我听从权威而不是行使权威，服从命令而不是发布命令，颇有些奇怪；可我喜欢这种状态。我像一头长时间嚼着干草的牛，一下子回到新鲜的青草上来那样贪食。别笑话这个比喻。我的天性倾向于服从而不倾向于发号施令。

这是一所大学校，约有40名走读生，20名住校生。校长埃热夫人在思想类型、文化素养和才智资质方面都和凯瑟琳·伍勒女士[①]大抵相同。但我想，那些严峻的方面有所缓和，因为她不曾遭到失意，因而脾气没有变得乖僻。一句话，她是位已婚妇女而不是老小姐。学校里有三位专任教师——白兰施小姐、索菲小姐和玛丽小姐。前两位性格没有什么特别的地方，一个是老姑娘，另一个行将成为老姑娘。玛丽小姐有才能、有独创性，可是态度专断、招人讨厌，全校师生除艾米莉和我，都把她恨之入骨。有不下7位特约教师来校教各门课程——法语、绘画、音乐、唱歌、写作、算术、德语。整所校舍里清一色是天主教徒，只我们两个和另一个姑娘不是。……国别和宗教的差异，如同一道宽阔的鸿沟，

---

① 夏洛蒂的前校长玛格丽特·伍勒之妹，也是伍勒学校的一名教员，一位有才学但性格冷峻的老姑娘。

把我们和其余的人隔开。我们在众人中完全是孤独的。不过我从不感到不快乐；我目前的生活，比起当家庭教师的生活来，是十分愉快、十分投合我的天性的。我的时间老是占得满满的，过得飞快。截至目前，艾米莉和我身体都健康，能够好好地工作。我还没有谈到一个人——埃热先生，夫人的丈夫。他是修辞学教师，一个智力雄厚的人，可是脾气异常暴躁易怒；一个矮小黝黑的丑八怪，一张脸上表情瞬息万变。有时他借用一只发疯的雄猫的模样，有时又借用一头癫狂的豺狗的神态；偶尔，但很罕见，他抛开了这些危险的诱人的表情，采用了一副距温文尔雅的绅士派头相去无几的风度。此刻他正冲我发怒，因为我做的一篇翻译，得到他一个"很不准确"的批语。他没有说，而是把这批语写在我的本本边上，并用简短而严厉的语句问我，我做起作文来总比翻译好，这是为什么？还说，这在他看来似乎难以解释。事情原来是这样的：几星期前，有一次他大发脾气，命我把一篇特难的英文东西译成法文，却不许翻词典或语法书。于是，这份作业就相当艰巨，我不得不有时夹进一两个英文单词。他看到这些单词，气得眼珠子都暴出来了。艾米莉和他半点也合不来。每当他冲着我凶神恶煞时，我就哭，于是转危为安、万事大吉。艾米莉像头牛似的拼命苦学，她得克服很大的困难，比我遇到的困难大得多。确实，到一所法语学校来学习的人，应该事先获得相当的法语知识，否则就要损失许多时间，因为课程是为本地人而不是为外国人开设的，而在大的学校里，人家不会为一两个外国人改变通常的课程。埃热先生自愿给我们上几节单独辅导课，我想这大概被视为一个很大的优惠；我看得出，这事在学校里已经招惹了不少闲话和眼红。

……布鲁塞尔是座美丽的城市。比利时人憎恶英国人。他们表面上的道德观念比我们更严谨。她们用带子把胸衣束得紧紧的,脖子上如果不系一条领巾,就会被认为是令人厌恶的不雅。

137. 致埃伦·纳西
（1842年7月）

我怀疑我是否要在9月回家。埃热夫人建议我和艾米莉两个都留下再读半年。她打算辞退现有的英语教师,让我担任英语教师,同时也让艾米莉每天用一部分时间教几个学童音乐。作为酬劳,我们可以继续学习法语和德语,并免缴伙食费,但不另付工资。在布鲁塞尔这样一座自私的大城市,在这所容纳了90名学生（包括住校生和走读生）的自私的大学校,这个建议应该说是友善的,包含着某种程度的关怀,应该报以感激。因此我倾向于接受,你意如何？……

我不否认,我有时情愿回到英国,或者说,一阵阵短暂的乡思袭击着我,但总的说,截至目前,我勇气十足地顶住了。我在布鲁塞尔过得快乐,因为我总在忙着我喜欢的事。艾米莉在法语、德语、音乐和绘画方面有长足进步。埃热先生和夫人开始认识到她那特异的个性中包含着的可贵品质。

比利时人的民族性如果可以用校内多数女生的性格来衡量,那么,这就是一种异常冷漠、自私、肉欲、低贱的性格。加之,她们专好兴风作浪,教员难以管理。她们的道德原则腐朽透顶。我们总是远远躲开她们;做到这一点并不难,因为我们额头烙有新教和英国国教的印记。

人们常说,新教徒到天主教国家住长了,会有改宗信仰的危险。凡是受到诱惑想改宗天主教的人,我奉劝他们渡海到大陆上来,用一段时间来望弥撒,细细观摩那些可笑的哑剧表演,欣赏一下**所有的**神父那愚蠢的、贪婪的面孔;**这时候**,如果他们还看不出教皇制度不过是一宗最虚弱而幼稚的骗局,那就请他们马上改宗天主教好啦。我认为卫理公会、教友会以及形形色色极端的高、低教会都是愚蠢的,可是罗马天主教压倒了所有这一切。

不过,让我告诉你,有些天主教徒却不差似任何新教徒(那些新教徒从来不翻开《圣经》),甚至远胜过许多新教徒。

155. 致埃伦·纳西

(1843年4月1日)

你没有同我一道来布鲁塞尔,我不遗憾。要是我看到你像我这样冷得索索发抖,看到你的手脚像我这样冻得又红又肿,我只会加倍难受。我能打熬得住,不烦躁,只是变得麻木和沉默了。可是如果你在布鲁塞尔熬过一冬,你会病倒的。不过,较和煦的天气终于来到了,我希望你来这里,然而我从来没有也不过于热切地催你前来。在这里,需要忍受许多匮乏和屈辱。生活是单调的、日复一日毫无变化的,尤其是经常有一种身处人群中的孤独感——一个新教徒，外国人，不管当教师还是当学生，总是一个孤孤单单的人。我说这话，并非自叹命途多舛。因为，虽然我承认目前的职位有某些不利因素，但世上哪有一种职位没有不利因素呢？每当我回过头来比较一下我的现在和我的过去——我在这里的地位和我在西治威克太太家或怀特太太家的地位——我就感恩知足了。你上次信中有句话，一时惹得我心头火冒三丈。起初，我认为这话不值一驳；见怪不怪，其怪自败。后来，我决定一劳永逸地作答。你的话好像是："有那么三四个人，认为勃朗特小姐未来的夫婿是在大陆上。"这些人比我聪明。他们不相信，我重渡海峡，仅仅是为了回到埃热夫人学校当一名教员。认定我甘愿放弃英国的50镑年薪，来就比利时的16镑年薪，必定怀有某种更强有力的动机，而不仅仅是为了对我的老师师母表示尊敬，对他们的善意表示感激。毫无疑问，我一定怀着某种渺茫的希望，要在什么地方以什么方式为自己猎取一个丈夫。这些慈悲为怀的仁人君子若是知道我在此间过着完全与世隔绝的生活，除埃热先生外从不跟任何男士说话，而且跟他也很少说话，他们也许不再以为，这种异想天开毫无根据的念头曾经支配着我的行踪。我说够了吗？足以为自己洗清这种愚蠢的诋毁了吗？我不是说，结婚是一桩罪恶，或结婚的愿望是一桩罪恶。可是对于既无财产又无姿色的女人，把结婚当作她们的愿望和希冀的主要目标，一切行动的指南，而不看看自己毫无吸引力可言，最好老老实实去考虑其他事情，而不要考虑婚姻问题，——那就是愚蠢，实为我所不齿。

156. 致勃兰威尔·勃朗特

（1843年5月1日）

至于我嘛，我很好，照旧慢慢腾腾往前挪着步子。不过，我发觉我变得极端厌世和酸涩乖僻了。你许会说，这不是什么新闻，你从未见过我拥有相反的品质——慈悲为怀和甜甜蜜蜜。Das ist Wahr（译成英语，就是：这话不假）；但事实是，这儿的人实在糟糕透顶。这所房子里的120名日常居民中，只有一两个值得一顾。并非我太吹毛求疵，实在因为她们缺乏起码的良好品质。她们没有头脑、不懂礼貌、脾气刁顽，又缺乏善意。她们简直等于零。我不恨她们——恨，这种感情用在她们身上还嫌太热烈。她们自己没有感情，也激发不起别人的感情。可是一个人日复一日无所喜、无所惧、无所爱、无所憎、无所在、无所为，真腻味透了。不错，我是在教书，有时为了她们的愚蠢而急得脸红。但不要以为我骂过人、发过脾气。要是我说话带点火气，像在罗海德学校有时表现的那样，她们会以为我疯了。这儿没有人动肝火。发火这种事是闻所未闻的。她们的血液里黏液太稠，无法沸腾起来。她们相互间的关系虚伪透顶，可绝少吵架拌嘴，而友谊则是她们不懂得的一桩荒唐事。这种普遍规律的唯一一个例外是埃热先生，那黑天鹅（埃热夫人不是一个例外，她老是冷冰冰的，满口大道理）。可是我现在很少同埃热先生讲话了，因为我既已不是学生，就和他没有什么关系了。他不时还对我表示友好，塞给我大批的书，因此，我多少能得到一些愉快和乐趣，还得谢谢他。除了完全缺乏同伴，我没有什么可抱怨的。我的工作不是很重，有充分的自由，也很少受到干扰。我过着一种闲散逍遥的、死水般宁静的生活；一想到西治威克太太，我感到应该满足。……

有一种奇异的玄奥现象，每当黄昏，我独守空无一人的大宿舍，面对着一排排白幔高悬的床，我恍若回到了那些旧时意念、旧时面孔、阴曹地府的那些古老的景象。

又及，埃热先生适才进来，给了我一本德文《圣经》做礼物。我颇意外，因为许多天来他简直连话都没有跟我说。

162. 致艾米莉·勃朗特
（1843年9月2日）

假期已过一大半，情况比我预料的略为好些。最近两周来，天气异常晴好，却也不像去年此时那么暴热。因此，我经常出去溜达，想多多熟悉布市街道。……

如果我成天独自待在学校，找不到一个可以说话的人，我难免要陷入情绪沮丧的深渊。所以有时我走出校门，在布市的大街小巷信步踽踽，一走就是几小时。昨天我出城谒墓[①]后，又继续往前走了很远，登上一座小丘，极目望去，但见绵亘天际的田野，此外别无他物。回城时天已黄昏；可我实在不愿回到这所房子里，这儿没有一件东西是我关心的。于是我继续围绕着伊莎贝拉街，在邻近的街道上串来串去，躲开这所房子。走着走着，竟

[①] 玛丽·泰勒的妹妹玛莎1842年秋患霍乱死于布市，葬在城郊。

来到圣居都尔教堂跟前，教堂的钟——那钟声你是熟悉的——开始敲鸣晚祷。我独自走进教堂（你觉得这不像我干的事吧），在过道里徘徊。那儿只有几个老妪在做晚祷。我等候到晚祷开始。晚祷结束了，我还待在那儿。我不能离开教堂，或者强迫自己回家——就是说，回学校。忽然，我脑子里闪出了一个怪念头。在大教堂僻静的一角，还有六七个人跪在忏悔室的窗口前。在两个窗口里，我瞥见一位神父。我以为，一件事只要不是根本错误的，只要能调剂一下生活，给自己片刻的乐趣，那么做做也无妨。我幻想自己变成了一个天主教徒，去做一次真正的忏悔，看看那究竟是怎么回事。你是深知我的，你会觉得这事有点儿蹊跷吧？不过，人们离群独处，往往会生离奇的幻想。一个忏悔者正在专心致志地忏悔。忏悔者并不进入神父所在的那种斗室里去，而是跪在台阶上，隔着栏杆向神父忏悔。忏悔者和忏悔神父说话声都很低，几乎听不见。我看着两三个忏悔者去了又离开，然后我走了过去，在一个刚刚空下来的神龛里跪下。我还得等待十分钟，因为旁边有个我看不见的忏悔者。最后那人走了，栏杆里开了一扇木门，神父朝我侧过耳来。这时我不能不开口说话，可我一点也不知道忏悔开始时的那套惯语。这情景真够滑稽的。我感到恰似深夜独自来到泰晤士河上那样，茫茫然不知所措。我开始说，我是个外国人，自幼是新教徒。神父问，我现在是不是新教徒。不知怎地我不能说谎，便回答"是"。他说，那么我就不能"享受忏悔的神恩"。可我执意要忏悔，最后他同意了，因为这可能是我回到真正的教会的第一步。我确确实实做了一次忏悔——真正的忏悔。事毕，他告诉我他的地址，嘱我每天早晨到公园路他的寓所去,他将开导我,使我认识到做一个新教徒的错误和罪恶!!!我诚恳地答应了。不过当然,这段奇遇也就到此为止,我希望再也见不到这位神父。我想这事你最好不要告诉爸爸,他会不理解这只是一时的异想天开,也许以为我要变成一个天主教徒哩。

163.致艾米莉·勃朗特

(1843年10月1日)

现在是礼拜天的早晨。她们正望那偶像崇拜的"弥撒",我待在餐厅里。我非常非常渴望我是在家中的饭厅里,或厨房里,或后房里,——我正在剁肉糜……你站在一旁,关照我把面粉加够,胡椒别放得太多,最最要紧的是,留出羊腿上最好的一块肉给"虎子"和"看守"①。"虎子"大概正在盘碟刀叉间跳来跳去,"看守"则立在厨房地上,好似一团烈火。要完成这幅画,还应该添上:塔比在吹火,要把土豆煮成糊糊!不过我眼下尚无意回家。我提不出一个真正的理由。这地方固然对我了无欢乐,可我不能未达既定目标就回家。我的目标不应只是找到一个职位就完事,那不啻跳出油锅又复跳进炉火。……你问起维多利亚女王访问布鲁塞尔的情况。我见到了她。她乘一辆六驾马车,一群士兵前呼后拥,在皇家大道上疾驰而过。她谈笑风生,非常愉快。她看上去

---

① 勃朗特家养的一只猫和一只牛犬(艾米莉的爱畜)。

是位欢快活泼的夫人，有点儿发福了，衣着十分朴素，并不显得声威赫赫或装腔作势。总的说，比利时人挺喜欢她。他们说，她一来，使沉闷的利奥波德国王的宫廷都变得活跃起来了，那儿向来是阴森森的，像个密教会堂。

四 莫测的前途

（1844-1847. 书信编号169-294）

办校计划落空——致埃热的信——玛丽去国——副牧师们——自我牺牲——勃兰威尔被辞退——论男女教育——艾米莉的诗——自费出版《诗集》——致德·昆西

169. 致埃伦·纳西

（1844年1月23日）

我已回家。人人都问我打算怎么办，人人都像在盼望我马上着手办一所学校。说实在的，这正是我希望做的事。我有足够的钱可以办校，而且我想现在也有了足够的资历，使我有可能获得成功；然而我还不能走进生活——还不能触摸那个我争取了许久如今似已近在咫尺唾手可得的目标。你要问这是为什么。是为了爸爸。你知道，他现在年事已高，而且我不能不难过地告诉你，他快要双目失明了。几个月来我一直感到，我若丢开他去追求个人的自私的利益，是太自私了（至少在勃兰威尔和安妮不在家的期间是如此）。我将靠上帝的帮助克制自己，等待时机到来。

我离布市前深感痛苦。我想，不管我活多久，我永不会忘记和埃热先生分离给我造成的损失。看到他那么伤心，我也深感伤心，因为他曾是那么真诚、亲切、无私的一位朋友。分手时，他给了我一份类似文凭的证件，证明我作为一个教师的能力，上面加盖了王家文学院的大印，因为他是那所学校的教师。他要我带上他的一个小女儿回家，可我没有同意。我的比利时学生们对我离去甚表遗憾，这也出乎我的意料之外。我原未想到她们那冷冰冰的水性里还蕴藏有这种感情。

……我不知道你的感觉是否和我一样：我现在有时似乎感到，除了少数几个近亲友好的友谊和感情不变，我所有的思想感情仿佛都不同于往常了；我内部的某种东西过去一贯是热烈奔放的，现在变得驯化了、柔顺了。我很少抱幻想，我如今渴望的是积极的努力——在生活中下一赌注。霍渥斯仿佛是这么一个孤零零的寂静的处所,远离世界,被埋葬了。我不复把自己看成是年轻人——确实,我就要满28岁了。似乎我应该像别人那样工作,迎着人世间的风雨挺进。不过,目前我的责任是抑制这种情绪,我要勉力为之。

关于夏洛蒂对埃热先生的感情问题,她在世时和去世后多年一直是个疑团。《维莱特》出版后,人们根据露西和保罗的关系,猜测这本小说自传的成分有多少,但也仅属臆度而已。夏洛蒂去世后,盖斯凯尔夫人为她作传,搜罗了大批书信,并亲赴布鲁塞尔造访埃热夫妇。埃热夫人拒而不见,埃热先生接待了她。想必这时她看到了或听到了夏洛蒂写给他的四封存留下来的信。信的内容和流露的炽烈感情可能使她感到震惊。但为了维护朋友的名誉,她在传记里隐而不提,只从信中摘引了几句一般表示敬意的话。四封信保存下来的经过,颇富戏剧性。原来,埃热先生读完信,就撕碎扔在纸篓里。细心的埃热夫人拾了起来,拼好,用针线缀拢,裱糊平整,收藏起来以待必要时拿出来作为物证,证明埃热的清白。但她在世时没有把它们公开。直到1913年,直接有关的人都已作古,埃热夫妇的儿子才把它们作为文物捐赠给不列颠博物馆。1913年7月29日,《泰晤士报》将四封信全文发表,并附英译文。至此,夏洛蒂-埃热之谜较前大大明朗化,但关于夏洛蒂感情的性质,仍然众说不一。四封信书写的时间前后达一年多。夏洛蒂写第四封信后,由于埃热先生回信要求她把信寄到他的学校而不是埃热夫人的学校,她断然中止了通信。由此可见,她写这些信,尽管显然超越了学生对老师的感情,却是襟怀坦荡的,无意避讳埃热夫人。

179. 致康斯坦丁·埃热

（1844年7月24日）

我很清楚,现在还不该轮到我给你写信,不过既然惠尔赖特太太即将去布鲁塞尔,并慨允为我捎信,我感到似不应错过给你写信的大好机会。

学年即将结束,假期就要开始,我很高兴——我为你感到高兴,先生,因为听人家说,你工作太辛苦,以致健康受损。所以,对你长时间的沉默,我毫无怨言——我宁可再等上六个月得不到你的音讯,也不愿加重你那已经过重的负担。我记得很清楚,现在正是学生作文的日子,跟着就要考试,然后又要发奖——在整个这段时间里,你将被禁锢在教室里,呼吸那窒人的空气,耗尽体力,整天忙着讲解、提问、讲话,晚上还有那么多糟糕的作文要看要改,有的几乎要重写——先生啊！我曾给你写过一封不大通情理的信,因为那时我心里难过;不过以后我再不这样做了。我将努力做到不再自私;尽管我把收到你的信看成是最大的幸福,我仍将耐心等待,直到你乐意并认为是适宜给我写信的时候。同时，我还可以不时寄给你一封短信——你曾经授权我这样做的。

我很担心会把法语忘掉，因为我坚信有一天还会再见到你。我不知道几时或怎样才能见到你，但既然我切望见到你，我就一定能见到你。到那时，我希望不致在你面前变成一个哑巴——见到你却不能和你说话，那可太不幸了。为了避免这种不幸，我每天从一本通俗体法文书里背诵半页；我喜欢学这门功课，先生；当我念着法语词汇时，我仿佛就在和你聊天。

最近，曼彻斯特有家大学校聘请我担任首席女教师，年薪100英镑（合2500法郎）。可我不能应聘，因为如果应聘，我就得离开家父，而我又不能离开他。不过，我有一个打算——（当一个人闲居家中，脑子里总不免要不停地活动，希望做点工作，从事某种积极有为的事业）。我们的牧师住宅是一幢相当大的房屋，只要稍加改造，就能容纳五六个寄宿生。如果我能找到五六个良好家庭的孩子，我就可以致力于教育他们。艾米莉不大喜欢教书，但她可以管理家务，而且，虽然她性好隐遁，却有一副好心肠，不会不尽力使孩子们过得舒适。再说，她秉性宽厚乐善。至于秩序、节俭、严格，以及勤勉的工作——凡是办校所需要的一切——我自愿担负起来。

这，先生，就是我的计划，我已向家父做过解释，他表示赞助。现在剩下的只是招到学生——这是一件颇不容易的事，因为我们居住的地方远离城市，四周群山环抱，形成一道障壁，人们不大愿意翻山越岭来到这里。但任何不经过困难的事可说是没有价值的；战胜阻难，其乐也无穷。我不敢说我定能成功，但我要试图取得成功——单是这种努力本身就于我有益。我最害怕的莫过于闲散怠惰、没事可干、无所作为、官能陷于麻痹状态。身体闲置不用，精神就备感苦闷。

若是我能写作，我就不会感到空虚无聊。以前，我一连几天几星期几个月不停地写作，也并非毫无成果，因为骚塞和柯尔律治——我们的两位最优秀的作家——都曾亲切地对我表示赞助；可如今我视力太弱，不能写东西。要是我再写下去，就有失明的危险。视力减退对我是个可怕的阻碍。不然的话，先生，你可知道我要做什么？——我要写一本书，把它奉献给我的文学老师——我唯一的老师——奉献给你，先生。我常用法语告诉你，我是多么崇敬你，多么得益于你的好意、你的指导；我愿用英语再说一遍。但那是不可能的事，是可望不可即的事。文学这个行业，对我已永远关闭了大门；只有教书这个行业的门还是敞开的。这个行业不像文学那样有吸引力；不过没关系，我将跨进这个行业，如果我不能有所成就，那将不是因为我不努力。你不也一样吗，先生？你希望当一名律师，可是命运或天意使你当上了教师；尽管如此，你还是快乐的。

请向夫人转致我的敬意。玛丽亚、路易丝、克莱尔怕已把我忘了吧。普罗斯彼尔和维多琳[①]原本不大认识我；我可全都记得她们五个，特别是路易丝。她性格多么有特色，小脸儿多么天真可爱啊。再见，先生，感激你的学生。

夏·勃朗特

7月24日

[①] 埃热夫妇的五个儿女。

我不请求你很快就给我写信，因为我不敢打扰你。但你心肠好，不会忘记我在渴望你的信，是的，非常之渴望。好吧；总之，先生，随便你怎样做都行。因为，要是我收到信，而我又认为写这信是**出于怜悯**，我会深感难过的。

惠尔赖特太太大概是先去巴黎，后去布鲁塞尔，但她将在布罗纳把我的信投邮。再一次再见了，先生；一说再见，我就感到伤心，即便只在信上。唉，肯定有一天我会再见到你——这是一定的——因为只要我挣够了去布鲁塞尔的钱，我就要到那里去。我将再一次见到你，哪怕只是一会儿。

185．致康斯坦丁·埃热

（1844年10月24日）

今晨我特别高兴——近两年来我很少这样高兴过。因为我熟识的一位先生要到布鲁塞尔去，他表示愿为我带一封信给你，由他面交或经他妹妹转交你，要我放心，信一定会送到你手上。

我不打算写长信；首先，时间来不及——这信马上就得送走；其次，我怕叨扰你。我只想问问，你可曾收到我在5月初以及在8月间写给你的信？六个月来，我一直在等待先生的信——六个月的期待是很长的，你知道！但我不抱怨，而我这小小的忧愁将得到丰厚的报偿，如果你现在写一封信，交给这位先生——或他的妹妹带给我，他会万无一失地交到我手里。

不管信多么短，都能使我满足——只是别忘了告诉我你身体可好，先生，以及夫人和孩子们可好，还有教师和学生们可好。

家父和舍妹向你问好。我父亲的病渐重了。不过他尚未完全失明。我妹妹们都好，但我可怜的弟弟还在生病。

再见了，先生，我相信不久就能获悉你的消息。想到这一点，我就喜欢，因为你的和蔼亲切永不会从我记忆中消失。这记忆存在多久，它在我心中激起的敬仰就存在多久。

> 你最忠诚的学生
>
> 夏·勃朗特

在布鲁塞尔时你送给我的书，我刚把它们全都装订好。我喜欢沉思地凝望着这些书；它们构成相当可观的一批藏书。有伯纳丹·德·圣彼埃尔的全集，有帕斯卡尔的《思想录》，一本诗集，两本德文书，还有埃热教授阁下在王家文学院授奖大会上的两篇演讲——它们的价值胜过所有其他的书。

188. 致康斯坦丁·埃热

（1845年1月8日）

泰勒先生回来了。我问他有我的信没有。"没有，什么也没有。""要有耐心，"我对自己说，"他妹妹很快就要来了。"泰勒小姐回来了。"我没有给你带来埃热先生的片言只字，"她说，"没有手书，也没有口信。"

等我回味过来这话的意思，我对自己说（如果别人遇到同样的情况，我也会这样对他说）："你应该想开些，首先，不要为你所不该遭到的不幸而悲伤。"我竭力忍住眼泪,不发怨言。

可是,当一个人不抱怨,当他试图用暴君的手腕强压自己时,他的官能是要起来反叛的,他要为外表的平静付出难以忍受的内心冲突的代价。

日日夜夜,我既不能休息,也不得安宁。如果我睡着了,磨人的梦魇就来缠扰;我梦见你,老是疾言厉色,老是乌云满面,老是冲着我大发雷霆。

如果我采取了再一次给你写信的办法,那么,先生,请原谅我吧。要是我不努力设法减轻生活的痛苦,我怎能忍受生活呢?

我知道,你看到这封信的时候,一定会不耐烦。你又会说,我在发神经,说我思想阴郁等等。也许是这样的,先生;我不想替自己辩解;我甘受任何责难。我只知道,我不能,不愿听天由命,完全失去老师的友谊。我宁愿忍受生理上最大的痛楚,也不愿让我的心被痛苦的悔恨撕裂。如果我的老师全部收回了他对我的友谊,我就毫无希望了。如果他给我一点点友谊——只消一点点——我就满足了,我就快乐了;我就有理由活下去,工作下去。

先生,穷人不需要很多东西来维持活命,他们只要求得到富人餐桌上掉下来的一点面包屑。可是如果拒绝给他们这些面包屑,他们就会饿死。同样,我也不需要从我所爱的人那儿得到许多情谊。完整的完满的友谊,我不知道怎样应付,我不习惯于这种友谊。可是我在布鲁塞尔做你的学生时,你曾对我有**一点点**关怀,我寄望于保持这**一点点**关怀,就像寄望于生命。

你也许会对我说——"我一点也不关心你,夏洛蒂小姐。你已不属舍下的一员；我已经把你忘掉了。"

那么，先生，请坦率地告诉我这一点。那对我会是一个打击。不过没啥。这并不比不摸底更可怕。

我不准备重读此信。我这样写下，就这样寄走。不过，我隐隐约约意识到，有些冷静明智的人看了我的信，会说——"她在胡说一气。"为了报复这样的人，我只希望他们把我忍受了八个月的痛苦也来忍受一天试试。到那时候，再看看他们是不是也会胡说一气。

一个人只要有力量忍受，他就会沉默无言地忍受下去。可是当他力量不支时，他就要说出来，而顾不得斟词酌句了。

祝愿先生幸福成功。

夏·勃
1月8日

194．致埃伦·纳西

（1845年4月2日）

我看得很清楚，事实证明，在这个世界上，很少能尝到一点不掺杂的快乐。……玛丽得到了自由，走上了她寻求已久的冒险和奋斗之路。①疾病、困苦、危险是她的旅伴——不可分离的伴侣。当西北风西南风开始刮起来时，她的船或许已经驶出了风的范围，

---

① 玛丽·泰勒和她的一个哥哥远离祖国移民到新西兰。

或者这些风只在陆地上肆虐，没有把海面大大吹皱。否则，她就曾被颠簸得好苦，而我们却安睡在床，或醒着思念她。可是这些实际的、物质的危险一旦过去，会在思想上留下一种与困难搏斗并战而胜之的满足感。它必然会产生力量、勇气和经验；相反，纯属精神的苦难，我怀疑它会不会产生好的结果，除非，它使我们对肉体的痛苦变得不那么敏感了。……你谈到你错把一位单身汉医生当成了一个已婚男子；如果退回去十年，我会大笑一场的。我会认为你过分拘谨；我会奇怪，你怎么能由于对一个正派人殷勤有礼而感到懊悔，仅仅因为他碰巧是一个单身汉而非使君有妇。不过现在我能够理解，你的顾虑是基于常识的。我知道，女子如果要避免被人贴上找丈夫的标签，她们就得一言一行都像大理石或黏土似的——冷冷冰冰，木无表情，没有血性；因为只要你流露出一丝感情、一丝欢愉、忧愁、友善、反感、钦慕、厌恶，你就有可能遭到世人的猜疑，以为你图谋勾来一个丈夫。耐儿，没啥！襟怀坦白的女子毕竟还能告慰于自己的良心。因此，不必过分害怕表现出你的本来面目——感情丰富、心地善良；不必过于狠狠地压抑那原本最优美的情愫和情怀，仅仅因为害怕哪个自命不凡的年轻人会幻想你流露这些感情是为了媚惑他；不要强迫自己没精打采地活着，仅仅因为假如你显得精神饱满，某个穿裤子的实用主义的家伙（恕我出言不逊）就会想象你意欲把你的活力灌输到他的空虚中去。不过，对一个女子来说，安详稳重、端庄大方，仍然是无上的宝藏，而那正是你的所长。

202．致埃伦·纳西

（1845年6月18日）

你们那位医生兼教士的副牧师，我一点也不想见他。我想他一定是和我所见到的其他副牧师们一样。在我看来，他们全都属于一个自我追求、虚荣、空虚的族类。就在眼下，我们霍渥斯教区有不下三位副牧师，而且天晓得会不会有另一位来补上其中的一位。

前几天，他们三位……全体突然光临舍下，叫人措手不及，坐下来要吃茶点。那天正是星期一①，我又热又累。要是他们表现得安安静静、老老实实的，我还是会平心静气地招待他们茶点的。可是他们竟然自吹自擂起来，还那么肆无忌惮地辱骂非国教派，惹得我气上心头。我禁不住迸出几句又快又尖刻的话，镇得他们一个个傻了眼，爸爸也吓坏了。可我不懊悔。

  失去埃热先生的友情，自办学校的计划告吹，夏洛蒂从布鲁塞尔回来后遭到的第三个沉重打击，是勃兰威尔被辞退。两年半前，经安妮介绍，勃兰威尔和她同到罗宾森家做家庭教师，不想竟狂热地爱上了长他17岁的罗宾森夫人，因而被赶了出来。他回到家里，竟日哭闹、酗酒、吸鸦片，迅速走向毁灭。夏洛蒂能够同情弟弟失

---

① 星期一是勃朗特家烤面包的日子。

恋的痛苦，但不能原谅他的自暴自弃。从此，她对这个自幼挚爱并寄予厚望的弟弟完全绝望。

207．致埃伦·纳西
（1845年7月31日）

我晚上十点钟到家，发现勃兰威尔病了。他闹病是家常便饭，都是他自作孽。所以，开头我并不感到意外。可是安妮告诉我他这次闹病的直接原因时，我不由得大为震惊。原来，上星期二他接到罗宾森先生的一封信，严词将他辞退了，说是发现了他的所作所为，说是他的行为简直恶劣到非言语所能形容，并且勒令他与他家的每一成员立即永远断绝来往，否则将予揭露。打那以后，我们就为勃兰威尔伤透脑筋了。他不管不顾，一味借酒浇愁，麻醉自己。全家谁也别想过安生日子。最后，我们只得打发他出门一星期，派一个人陪同照顾。今早他给我来信，对他疯狂的愚蠢行径表示某种程度的悔悟。他答应回来后改过自新，但只要他在家，我就不指望家中太平。恐怕我们都得准备有一段苦恼不宁的日子。我离开你的时候，就有一种强烈的预感，觉得我回来要碰上倒霉事。

218．致康斯坦丁·埃热
（1845年11月18日）

先生，——沉默的六个月过去了。今天是11月18日，我写上一封信的日期是5月18日。因此，我可以再给你写信而不违背我的诺言。

夏季和秋季显得无比漫长。说实话，我必须做出艰苦的努力，才能把强加于己的自我克制忍受至今。你，先生，你不可能理解其中况味；可是请设想一下，假如你的一个孩子离你而去，远在160海里以外，而你在六个月之内不得给他写信，听不到他的消息，听不到别人谈他，对他的健康状况一无所知，——那你就容易理解这样一个义务是多么苛刻了。我坦率地告诉你，我曾经试图忘掉你，因为怀念一个你非常敬仰但又认为不复得见的人，是太令人神伤了。而当一个人忍受这种焦虑心情达一两年之久，只要能回复心情的宁静，他是在所不惜的。我什么办法都尝试过：我找事情做；禁止自己享受谈到你的快乐——甚至对艾米莉都绝口不谈。但我既没能消除遗憾心情，也没能制服急躁情绪。一个人无力控制自己的思想，成为某种忧思、某种回忆的奴隶，委实令人感到屈辱。我为什么不可以给予你友谊，像你给予我友谊一样——不多也不少？如果那样，我就能保持宁静，保持自由，就能毫不费力地保持沉默十年。

我父亲很好，但他的视力几乎完全丧失了。他不能读书写字。不过医生嘱咐说，还要再等几个月，才能试一试做手术。冬天对他将是漫漫长夜。他很少叫苦，我佩服他的耐性。如果命运施加予我同样的灾难，但愿命运至少给我同样的耐心来承受！先生，我觉得蒙受巨大的生理不幸之苦，还不及让我们身边的人分担我们的痛苦来得苦。人们能隐藏心灵的病痛，但侵袭肉体毁坏官能的疾患却是掩盖不住的。我父亲现在允许我给他读、替他写了；

他对我表示了比以前更多的信赖,这是莫大的安慰。

先生,我向你提出一个请求:当你回信时,请谈一谈你自己的事,不要谈我;因为我知道,如果谈我,你就一定要责怪我,这一次我想看到你慈祥的面孔。因此,和我谈谈你的孩子们吧。当路易丝、克莱尔和普罗斯彼尔在你跟前时,你从不紧锁眉头。也请和我谈谈学校、学生和女教师们的情况吧。白兰施小姐、索菲小姐和茹斯丁小姐都还在布市吗?请告诉我,假期里你到哪儿去旅游过。去过莱茵吗?访问了科伦或科布伦茨吗?总之,我的老师,务请告诉我一点什么,随便什么都行。我知道,给一个前助理女教师(不!我不愿回忆我做助理女教师的职务——我否认这个)写信,不管怎么说,给一个老门生写信,对你来说不是一件十分有趣的事;但对我来说,却是性命攸关呀。你上一封信支持着我——六个月的营养。现在我需要另一根支柱,你会给我的;并非因你对我怀有友情——那不可能有多少——而是因你有同情心,你不会为了省去片刻的麻烦而让一个人延长痛苦。禁止我给你写信,拒绝回我的信,就是夺去我在世间唯一的快乐,剥夺我最后的特权——这特权是我永不会甘心放弃的。相信我吧,我的老师,给我写信,你就做了一件好事。只要我相信你对我怀有好感,只要我有希望得到你的消息,我就能安心,不会太悲伤。但当长期室人的沉默使我感到有同老师疏远的危险时,当我一天天等待一封信又一天天失望,把我推向无法抵挡的忧伤时,当看到你的手迹、读到你的教诲的甜美喜悦像幻影般从我眼前消逝时,热病就攫住了我,我食无味、寝无眠,憔悴消损。

明年5月我还能给你写信吗?我宁愿等待一年,但那是办不到的——太长了。

夏·勃朗特

〔以下是用英文写的〕

我必须用英文写几句——我愿我能给你写更愉快的信，因为当我重读此信时，我感到它多少有些阴郁。但是原谅我吧，亲爱的老师，不要为我的忧愁生气。《圣经》上说："心里所充满的，口里就说出来。"[①] 真的，只要想到我再也见不到你了，我就很难高兴起来。你可以从这封信的语病看出，我渐渐把法文忘掉了，但我能弄到的所有法文书我都读了，并且每天背诵一段。不过自离开布鲁塞尔后，除了一次，我从来没有听到说法语；那一次，它像音乐一样灌进我耳里。每一个词对我来说都无比珍贵，因为它使我想起了你。为了你的缘故，我全心全意热爱法语。

再见了，我亲爱的老师。愿上帝保佑你免于特殊的忧患，并赐予你特殊的福祉。

下面这封夏洛蒂写给她的老师伍勒女士的信，揭示了艾米莉的性格以及姐妹间关系的点滴，同时表述了夏洛蒂对当时不平等、不合理的男女教育的不满，以及对独身的和独立的妇女的命运的思考。

---

① 见《圣经·马太福音》第12章34节。

224. 致玛格丽特·伍勒

（1846年1月30日）

当你听到铁路危机的消息时，我想你大概会惦念我们的情况吧。请放心，我可以高兴地回答你好心的询问：我们那一小笔资产①尚未缩减。……我曾经很着急，想趁为时未晚时把我们的股份售出，把钱转移到较稳妥的地方去，尽管暂时获利较少。可是我无法说服妹妹们持同样的看法。我感到，我宁冒损失的危险，也不愿拂艾米莉的意，伤她的感情。我在布市时，她代替我经管，干得精明、漂亮，省得我远在异国为自己的利益操心。所以我仍将交给她去管，自己坐享其成。她当然是无私而又能干的，如果说，她不像我希望的那样柔顺听话、那样服理，那么我必须记住，世间无完人。只要我们坚定不移地尊重我们心爱的至亲骨肉，那么我们偶尔被她们那看来是非理性的固执想法惹恼，也不过是小事一桩。亲爱的伍勒女士，你大概和我一样，深深懂得姐妹间感情的价值；当姐妹们年龄相仿，教养、情趣、气味相近时，我相信，世上没有任何东西能和这种感情相比。

你问起勃兰威尔；他根本不打算找工作做，怕只怕，他已经把自己弄得不适合从事任何一种体面的职业了。况且，如果他手里有钱可花，他就会用来戕害自己——只怕，他已完全丧失了自制的能力。你问我，我是不是觉得男人是些怪东西。我确实这样

---

① 姨母逝世时留给三姐妹1000余英镑的遗产，通过伍勒女士的关系购买了铁路股票。

想，时常这样想。我还认为，男人受教育的方式很奇怪。防止他们受到诱惑的保护措施远远不够，还不及一半。姑娘们被严加保护，仿佛她们是些非常脆弱而傻气的东西。男孩子们则给大撒手放了出去，听之任之，就像在世间一切存在物中，他们是最最聪明、最不易上当受骗走邪路的东西。

……每当我听说你过得十分愉快时，我总感到一种异样的满意。因为这证明，甚至在现世，也存在着类似善有善报的公理。你曾经含辛茹苦地工作，你青年时和壮年时放弃了一切享乐，几乎放弃了任何休憩；现在，你自由了，而且我希望，你还能享受许多年的健康和精力充沛的岁月，可以享受自由自在的生活。此外，我高兴，还有另一个动机，一个极其自私的动机——看来，甚至一个"孤身女子"也像备受宠爱的妻子和骄傲的母亲一样，能够得到幸福。我为这一点感到高兴。我对现今未婚女子和永不结婚的女子的命运考虑得很多。我几乎已经认定，一个未婚女子，没有丈夫或兄弟的扶持，安安静静地、坚毅不拔地自食其力度过一生，到了45岁或更高的年龄，还保持着有条不紊的头脑，愉快的情性，能以享受简单的乐趣，保持着坚强的性格，能以经受必不可免的痛苦，同情别人的疾苦，并在力所能及的范围内乐于济贫助人，——这样一个未婚女子，世上没有比她更值得尊敬的人了。

家门蒙辱，前途茫茫。就在山穷水尽之际，文艺女神向夏洛蒂投来了一线希望之光。1845年深秋的一天，夏洛蒂偶然看到艾米莉摊在桌上的诗稿，"披览之余，不禁深为震惊,感到这些诗篇决非平平之作"。从此,她开始带领二妹回到创作的道路上来,再次试步。从1846年1月到5月,夏洛蒂通过书信往还,同一些出版商打交道,力争印出三姐妹的诗集。其结果,就是《柯勒、埃利斯、阿克顿·贝尔诗集》于5月间自费刊印。

227. 致艾洛特与琼斯公司

（1846年1月28日）

先生们,——请问,贵公司是否愿承应出版八开本的一卷短诗。如不同意由贵方承担出版,是否可由作者自费、由贵处承印出版?

你谦卑的仆人
C. 勃朗特

228. 致艾洛特与琼斯公司

（1846年1月31日）

先生们,——承蒙贵处同意承印我请求你们出版的著作,我现急需知道纸张及印刷所需费用。然后我将连同原稿寄上所需款项。我希望该书印成八开的一卷本,纸张字号均与莫克森公司最近出版的华兹华斯诗集相同。这卷诗约有200页至250页。这些诗不是一位教士所作,亦非纯属宗教性质,但我想,这些情况并不重要。

也许你们认为必须看到原稿,才能准确地计算出版费用。为此则随即将稿寄奉。不过我希望事先对可能需要的费用有一个概念,如能从我谈到的情况做出粗略的估算,则不胜感激之至。

在面临自利和为亲人做出自我牺牲两条道路的抉择时,夏洛蒂坚定地选择了后一条道路。这条路可能是痛苦的,却得到良心平安的酬报。她自己这样做,也这样劝告朋友。

埃伦听到的"谣言"并非毫无根据。勃朗特先生新来的副牧师亚瑟·尼科尔斯大概从这时起已在默默地爱着夏洛蒂,可惜,她迟迟看不到他的人品和忠贞的爱情的价值。直到八年以后,他才成了她"亲爱的丈夫"。

257. 致埃伦·纳西

(1846年7月10日)

我看到,你现在正面临一个难题,一种性质特别困难的难题。两条路摆在你面前,你真心实意希望选择一条正路,哪怕那条路最险陡,狭窄而崎岖。可是你不知道究竟哪条是正路。你无法决定,责任和宗教究竟是命令你离家外出,走进那举目无亲的冷漠的世界,靠着当家庭教师的单调乏味的工作糊口养活自己,抑或命令你继续留在家里陪伴你年迈的母亲,而暂时抛开取得个人独立地位的前景，忍受日常生活上的诸多不便，乃至于匮乏。亲爱的埃伦，我想象得到，在这个问题上，要你自己做出决定几乎是不可能的，因此让我来替你决定吧。至少，我想告诉你我对这问题的由衷的信念是什么。我要一五一十告诉你，我对这个问题是怎样想的。正确的道路，乃是那条要求你在个人利益上做出最大牺牲、对别人有最大好处的道路。坚定不移地朝着这条路走去，我相信，到头来会走向幸运和幸福，尽管开头它似乎指向一个相反的方向。你母亲如今既老且衰了。衰老的人很少有快乐的来源，比年轻健康的人所能想象的还要少。剥夺她们的一个快乐来源，是残忍的。假如你母亲有你在身边会更安心，那就留在她身边吧。假如你离开她会使她不快乐，那就留在她身边吧。从表面看来，至少在鼠目寸光的人看来，你留在布鲁克罗伊德家中对你无甚好处，而留在家里安慰母亲，也不会因此而受到称许和赞赏；然而，或许你自己的良心会赞同你这样做；倘若如此，那就留在她身边吧。我奉劝你做的正是我自己试图做的。是谁一本正经地问你，勃朗特小姐是否即将嫁给她爸爸的副牧师？几乎用不着我来说，没有比这谣传更没有根据的了。这股风是打哪儿刮来的，我百思不得其解。我同尼科尔斯先生一直保持着一种冷淡疏远客客气气的关系。把这个谣传告诉他是无法想象的，甚至当作一个笑话来讲也不行。那会使我成为他和他的副牧师同僚们的笑柄达半年之久。他们把我看成一个老姑娘，而我把他们全都看成一帮索然寡味、心胸偏狭、毫无吸引力可言的男性的样品。

258．致艾洛特与琼斯公司

（1846年7月10日）

贝尔诸君授意我奉告，他们已收到刊有对诗集的评论文章的《批评家》杂志和《雅典尼恩》杂志。

几位作者现认为，可再出十镑钱来为诗集登广告，选择何种途径，概由贵公司酌情夺定。

几位作者希望将《批评家》文章中的下列词句附入每则广告：

"任何人，只要内心里有一束琴弦，能在大自然的拨动下对美与真发出共鸣，都会看出这些诗篇中蕴含着天才，其分量较之这个功利主义的时代所曾奉献予崇高的心智活动的天才更为丰厚。"

几位作者还请求，将诗集的样本寄送《弗雷泽杂志》、《钱伯氏爱丁堡杂志》、《环球》和《考察家》。

261．致艾洛特与琼斯公司

（1846年7月23日）

贝尔诸君烦你们将附上的信在伦敦投邮，不胜感激。这是对你们转来的一封信的答复。该信是一个自称读过他们的诗并表示钦佩的人写的，他要求几位作者签名留念。我想我曾说过，贝尔诸君意欲暂时保持他们的真名实姓不为人知，故此他们愿将此信在伦敦投邮，以免人们根据信封上邮戳猜到作者的住处和身份。

〔下面是签名：

　　柯勒·贝尔

　　埃利斯·贝尔

　　阿克顿·贝尔

致 F. 埃诺克先生，科恩市场，沃威克。〕

263. 致埃伦·纳西

（1846年8月9日）

你谈到一个做妻子的为丈夫付钱时应怀有怎样一种感情——你的理论是有欠缺的。要知道，埃伦，谁人掌握钱袋，谁人就会要求当家做主。请相信这一点，不论男女都一样，谁供给钞票，谁有时就会用这钞票的价值来衡量他（或她）本人的价值，从而责备那较不富裕的一方，甚至在普通人的思想上也不例外。此外，任何一个做丈夫的都不应成为妻子施舍的对象，反过来，妻子对丈夫也一样。姊妹的感情使你变得偏颇，使你通常正确的判断有所失误。不对，亲爱的耐儿，如人们所说，攀上一门**好**亲事无疑是件幸事；但任何幸事中都夹杂有苦衷。我不希望你嫁给一个**非常**有钱的丈夫。我不愿你被哪个男子看成是"**一个甜蜜的施舍对象**"。

271. 致《都柏林大学杂志》

（1846年10月6日）

我代表我本人和我的兄弟埃利斯与阿克顿向你们致谢，感谢你们最近一期上对我们在文学上的微薄努力所做的宽容的评论；但我尤其感谢在此之前发表的那篇论现代诗歌的文章。我们认为，该文中似乎浓缩了真与美的精神；如果你们所有其他的读者或半数读者都从中感到我和我的兄弟们所感受的愉快，你们的劳动就产生了丰硕的成果。

读过这样的批评之后，一个作家确实一开始痛感自己的微不足道——正如我们所感到的那样——但阅读再三，他发现其中有一种力与美，驱使他想做得更多、更好。这样的批评达到了批评的正确目的，它不是彻底摧垮，而是给以纠正和激励。再次由衷地感谢你们，请允许我自称为

　　　　　　　你们忠实的心怀感激的读者
　　　　　　　　　　　　　　柯勒·贝尔

273. 致埃伦·纳西

（1846年10月14日）

我仔细读了你的信——不是为我自己，而是为你。因为任何需要我离家的计划，对我来说都是不现实的。

如果你哥哥理查真有兴趣为你搞到……两三个小学生，他

就为你办了一件真正友善的事。请相信,你一定能够教好这几个学生,无须我或其他人的协助……如果你的收入只需维持一个人——净得21镑,那就很舒适了;可是如果到年底你得和另一个人平分这钱,那就大不一样了。……

拿出勇气来,独自试着干吧。你的姐姐们可以管家,而你则可全力从事教学。

我这话是理智的话。不过说句真心话,如果我不必考虑其他人的意愿和利益,只需遵循我个人的意愿和利益,如果我是独自一人,没有亲人或家庭职责,我就会立即欣然与你共命运——努力把这20镑增加一倍,和你分享。可是如果我**能够**离家的话,埃伦,我现在就不会还待在霍渥斯。我知道,生命在消逝,我毫无作为。挣不到分文,想到这一点有时真叫人痛苦。可是我看不到走出这团迷雾的途径。非止一次,有十分优惠的工作机会送上门来,我不得不放弃。也许当我能自由地离家时,我再也找不到职位或工作了。也许我华年已过,我的才能生了锈,我的少数学识大都忘却净尽——这些想法有时深深刺痛了我。但每当我扪心自问,我的良心确定无疑地告诉我,我留在家里是做对了;而当我纵容自己切望解脱时,良心的苛责是严峻的。我姨死后,在一种似乎不可抗拒的冲动驱使下,我违背良心回到布鲁塞尔。为了这个自私的愚蠢行径,我受到了惩罚,在两年多的时间里,完全丧失了快乐和心绪的宁静。如果我再犯同样的过失,我很难期望有所成就。

下面这封信表明,夏洛蒂大概从她的布鲁塞尔经历接受了教训，感到应该以更宽容的精神对待不合自己口味的异域民情风俗。

277．致埃伦·纳西

（1846年12月13日）

……耐儿，当你长久固着在一个地方，面对着同样的景物，忍受着同一种单调的烦恼时，你可曾对自己的脾气感到不满？我感到的；我现在正处在那种不太妙的思想境地。我想我的脾气太易反复，太爱动肝火，感情太外露和太易激动了。……

可想而知，你同你在翁德尔见到的那些人很少有共同之点。你在他们当中遇到一些麻烦和不便，却能处之泰然，不为之烦恼，这是对的。如果你发现他们当中有蜜可采，就去采蜜，而不必去管他们的势利眼。不过，你当然不需要我的劝告，你是在实践，而我只是在说教。然而我认为，世间的任何事，不能因为我们看不惯，我们就瞧不起。恰恰相反，有些习俗，在我们看来是荒谬不经的，却往往有它存在的充实理由。如果我再度生活在陌生人当中，我将先去留心考察，而不是一上来就指责。不问青红皂白，一味讽刺挑剔，不过是庸人自扰罢了。

279. 致埃伦·纳西

（1847年1月）

……从你的话里，我无法断定她①究竟是真聪明还是只不过有几分怪癖；两种情况有时是并存的，但时常是分开的。我一般总是力戒怪癖，很怕被人看成是个怪人；我这样说，并非有心把自己归在"聪明人"的名下。天晓得，在一些重要问题上，普天下啃食上帝赐予的青草的驴，少有比我更愚蠢的了。天啊，埃伦，我有时有陷于自我厌弃的危险。过去我总是想，××一定会结婚。现在我对这一点也不那么有把握了。要她嫁给一个她不能爱或至少是尊重的丈夫，那是永远办不到的；……如果她命中注定要做个老姑娘，我相信她不会自叹命苦。她会在自己的头脑中找到安身立命之道与意志。至于那个社会，我知之甚少，不过根据我对社会机器所见的一鳞半爪来判断，它似乎是一个非常奇怪而复杂的东西。在它那里，自然是颠倒的。你们的那些有良好教养的人们，在我看来（形象地说）都是头朝下在走路，倒过来看世间万物。对于他们，谎言成了实话，实话倒成了谎言；他们把没完没了的令人厌倦的无聊活动当成乐趣，而把明智的追求视为ennui〔厌事〕。不过，这也许只是无知对它所不能理解的事物的看法。因此，我制止自己去品评他们；但如要我去进行一次"互换（swap）"（我想你大概懂得这个词的意思？），好比说，同××"互换"审美观和思想感情，那我宁可跳进一个约克郡人家的灶火，

---

① 埃伦信中提到的一位女士。

顷刻之间化为灰烬,以此来结束这场交易。

282. 致埃伦·纳西
(1847年2月14日)

你希望在你愿意取悦的人眼中显得美好,这是对的。希望自己在我们尊敬的人面前有一副美好的外表,这是再自然不过的了。但愿你能长久保有这种能力和意愿。但愿你长久保持年轻漂亮,有资格穿一袭雪白的衣衫。耐儿,但愿你长久拥有自觉楚楚动人的权利。我知道,你有足够的判断力,不致让过度的虚荣心糟蹋这种福气,使它变成不幸。不过,老年终归是要到来的,如果在你年老色衰之后,你还能拿出比一张美好的面孔更美好的东西面对亲友们,那就好了。

《诗集》未引起重视,只售出两册。三姐妹决定销毁版本,只留少数自存,并赠送她们敬仰的几位诗人和作家,其中有德·昆西、华兹华斯、丁尼生以及司各特的女婿与传记作者、《每季评论》的主编洛克哈特。

293. 致托马斯·德·昆西
(1847年6月16日)

先生,——我的亲属埃利斯和阿克顿以及我本人,不顾几位可尊敬的出版人的一再告诫，贸然刊印了一卷诗集。

事情果不出他们所料，我们自食其果：我们的书成了滞销货；没有人需要它或注意它。在一年的期间，我们的出版人只售出两册，而这两册他用了多少力气才售出，只有他自己知道。

在把这个版本送进制箱厂以前，我们决定把销不出去的少数几本作为礼物送人；请允许我们赠送一本给你，略表我们长期以来从你的作品中获得乐趣和教益的感激之情。

尊敬你的

柯勒·贝尔

294．致埃伦·纳西

（1847年6月29日）

〔里恩罗斯小姐说，〕她结婚时，希望她的丈夫至少要有自己的意志，哪怕他是一个暴君也罢；这话我听来怪有趣。请告诉她，当她再次表示这样一个愿望时，她必须提出一个附加条件——如果她的丈夫有坚强的意志，那他还必须有健全的理智、善良的心、正常的是非感。因为，一个男人如果有一副痴呆的头脑、冰冷的感情，再加上强硬的意志，他只不过是个难以对付的怪物罢了，你休想控制他，永不能把他引上正轨。不管什么情况，一个暴君总归是一个孽障。

五 崭露头角

(1847-1848. 书信编号300-335)

《教师》的遭遇——《简·爱》的胜利——论作家的社会职责——萨克雷赞《简·爱》——论萨克雷——与乔·亨·刘易斯商榷——论简·奥斯丁——论写实与想象——论刘易斯和萨克雷——论《教师》、《呼啸山庄》、《艾格妮斯·格雷》——《简·爱》再版序

《诗集》的失败并未使三位女作家气馁。紧接着，她们各完成小说一部。艾米莉的《呼啸山庄》和安妮的《艾格妮斯·格雷》先获采用，夏洛蒂的《教师》却连遭六次退稿。第六次，史密斯-埃尔德公司的审读人威廉·史密斯·威廉斯从这部不成熟的作品中识辨了作者的殊才。在威廉斯和该公司年轻的业主乔治·史密斯的鼓励下，她写出了《简·爱》，于1847年10月16日出版并一举成名。自此，她和威廉斯及史密斯之间保持着频繁的通信。特别是她写给威廉斯的不下一百封信，内容丰富，才思敏捷，不仅涉及文学，也涉及生活和思想的其他许多方面，构成了她的书信的精华。

300．致史密斯-埃尔德公司
（1847年8月24日）

今寄上题为《简·爱》的稿件一部，是柯勒·贝尔所著的一部三卷集小说。我无法先付寄费，因此稿投邮的小小邮政所不收此类款项。乞于收到稿件后惠告寄费款额，当即如数寄上邮票。今后来信最好寄给柯勒·贝尔先生，由约克郡布拉德福市霍渥斯村勃朗特女士转交，否则来函有收不到的可能。为了免得麻烦你们，附上信封一枚。

柯勒·贝尔

307．致威·史·威廉斯

（1847年10月4日）

……先生，请允许我事先告诫你，不要对我的才能估计过高，或对我的才能所能达到的成就期待过切。我自知才疏学浅，环境不利，这些条件使我难以成为一个广受欢迎的作者。你提到的那些杰出的作家——萨克雷先生、狄更斯先生、马尔什夫人[①]等等，无疑都拥有我所不具备的观察能力；他们当然都是洞悉世情的（不论是生来的还是习得的），而我则望尘莫及；因此，他们的作品就重要性和多样性而言，远胜于我所能向公众提供的东西。

309．致威·史·威廉斯

（1847年10月9日）

我不知道《都柏林大学学报》是否列入史密斯-埃尔德公司历来赠送新书样本的刊物的名单。但我和我的两个亲属埃利斯与阿克顿的一部早先的作品，曾受到该杂志的某些好评，因此我感到，倘能使该刊编者注意到《简·爱》，他或有可能为该书略置一词。

《批评家》和《雅典尼恩》也评论过上述作品。前一杂志所载的评论给予了出人意料的慷慨褒奖，《雅典尼恩》的评论虽有所保

---

① 安妮·马尔什（1791-1874年）英国女作家，著有《老人的故事二则》、《爱米莉亚·温德汉姆》、《时间》、《复仇者》等。

留，但也非全无鼓励之词。我提供以上情况，请考虑是否要从这些杂志获益。

310. 致埃伦·纳西
（1847年10月15日）

我们这里一切照旧，只是勃兰威尔近来麻烦和吵闹得厉害，弄得爸爸的生活十分不幸。尼科尔斯先生还是回来了。你在他身上发现的那些善良品质的有趣因子，我可无论如何看不到。他给我的印象主要是狭隘。他那种潜在的宝藏，只怕是你的想象的产物吧。

  夏洛蒂的文学生涯中，最奇特而有趣的要数她和萨克雷之间的关系。她和萨克雷的成名几乎是前脚后脚。1847年10月《简·爱》出版时，正值《名利场》连载发表到第十期。《简·爱》刚出版，威廉斯就给萨克雷送去一本样书。他在忙中一气读完，随即给威廉斯写了一封热情赞扬的信，这信被转寄给了夏洛蒂。她早已钦服萨克雷批判社会的勇气和文才，见信喜不自胜。在冲动之下，她把《简·爱》第二版题赠给萨克雷，并在序言中给予高度赞扬，誉他为"当代第一位社会改革家"，尽管她对他本人还一无所知。不想这个冒失的行动，却给伦敦的谣言市场提供了话柄。因为，关于《简·爱》的作者是何许人，已经在流传着种种猜测，其中之一就是：作者是萨克雷的女家庭教师，由于他在《名利场》中戏谑地用莉蓓加讽刺她，她便写了《简·爱》来报复。罗切斯特有个疯子老婆，萨克雷的妻子碰巧也是个精神病患者。于是简·爱和罗切斯特的关系，就被看成是萨克雷和他的家庭教师的关系的写照。这给萨克雷的私人生活造成了难堪的局面，多年后他也未能完全消除这种谣言的影响。他没有告诉夏洛蒂，但她终于知道后，羞愧交加。可是在相当一段时间内她无法澄清事实挽回局面，因为她不愿公开自己的作家身份。两年后，夏洛蒂于1849年末第二次访问伦敦时，两位初晤面的作家又演出了新的喜剧性场面。

威廉·梅·萨克雷致威·史·威廉斯
（1847年10月23日）

但愿你没有给我送来《简·爱》就好。这本书使我那么感兴趣，叫我赔了（也可以说是赚了）一整天的时间来读它，而眼下正值我大忙的时候，印刷所正等着我的誊清稿哩。这本书的作者是谁，我猜不出。如果是一位妇女，那她比多数女士们更精通英国语言，或是受过"古典式的"教育。这可真是一本好书——那男的和那女的都妙极了——文体可说极其浓郁、极其纯正。……故事情节是我熟悉的。某些描写爱情的段落使我不禁潸然泪下，把进房来添煤的约翰吓了一跳。我以为，传教士圣约翰写失败了，不过是个精彩的失败。有些部分写得绝佳，我不知道我为什么要告诉你这一点。可是我被《简·爱》深深感动了，我非常喜欢它。这是一位妇女的作品，可她又是谁呢？请向作者转致我的敬意和感谢——她的小说是多日来我读得下去的第一部英国小说（至于法国小说，如今只是些传奇故事罢了）。

——选自《萨克雷书信集》，第1卷，第318页

313. 致威·史·威廉斯
（1847年10月28日）

你最近的来信，我读时甚感愉悦，回想起来更觉欣喜。受到萨克雷先生的称许，我至感荣幸，因为我赞许萨克雷先生。这话听来也许显得狂妄，不过我的意思是，很久以来，我就在他的作品中看出了真正的才华，我所钦慕的、使我惊叹并令我愉快的才华。好像没有任何一位作家能像他那样明辨地区别精华与糟粕、真货与赝品。我也曾相信，在他那貌似严厉的外表下面，有着深厚真挚的感情。现在我更对此深信不疑。来自这样一个人的一句好评，胜似平常的裁判者连篇累牍的赞词。

你相信海伦·彭斯这个人物性格的真实性，你是对的，她是够真实的。在这里我丝毫也没有夸张。有许多我记得的关于她的事，我都避而不写，免得这段叙述显得不可信。某杂志曾断言，"像海伦·彭斯那样一个创造，美则美矣，但很不真实"；看到这

里，我对该杂志那种泰然的自以为是的武断态度不由感到好笑。

《简·爱》的故事情节，可能是个司空见惯的情节。萨克雷先生说他对这个情节很熟悉。但是我读过的小说不多，我从来没有遇到过这样的情节，我以为它是独创的。《雅典尼恩》杂志上的那位评论者提到的那部作品，我不幸未曾听说。

《每周纪事》似倾向于把我与马尔什夫人看成了一人。我平生从未读过马尔什夫人的一行字；不过我倒很想读读她的书，若有机会，我定当拜读并从中获得教益。我希望，我将不致发现自己无意中成为一个抄袭者。

对《简·爱》的最终的成功，我仍不敢抱太大的希望。但我愿意这书能扩大销售量，因为你为它花费了很大的气力，如果你的积极努力受到挫折，你的热切的希望遭到失望，我将深感难过。如果我再一次表示，我担心你对它期望**过切**，请原谅我吧；最好有所保留。那些评论月刊和杂志的评论家们将会在《简·爱》里看到什么（如果他们肯屈尊一读），足以赢得他们哪怕是些微的赞许呢？这本书里没有学识，没有研究，不曾探讨公众感兴趣的问题。一本只谈家常的小说，在那些具有博闻广识真才实学的人看来，恐怕是太微不足道了。

> 在夏洛蒂同时代的评论家里，乔治·亨利·刘易斯（1817—1878年）与她成为通信朋友，后来又见面相识。刘易斯是当时一位相当权威的作家和批评家，著有《歌德传》、《生活与思想问题》等书，与利·亨特合编《领

袖》杂志，后与女作家乔治·艾略特结为终生伴侣。他的批评是善意的、中肯的，他是最早识别夏洛蒂的真正价值的评论者之一。他年龄和夏洛蒂相仿，早年成名，未免少年气盛，在通信中摆老资格教训她。她也不甘示弱，针锋相对地进行抗辩。后世应该感谢刘易斯，是他激发了夏洛蒂对文学和创作发表了一系列独到的议论。

314. 致威·史·威廉斯

（1847年11月6日）

烦将附上的信在伦敦投邮，因为我不愿让人猜到我的住处。扬名显迹非我所孜孜以求。

这信是我对昨天收到的那封赞赏的来信的答复。该信署名G.H.刘易斯，写信的人告诉我，他打算写一篇评论《简·爱》的文章，登在《弗雷泽杂志》12月号上，还可能给《威斯敏斯特评论》写一则短评。总的说，他似乎对我那本书颇有好感，虽然他说他不赞成那些情节剧式的部分。

你能告诉我一些有关刘易斯先生的情况吗？他在文学界地位如何？写过哪些作品？他自称"一个小说家同行"。他写信的坦率口气里有种东西，使我对他颇有好感。

你的那封附有《批评家》、两份杂志以及《晨邮》上的评论的信，已收悉不误。我希望所有这些评论加在一起会起好作用，起码它们定能为这本书做一点宣传。

315. 致乔·亨·刘易斯

（1847年11月6日）

来函昨奉悉；请允许我向你保证，我对你写此信的意思心领神会，并衷心感谢它鼓舞人心的称许和宝贵的劝告。

你告诫我要警惕情节剧式的夸张格调，规劝我坚持写真实。我开始写作的时候，原本坚信你所主张的这些原则的真理性，决心把自然和真实作为我唯一的准则，亦步亦趋地紧跟它们去做；我克制想象力，避讳浪漫情调，压抑兴奋情绪；我也避免采用过于华丽的色调，而力求创造某种柔和、庄重、真实的东西。

我的作品（一个一卷本的故事）[①]脱稿后，我把它寄给一位出版人。他说，它是独出心裁的、忠于自然的，可是他不能保证采用出版，因为这样一部作品是不会有销路的。我接连试投了六家出版社；他们都告诉我，它缺乏"惊心动魄的事件"和"惊险离奇的情节"，不适合流通图书馆的需要。既然一部小说获得成功与否主要有赖于这些图书馆，因此他不能着手出版一本被这些图书馆忽视的书。

《简·爱》一开始也由于同样的理由遭到反对，但后来终于被采用了。

我向你提到这些情况，并非想请求免于责难，而是为了提请你注意某些文学流弊的根源。你在你将发表于《弗雷泽杂志》上的文章里若能略置一词，开导一下那些流通图书馆的支持者，那

---

① 指《教师》。

么以你的能力，是能起到好作用的。

你还劝告我，切莫偏离实际经验的园地，因为，每当我走进虚构的领域，我就变得虚弱无力了。你说，"真正的经验，对所有的人都具有经久不衰的趣味"。

我感到这话也言之成理。不过，亲爱的先生，一个人的实际经验，不是很有限的吗？如果一个作者老是喋喋不休地写他个人的有限的经验，那他岂非有老调重弹的危险，并且变成了一个自我中心的人吗？再说，想象力是一种强有力的、不安宁的才能，她要求你倾听她、使用她，难道我们对她的呼声充耳不闻，对她的努力无动于衷吗？当想象力把一幅幅绚丽多彩的画面展现在我们眼前时，难道我们不屑一顾，不想把这些图画复制下来吗？当她口若悬河、滔滔不绝地在我们耳边慷慨陈词时，难道我们能不把她的话记录下来吗？

在下一期的《弗雷泽杂志》上，我将急切地寻找你对这几点发表的高见。

乔·亨·刘易斯致盖斯凯尔夫人
（未注明日期）

当《简·爱》初问世时，出版人客气地送了我一本。我读后大为兴奋，立刻去帕克先生那里，提出要为《弗雷泽杂志》写一篇该书的书评。帕克不同意让一个无名作家的小说受到这样的殊遇，因为各家报纸尚未表态，不过他认为可以写一篇列入"新近出版的英、法小说"栏内。这篇书评发表在《弗雷泽杂志》1847年12月号上。同时，我也给勃朗特女士写信，告诉她她的书给了我愉快；从她回信的口气来判断，她似乎觉得我的信对她进行了"说教"。

316. 致威·史·威廉斯

（1847年11月10日）

你谈到对贝尔三兄弟的身份的种种猜测，很有意思。这个谜若是解破了，人们也许会发现它不值得一猜。但我打算由它去；我们自己感到保持缄默更好，这样做，绝无损于其他任何人。

《都柏林评论》上评那本小小的诗集的批评家，推测"所谓的"三个作者实为一人，这人生就一副过于强大的孤芳自赏的官能，因而把他自己的价值看得过重了，他认为他的价值太大，大到无法集于一身，于是将自己一分为三；而这样做，想来是为了照顾那大为震惊的公众的神经！这位批评家可真是慧眼独具——见地独到，出语惊人，然而不然。我们是三个人。

317. 致史密斯-埃尔德公司

（1847年11月13日）

……《旁观者》上那篇评论中关于我的书的观点，自会为某一类人的头脑所接受；我将等着同样性质的其他评论相继出现。毁贬的道路既已指明，跟着大概就会有人步其后尘。未来的评论很可能大多数要反映《旁观者》的观点。我担心，这种舆论的转向不利于促进该书的销路——但时间会说明一切。如果《简·爱》有任何实在的价值，它应该经得起逆风的考验。

318. 致威·史·威廉斯

（1847年11月17日）

读了《纪元报》，甚感欣慰，《人民报》给我的感受也一样。一个作者看到他作品中的正确倾向得到承认，总是满怀感激之情。因为，他写的东西如果对读者没有好处，他会感到主要目的没有达到，白白浪费了自己的时间和劳动。《旁观者》杂志似乎发现《简·爱》害多于益，我承认，这多少使我感到懊恼。

你说，你通常并不过分乐观，这使我感到欣慰。现在我可要斗胆助长你信中一般流露的乐观情绪了，过去我对你这种情绪一直是不敢相信的。不过我还是相信，每一个无名作者对公众最初流露的善意的那种不可靠的苗头，应该"哆嗦着高兴"；他应该时刻准备着风云变幻，准备着失望。因为，批评家是喜怒无常的，公众是多变的；而且，一部作品本来没有权利要求受到欢迎。

325. 致威·史·威廉斯

（1847年12月11日）

刘易斯先生这回大发慈悲；我原以为他会相当严厉地批评我的，但他饶过了我。他的这篇书评和所有其他的书评都不同。他必定是一个见地不凡的人；他有些话里表现出一种奇特的智慧；不过，他也并非一贯正确。如果他知道我多半是从直观出发，很少是从实际知识出发来写作，恐怕他会认为，我搞创作压根儿就是胆大妄为的冒失行动。如果他知道我的知识范围那么狭小，读的书那么有限，我敢肯定，他一定会这样想的。

有时候，我简直觉得难以相信：我做过的一点点事情竟配引起萨克雷先生、约翰·赫歇尔爵士、冯布兰克先生、利·亨特和刘易斯先生诸君的兴趣，哪怕只是片刻的兴趣——我的微薄的努力能得到这样一个结果，实乃莫大的酬劳。

……收到你的那封附有萨克雷先生的便笺的信，我感到无比欣喜，莫大鼓舞。他在信中表示，他读《简·爱》后感到满意。萨克雷先生是一位犀利的、笔下不留情的讽刺家。我读他的作品时，每每怀着钦慕与恼怒交织的心情。我觉得，批评家们不知道他是一条多么厉害的智慧大蟒。他们说他"幽默"、"才气横溢"——然而他的幽默是一种猛敲猛打的幽默，他的才气是一种击中要害的才气：他并不戏耍他手下的牺牲品，而是死死缠绕着它，用他那一圈圈的躯体把它勒得粉碎。他似乎极其认真地在同"花花世界"的虚伪和愚蠢作战。我时常不由得纳闷，不知那个"花花世界"究竟怎样看待他。我想，这样一个人的错过，必定是对人性中任何善良的东西抱不信任的态度——令人痛心地怀疑一切善的行为后面都隐藏着恶的动机。这是不是他的缺点？

至少，这是他所写的东西的情绪的缺点，因为他在他心里找不到把男人或女人表现得既善良又聪明的意念。他不是过多地把善行和软弱混为一谈，把智慧和心机混为一谈吗？

夏洛蒂始终不甘心她的第一部小说《教师》被埋没。她深知，这部作品虽不成熟，但其中包有极其可贵的品质——现实主义的精髓，以及她后来从未超越的一些先进思想。借着《简·爱》胜利的东风，她再一次争取将它修改出版，但仍未获通过。直到她去世后，才由她的丈夫出版。后来她利用其中的素材，重新组织成一部新的更完全的小说——《维莱特》。

《呼啸山庄》和《艾格妮斯·格雷》先于《简·爱》被接受出版。但出版商纽比见两个没有经验的新作家可欺，将她们预付的印刷费挪用来印安东尼·特罗洛普的一部作品，而压下她们的书迟迟不印。直到《简·爱》出了名，纽比见"贝尔"这个名字有利可图，才于1847年12月赶印出书，但始终不退印刷费。为了二妹受到的不公平待遇，夏洛蒂一直对纽比深为不满。

327．致威·史·威廉斯
（1847年12月14日）

写第二部作品，这事我常在脑中反复思量。我想，现在就着手写一部长篇连载小说，时机尚不成熟——我还不具备从事这件工作的条件：我在公众面前既未赢得一个相当坚实的立足点，对我自己也缺乏足够的信心，而且我也不能自诩拥有长盛不衰的精力，能够稳定地驾驭自己的写作能力；这一点，你说过，我也相信你说得完全正确，乃是写连载文学作品获得成功所必不可少的一种本领。我确定无疑地感到，在我转移阵地之前，最好还是再一次尝试写一部三卷本小说。

关于写这样一部小说的计划，我反复思量过，但还没有得到一个满意的结果。我开了三次头，都不中意。几天前，我翻看了一下《教师》。我感到那个开头很薄弱，整个故事缺少事件，缺少一般的吸引力。但小说的中间部分和后面部分，所有有关布鲁塞尔、比利时学校等等的部分，是我所写得出来的最好的部分；在我看来，它比《简·爱》里面许多地方含有更多的精髓、更多的实质、更多的真实性。我认为，它对一个等级、一种行业、一个阶层的人物提出了一种新的观点——这一类人就其本身来说都是非常平凡而微不足道的，但不见得比构成《简·爱》里人们通常最感兴趣的那部分的材料更平凡、更微不足道。

我的愿望是重写《教师》，尽量弥补其不足，删除一些部分，扩充另一些部分，把它变成一部三卷本小说。我知道，这不是一件轻而易举的事，但我相信，也不是一件无法实现的事。

我没有忘记，我已和史密斯－埃尔德公司约定，将《教师》搁置一边。因此，在我着手实行我拟定的计划之前，我应当征求你们的意见，看看这样做是否明智。你曾经读过或翻过《教师》的手稿，你对它的价值印象如何？对我把它改好有无信心？

我确信，出于业务上的理由以及出于天性的正直，你一定会如实相告的；能够这样来征求你的意见，我感到是一种特权。

又及——我想，《呼啸山庄》终于出版了，至少，纽比先生已给两位作者寄来了他们的六册样书。我不知道它会受到怎样的接待。我要说，它比《简·爱》更确定无疑地当得起"生机勃勃"、"独具一格"这类形容词。刘易斯先生这样的评论家也许会喜欢《艾格妮斯·格雷》，因为它是够"真实"而"不夸张"的。

331. 致威·史·威廉斯

（1847年12月21日）

就我自己来说，我对我寄给你的序言不满意，担心它带有轻浮的味道。如你不反对，我宁愿用附上的这篇来代替。这篇序言写得较长，但它表达了我很久以来想说的话。

……你的信给我的愉快，殊难言表，我只能给你一个模糊的概念：它们仿佛把阳光和生命带进了我们这个像睡鼠般蛰伏其间的隐居所。但请理解我的意思，除非你有空闲，并且有兴致，请不要给我写信。我知道你的时间都占得满满的，太宝贵了，不能时常用来为某一个人效劳。

你对《呼啸山庄》和《艾格妮斯·格雷》的判断相当准确。埃利斯有一个坚强而富独创性的头脑，充满了奇特但沉郁的力量。他写诗时，那种力量表现为既简洁、又工细、又精练的语句；可是他写散文时，那种力量会突然迸发，构成令人骇异但不大引人入胜的场景。不过埃利斯会改进的，因为他知道自己的缺点。《艾格妮斯·格雷》则是作者心灵的一面镜子。这两本书在字法和标点上搞得一塌糊涂，看了叫人揪心；所有在校样上改正了的错误，几乎原封未动地出现在清样上。要是纽比先生总是这样经营业务，只怕不会有多少作者第二次找上门来出书。

332. 致威·史·威廉斯

（1847年12月23日）

你和史密斯－埃尔德公司诸位先生赞同我的第二篇序言[①]，我很高兴。

……附上的这则题赠行不行？我特意把它写得简短些，因为我希望避免任何装腔作势或装模作样的痕迹。

《英国国教会杂志》上的评论很令我满意，主要因为它是《英国国教会杂志》。不管《镜报》上的批评家们怎么说，我爱英国国教会。诚然，它的教士们，我并不认为都是绝对正确毫无差池的人。这方面我看得多了。可是教会本身，尽管有它的错误，我却

[①] 即《简·爱》再版序言。

是衷心拥戴的——渎神的亚森纳西乌斯教义不在此列。

《爱丁堡评论》上将要发表一篇评萨克雷先生作品的文章，是不是刘易斯先生写的？我希望是。不过，他不该把萨克雷降低到菲尔丁的水平——他是菲尔丁所望尘莫及的。我觉得，和萨克雷相比，菲尔丁的文体显得贫乏而了无生气，他对人生和人性的看法是浅陋的。

335. 致威·史·威廉斯

（1847年12月31日）

你把有关《简·爱》的反对意见告诉我，你做得很对，很周到——这些意见比赞扬更重要。我听到我这本书被善良诚挚的人指斥为"目无上帝"和"有毒"，不禁心头阵阵作痛；但我知道，这种心痛是有益健康的——至少我这样相信。

至于"搞阴谋"、"耍手腕"云云，这类责难究何所指，我不能理解。我写了一个故事，没有耍什么手腕，而史密斯－埃尔德公司出版了这个故事，也不是搞什么阴谋。阴谋与手腕从何而来？

收到《苏格兰人》报，看到他们把简·爱和莉蓓卡·夏泼①类比，很觉好笑——我可从来没有想到她们俩是相像的。

---

① 萨克雷的小说《名利场》中的女主人公。

六 蜚声文坛的"柯勒·贝尔"

(1848-1849. 书信编号336-392)

论《简·爱》——论奥斯丁与乔治·桑——论狄更斯、萨克雷与题材——女作家卡万纳——《简·爱》搬上舞台——论法国革命——《基督教醒世报》的中伤——论战争和革命——论宪章派——论刘易斯和他的小说——否认写小说——论女家庭教师——论《米拉波传》——论罗斯金、《怀尔德菲尔府的房客》、爱默生——论真理与艺术——赞萨克雷——论罗切斯特、希思克利夫、亨廷顿——论教士女儿学校——初访伦敦——会晤出版人——歌剧院——论模仿与独创——论兰姆姐弟——论三姐妹的诗

336. 致威·史·威廉斯

（1848年1月4日）

……对我的努力的毁誉的多寡，我能够辨别。我看得清楚，较之我所应得，我受到的指摘少而褒奖多。因此我没有被压垮，尽管我也许会因人们（哪怕是好人）的蹙眉而一时间闷闷不乐。

要压垮我是不容易的，因为首先，我自知立意纯正，我由心底对宗教怀有深深的敬意，不敬神在我看来是十分可憎的；其次，我坚信给过我鼓励的人的判断。在我眼中，你和刘易斯先生的权威，不在狄尔克先生或《旁观者》的编者之下，我绝不因任何情况，或慑于任何呵责，以我的朋友们赞助过的东西为耻——除了懦夫，谁也不会让敌人的毁贬压过朋友的鼓励。因此，你说将来要少告诉我一些情况，务请不要将你的这个威胁付诸实行，请一定要把一切都告诉我。

…………

《简·爱》已经下到约克郡来了，有一册甚至钻进了我们这一带。前些天我看到一位上年纪的教士在读它，并且颇为满意地听到他惊呼："唷，他们把××学校给写进去了，这儿还有××先生，没错！还有××女士"（他提到劳渥德学校、布洛克赫斯特先生和谭波尔女士的原型的名字）。他把他们一个个都认出来了。我本不知道他是否会认出那些肖像画，他果然认出来了，并且说它们画得真实又公正，这使我感到满意。他还说，××先生（布洛克赫斯特）"活该挨鞭子"。

可他没有把柯勒·贝尔认出来。要是一个作者得不到来去隐身的有利条件,他又算个什么作者呢?那样的话,一个人就能保持头脑平静。这点小小的看法,是我向你私下说的知心话。

340. 致乔·亨·刘易斯

（1848年1月12日）

我诚恳地感谢你慷慨的评论;现在我更以加倍的满意表示我的感激,因为我敢肯定,你的赞扬不是装装样子或夸夸其谈。你对《简·爱》并不苛厉,你很仁慈。我高兴的是,你把我的谬误私下里告诉了我,因为你在公开的评论里只对这些谬误轻描淡写地点了一下,以致我很可能会不假思索地忽略过去。

我打算遵循你的告诫,在进行新的创作时审慎从事。我积累的素材不丰足,而是十分贫薄;此外,不论我的经验、学识或才能,都不够丰富多样,绝不允许我成为一个多产作家。我告诉你这一点,因为你在《弗雷泽杂志》上的文章给了我一个令我不安的印象,我感到你有点儿把《简·爱》的作者想得太好了,而这是那个人所承受不起的。我宁愿你对我有一个正确的看法,而不是过奖的看法,即使我永远见不到你。

如果我有朝一日**真的**再写一本书,我想我再也不搞你所说的那种"情节剧式的夸张格调"了;我是想这样做,不过没有把握。我也想,我将竭力遵循那出自奥斯丁女士的"柔和的眼睛"的劝告,"多加润饰,多加克制";不过我也没有把握。当一个作者写得最好的时候,或者至少是写得最顺手的时候,有一种影响力似乎在他内心觉醒，成为他的主宰，要求一切照它的意思去做，抛开一切训谕，只听它的训谕；它口授某些词句，硬要作者写下来，不论其性质是过火的还是有分寸的；塑造新型的人物性格，构思想入非非的事件，摒弃精心构思的旧观念，而骤然创造并采用新的观念。

难道不是这样吗？难道我们应该违抗这个影响力吗？我们果真能够违抗它吗？

欣闻你的一部新作即将问世；我将怀着极大的好奇心等着看看，你是否能按照你自己的原则来写，把你自己的理论付诸实行。在《兰梭普》里，你并没有完全做到这一点——至少在后半部没有完全做到；然而我认为，前一部分几乎是完美无瑕的；它包含一种精髓、真谛、深意，使这本书具有纯金的价值；不过要写到这种程度，一个人必须见多识广，而我却是孤陋寡闻的。

你为什么那么喜欢奥斯丁女士？对这一点，我百思不得其解。你为什么说，你宁愿写出一本《傲慢与偏见》或《汤姆·琼斯》，而不愿写出任何一本"威弗利"小说[1]？

我本来没有读过《傲慢与偏见》，看到你那句话，我把这书找来读了。可我看到了什么呀？一张平凡的面孔的一幅惟妙惟肖的银板照相！一座用围墙严加防护的、精心侍弄的花园，整齐的花坛镶边，娇嫩的花朵；可是一点也看不到五光十色的外景，没有开阔的田野，没有新鲜的空气，没有青山，没有绿水。她的那些

---

[1] 《傲慢与偏见》，简·奥斯丁的小说；《汤姆·琼斯》，菲尔丁的小说；"威弗利"，瓦尔特·司各特的一套历史传奇小说。

绅士淑女们住在雅致的但是密闭的房子里，我才不愿意跟他们住在一起哩。我这番话也许要惹你恼怒了吧，不过我甘冒此风险。

如今我能够理解人们对乔治·桑的倾慕了。虽然我没有读过她的一本令我全盘喜爱的书（甚至包括《康素爱萝》在内，这是她的最佳作品，或者是我读过的最佳作品，在我看来也是奇特的夸张和绝妙的佳构兼而有之），然而她有一种洞察心灵的能力，即使我不能充分领悟，却也能深深敬佩。她是睿智的、深沉的；奥斯丁女士只是敏锐的、善于观察的。

是我错了，还是你把话说得太仓促了？如你有时间，我愿听听你进一步谈谈这个题目；如你没有时间，或认为这个问题微不足道，那就不必费心作答。

341. 致乔·亨·刘易斯
（1848年1月18日）

我必须再写一封信，虽然我原先并没有打算这样快又来叨扰你。我不得不同意你的看法，但又和你所见不同。

你纠正了我在"影响力"这个题目上的粗浅的说法；好，我接受你关于那个影响力的效果是什么所下的定义；我承认你关于如何调节这个影响力所定下的标准是明智的……

你接着在信中所做的教诲是多么奇特啊！你说，我必须让我的头脑熟悉这样一个事实，即"奥斯丁女士不是一个诗人，她没有'感伤情调'（你轻蔑地给这个词加上了引号）"——你接着又说，我**必须**"学会承认她是**最伟大的艺术家之一，最伟大的人性画师之一**，以及空前未有的对达到目的的手段具有最微妙的感觉的作家之一"。

只有最后这一点，我永远心悦诚服。

没有诗情，能成为伟大的艺术家吗？

我称之为——我所愿为之拜服的——一个伟大的艺术家，不能缺少这种神圣的天赋。不过，就**诗情**而言，我敢断定，你的理解和我有出入，正如你对"感伤情调"的理解和我不同一样。正是诗情——就我所理解的这个词的含义——把须眉气概的乔治·桑提高了，把某种粗野的东西变成了近乎神圣的东西。正是"感伤情调"——就我所理解的这个词的含义：一种小心地掩盖着的但是真挚的情绪——把令人生畏的萨克雷的毒汁抽了出来，把那可能是腐蚀性的毒素转化为净化一切的金丹。

如果萨克雷不是在他那宽阔的胸怀里孕育着对他的同类的深情，他就会乐于灭绝人类；但事实上，我相信他只是希望改善人类。奥斯丁女士既如你所说是没有"感伤情调"，没有**诗情**，那么她或许**确是**明智的、现实的（**现实**多于**真实**），但她不可能是伟大的。

我现在激起了你的愤怒（我不是对你的宠儿的十全十美提出异议吗？），我甘愿承受你的愤怒；风暴也许要降临到我头上。不过，只要我办得到（我不知道我几时能办到，因为我没有借阅流通图书馆书籍的门径），我一定遵照你的建议，勤奋地阅读奥斯丁女士所有的作品……务请原谅我不能总是和你持同样的见解，并仍请相信我是感激你的。

342. 致威·史·威廉斯

（1848年1月22日）

《每晨信使》收到。那篇评论我非常喜欢，主要因为其中提到了序言里有关史密斯－埃尔德公司的那段话；如果我的致谢词对出版者有所裨益，那么宣传得越广越好。

序言中有关萨克雷的一段话，我不知道是否也同样受欢迎。不过，不管一般人赞同和理解与否，我都不后悔我曾经那样写了，因为我确信那是实情。

我本以为，《雅典尼恩》及其他刊物误将柯勒·贝尔认成是《呼啸山庄》的作者，现在才知道我弄错了；恰恰相反，他们把《简·爱》算在了埃利斯·贝尔的名下。看来，纽比先生认为，将错就错地做广告于他有利。可是如果纽比先生精明到家，那他就会看到，埃利斯·贝尔本身是够强壮有力的，能够自己站稳脚跟，无须柯勒·贝尔的扶持；他就会不屑于去做埃利斯本人最最不齿的事情——玩弄花招。不过，埃利斯、阿克顿和柯勒·贝尔个人对这些事毫无所谓。公众和批评家们尽可随心所欲地混淆我们的身份。唯一令我担心的是史密斯－埃尔德公司会因此而烦恼。

你谈到卡万纳女士[①]的情况，我很感兴趣。你所描绘的那种性格，属于我特别敬重的一类人。在这种人的性格里，坚忍不拔和奋发自强结合在一起，才能和善良结合在一起；天才不为虚夸所染，独立自主不夹有自命不凡的情绪。我想，这种性格是十分

[①] 和夏洛蒂同时的一个贫穷的独身年轻女作家，靠写作养活自己并赡养母亲。

少见的，除非在一类人当中，这种人曾经饱经生活的忧患，不得不同逆境抗争；这种性格只在阴影下、瘠土上，才得以成长壮大。当然，如若土壤太过贫瘠，阴影太过浓重，它会凋萎在它破土而出的地方。但我相信，卡万纳女士的境遇不是这样的；我相信她要不了多久就能挣出头来，伸进阳光。她得到你这样一位好心朋友的指导，我希望，她母亲将在有生之年看到这个恪尽孝道的女儿获得幸福和成就。

你问我要不要《简·爱》第二版的样书，我不要。确实，我自己不需要，也不需要送给哪位熟人朋友。但如果我的请求不为过分，我很想送一本给卡万纳女士。请你在扉页上写下，此书系作者所赠，祝愿她今生与来世都幸福。我想送她一本的理由是，她说过，这本书对她有启发，我认为，有启发性的书对作者们是宝贵的。

威廉·梅·萨克雷致威·史·威廉斯
（1848年1月）

由于我的过错，我拖延时日未曾及时答复柯勒·贝尔的盛赞。[1] 我不知如何答复是好；这事颇使我不胜惶悚之至。难道这是真的吗？我是——我只不过是同利己主义进行休战罢了。谢谢你惠赠的那些书，并且（间接地）为我平生受到的最大赞誉表示感谢。

——选自《萨克雷书信集》第2卷，第340页

---

[1] 萨克雷给夏洛蒂写了一封致谢信，惜未留存下来。

343. 致威·史·威廉斯

（1848年1月28日）

当我看到你的信中附着萨克雷先生的信时，我感到多么高兴，自不待言。我等了好一阵子，不敢拆开信封，唯恐收到信的愉快会被读信后的苦恼所搅——一句话，唯恐我的题赠会不知怎地不为他所接受。

说实话，我担心情况恐怕确乎如此；他没有这样说，他的信写得高尚而朴实，极为友好，但他一开始就告诉了我一个情况，使我既惊讶又沮丧。

我想，告诉你这个情况不为不慎吧，你一定早就知道了。事情似乎是这样的：他的私人状况在某些方面类似我笔下的罗切斯特的情况；由此便产生了一个说法，说《简·爱》是他家的一位女家庭教师写的，而那则题赠一出来，便向所有的人证实了这种猜想。

俗话说，事实有时比虚构更离奇，说得对呀！这个巧合使我感到既不幸又离奇。当然，我过去对萨克雷先生的家庭遭遇一无所知，对我来说，他只是作为一个作家而存在。对我来说，他的人品、地位、社会关系、私人历史，所有这一切，过去是现在仍然在很大程度上是漆黑一团；但是由于我无心造成的过失，致使他的名字和私生活成为街谈巷议的话题，我感到非常、非常难过。

尽管我必定给他带来了痛苦和烦恼，他却毫无怨言，依旧十分和蔼亲切地给我写信，这个事实更加深了我的烦恼。我在回信中无法向他表述我的歉疚的一半，因为我明知那种歉意分文不值，要补救我闯下的祸，是无济于事的。

关于这个题目，你能告诉我更多的情况吗？或者你能猜到这个不幸的巧合对他有多大影响——是否给他很大的痛苦？由于他自己很少触及这个题目，我无从揣测实情——但我很担心。

亲爱的先生，你屡次指引我未来的文学道路，而我对你的劝告保持沉默，请不要以为我不注意或不在乎你的好意。我保存着你的信，并且不时拿出来重读。也许由于环境使然，要我照你信中的建议去做，显得有些不切实际。但我领会你劝告的精神，并且从中获得教益。我所不了解的和不能耳闻目睹的事情的细节、状况，我绝不涉足，免得搞得一团糟，闹出比特罗洛普夫人在她的《童工》里还要滑稽的笑话来。况且，我不愿对我未曾经历过的任何题目表露感情，不论那是公众的题目还是私人的题目。我必须将我的同情限制在一定范围内；我的观察力无法洞悉那尚待我去研习的深奥的政治和社会真理领域；我不得不揣摩、臆测，暗中摸索路径，无人帮助独自达到某些没有把握的结论；而像狄更斯和萨克雷这样的作家，由于他们已经走到了真理的圣殿和神像跟前，只消走进神庙，掀开帷幕的一角，便能走出来说出他们看到的东西；——但尽管如此，尽管我的条件十分不利，我在我那压缩得小小的范围内，仍打算尽我最大的努力去写。我以最大的努力写出来的东西将是不完善的、贫薄的，比起那些真正的大师们——特别是那位最伟大的现代大师萨克雷（正是对他，我全心全意由衷敬佩）——是微不足道的；但我相信，我的东西不是伪造的，不是赝品。

345. 致卡万纳女士

（1848年2月3日）

亲爱的女士，——《简·爱》不过是一本有缺点的作品，但我相信，不管它有什么价值，都会受到你的欣赏；对它的缺点，你也是一位合格的裁判；因此，你有权拥有一本。但愿我能赠送你一件比一本业已读过的小说更不乏味的东西，以表我的敬意。衷心祝愿你自己的事业获得成功。

还在夏洛蒂在世时，《简·爱》就曾数度被搬上舞台。除了下面信中提到的这次不出名的演出外，1849年3月在纽约上演了由约翰·布罗安改编的剧本。1850年在纽约百老汇又上演过一次。她逝世后，1856年在纽约上演了一出五幕剧。据称最好的一次，是1882年12月在环球剧院上演的由W. C. 威尔斯改编的四幕剧。《简·爱》在其他国家也有舞台演出。20世纪以来，更是多次被改编为电影和电视剧。一部名著被蹩脚的剧院演出，对原作者无异是一场灾难。夏洛蒂充分表露了她担忧又无可奈何的心情。

346. 致威·史·威廉斯

（1848年2月5日）

《简·爱》在一家次等的剧院演出，——对该书的作者来说，无疑是一个颇为恼人的景象。我估计，搬到这样一种舞台上，男女演员们会把它夸张得不像样子，庸俗化了叫人痛苦。我禁不住要问自己，他们会把罗切斯特弄成个什么样子？作为回答，我的幻想勾勒了一幅令人羞愧难堪的图画。他们会把简·爱弄成个什么样子？作为回答，我看到的是一个鲁莽无礼、装腔作势的家伙。

不过，倘若我能办到，我一定要力争亲眼看一看这场表演。倘若我能人不知鬼不觉地独自前往，我就一定要去。我要强忍那些声嘶力竭的豪言壮语和哭哭啼啼的哀诉、大摇大摆的步履和挤眉弄眼的怪相，为的是从这样一幅景中撷取有益的观察。

至于你，我是不是希望**你**去，那又当别论。只怕我没有足够的勇气真心希望你去。一个人能够忍受对自己的作品的厌恶感，可是让一个朋友分担这种嫌恶，却非快事。不过，我想我还是很乐意听听你对那个演出的描述，以及你感到它的各个部分对观众产生什么效果的想法。总之，我很愿意知道你的观感，听听你关于这个题目怎么说。但是请千万不要仅仅为了满足我的好奇心而去；你认为怎样做合适就怎样做好了。不管你做出什么决定，我都会感到满意：你若**不**去，就免得你对这本小说产生一个庸俗化的印象；你若**去**，也许我能获得一点情报——哪种做法都有它的好处。

348. 致威·史·威廉斯

（1848年2月15日）

你可想见，你的信给了我一些据以思考的东西。它把一幅离奇怪诞的画面呈现在我脑海中，因为你描写得那么生动，仿佛是我亲眼看到的一般。你把你们那个大世界——伦敦——的帷幕掀开了一角，让我窥见了我可以称之为恶心的但宁愿称之为**奇特**的景象。原来，这就是大都会的芸芸众生所享受的娱乐的一个样品！这就是他们经常光临的一个去处的景观！

我不是说过，假如我能办到，我就要上这家戏院去观看这次演出？人们在谈到他们不了解的事情时，往往会说出多么荒唐的话啊！

务请将你所看到的这一切彻底忘掉。

说到我的第二本书，我想它早晚要长大成熟的，正如青草的生长和五谷的成熟一样；但我无法拔苗助长。至此，它进展得很慢。并非每一天，甚至也不是每个星期，我都能写出值得一读的东西。但是当情绪上来时（如果没有其他事情横加阻扼），我将勤奋地写；到一定时候，我希望能拿出不致愧对你、我的出版人和读者公众的成果。

你的作家里面是不是有两类人——作家和写书匠？后者是否比前者更为多产？他是否真的丰产得出奇？但公众或甚至出版者是不是很重视他的产品？这两部分人是否到一定时候就会对他感到厌倦？

是不是因为一些作家追求一种更适合商人、职业逐利者的生活方式，他们就往往不得不堕落成纯粹的写书匠，而从赚钱的需要中寻得刺激他们的笔杆的巨大动力？如果他们不耻过俭朴的生活，他们是否会更加独立不倚？

我很愿意——非常愿意——静悄悄地观察一下你提到的那个"大世界"，不过我现在还没有挣到这样款待自己的权利。我想，埃利斯面对着这幅景象，会嫌恶地掉转脸去。我想，他不承认他的信条是"研究人类的适当对象是人"，至少不是城市里的那种人为地造成的人。在某些方面，我觉得埃利斯有点儿像个理论家：他头脑中不时蕴藏着一些想法，令我感到十分大胆、十分新颖，但不大实际；他的理论或许走在我前面，但它肯定时常要走一条不同的道路。我该说，埃利斯只有在成为一个散文家时，他的才力才发挥得淋漓尽致。

夏洛蒂从小受父亲的影响，在政治上持保守的正统观点。她尊重英国的君主立宪制，崇拜政治家威灵顿，对英国和欧陆人民的政治社会革命疑虑重重。风云激荡的1848年欧洲革命运动激不起她的同情，倒是被逐亡命英国的法国王室引起了她的怜悯。这一点最鲜明地表露了她的资产阶级人道主义观点。下面几封信说明，她对政治局势是密切关注的，尽管她懂得很少。

350. 致威·史·威廉斯

（1848年2月25日）

……路易·菲利普（这个倒霉的卑鄙的老头儿）和基佐先生①无疑理当受到他们现在受到的严厉教训，因为事实证明，他们都是大不老实的人。每个民族为自由和真理而进行的每一场斗争，都包含某种崇高的因素——这种因素使我希望它获得成功。但我不能相信法国——或至少是巴黎——会成为真正的自由的战场，或真正的自由获得真正的胜利的舞台。我恐怕她不懂得"真正的光荣是如何扮演的"。她是否拥有那种百折不挠的力量，"除非表现为慷慨大度的软弱"？她那"无休止的动荡"，不是迄今总给她带来"永久的空虚"吗？巴黎内部是否蕴含有彻底改革的因素？卑鄙的、不老实的基佐既除，能否找到较之有才而无德的梯也尔更好的继承人？

不过，我是在给你的满腔热情大泼冷水。我不愿这样做，因为真正的热情是一种美好的情操，它的闪光无论出现在哪里，都令我钦慕。

附上一封短简，是一位法国女士寄来的；她请求我允许她把《简·爱》译成法文。在回信之前，我想最好先征求你们的意见。我估摸她大概能胜任译出一个像样的译本，尽管她信中有一两处

---

① 路易·菲利普（1773—1850年），1830年法国革命后为法国国王，肆行专制，1848年革命中亡命英国。弗朗索瓦·基佐（1787—1874年），法国反动政治家、史学家，曾任路易·菲利普政府的内阁总理，1848年革命中被逐。

正字法方面的错误，颇为刺眼。不过我知道，一位公认为受过良好教育的法国妇女有时也不能正确地写自己的祖国语言，这不稀奇。但胜任也罢，不胜任也罢，不论我同意与否，我想她都有权翻译这本书。

353. 致威·史·威廉斯

（1848年2月28日）

读了星期六的报纸，我得知路易·菲利普退位，王室逃亡，一个共和国业已在法国宣告成立。事态发展得很快，有些事是一个远在异地的旁观者难以理解的。是什么魔力使得路易·菲利普的力量枯萎呢？他着迷般地依靠基佐那么久，为什么一下子卑鄙地把他甩开？他突然离开王位，抛弃他的拥护者们，而不努力设法保留一个或协助另一个，是否由于惊恐万状所致？

也许部分是由于恐惧，但我敢说，更重要的原因是对做国王的危险和艰难长期积累下来的厌倦。很少有人会可怜这个亡命异邦的老君主，可我承认，他在我眼中似是一个值得怜悯的对象。……一个人不能忘记，君主们和大臣们不过是人，他们只靠人的精力来支持；而他们又常常是多灾多难的。党派精神是无情的；愤怒的自由之神在反叛的时刻很少表现宽容。我当真希望那个老绅士手拿着伞和提包，蹒跚地踯躅在康希尔街上。在英国，他会是安全的；约翰牛也许会嘲笑他，但不会伤害他。

看到文学界和科学界人士的名字出现在临时政府成员的名单

上，多么奇怪啊！要是卡莱尔、约翰·赫歇尔爵士、丁尼生、萨克雷和道格拉斯·杰罗尔德被推选出来制定一份新的英国宪法，那该是什么局面啊！这些人究竟是从他们静谧的书斋里影响公众更有效呢，还是从一个会议厅里影响公众更有效？

现在梯也尔暂时靠边站了；但他们会不会慢慢地又喜欢起他来？他们能把他这样一个聪明、精细、多才多艺、胸怀大志的人——一句话，彻头彻尾法国式的人——完全推到一边去吗？他是不是在等待时机，坐视那些笨拙的理论家们尝试治国并宣告失败，然后走出来告诉他们应该怎样做吗？

一个人会认为，政治动乱是像梯也尔这样一种头脑的天然素质。不过除了他的著作，我对他一无所知。我总觉得，在他著书的时候，波拿巴的影子总在他身后的房间里徘徊，口授他所写的每一行字，有时走到他身旁，越过他肩头俯身**亲眼看一看**〔法文〕，某个行动或事件是表述得如他所愿，还是表述得**不对头**（情况可能是这样的）。梯也尔似乎对拿破仑的性格做过一番思考，直到他吸收了它的一些特质。他肯定是一个野心勃勃的人，设若如此，他定会在这个节骨眼上使足力气爬将上来。

教会当权派的喉舌《基督教醒世报》看出了夏洛蒂作品中的社会抗议的危险性，认为有必要对她发起一场讨伐战。它第一个从政治思想上对《简·爱》进行攻击。它说："像这样恶狠狠地以牙还牙地还报不公平待遇，还是前所未见的。再也没有比她更心怀深仇大恨的人了。

每一页都燃烧着道德上的雅各宾主义。'不公平，不公平'——老是反复叨念着这句对观状和当权者不满的叠句。在作者眼中，一切美德都不过是伪装的罪恶，一切宗教职业和行为都不过是粉饰的墓穴，一切自我克制都不过是更厉害的自私。"它还恶毒地影射说，作者讽刺上流社会是出于下等人的嫉妒心理，"是一种图谋报复的'楼梯底下看到的上层生活'，是透过围墙栏杆窥见的时髦社会，而且是用厨房炉灶通条烧黑了的那一头描画出来的"。在这样的来势汹汹的攻击面前，夏洛蒂横眉冷对、正气凛然，足见她对自己事业的正义性充满信心。

354. 致威·史·威廉斯

（1848年3月3日）

收到《基督教醒世报》，读了那篇评论。它写得颇具才力；但立论公允显然不是这位评论家的目的，因而他有理由不履行该项职责。

我敢说，这个评论家大概以为，柯勒·贝尔必定会因他所发的某些苛厉之词而深感痛苦、备受打击吧——事实却并非如此。总的说来，柯·贝尔因这篇评论感到鼓舞，而不是灰心丧气。因为，从一个敌人口中万般无奈地挤出的一句好评，是一切好评中最有价值的好评。至少你可以有把握地说，这里面绝不会夹杂有阿谀奉承。只怕，他过高估计了我的才能和我所能达到的成就；但这是他自己的错。在其他方面，他躲在暗处乱箭齐发，箭头射中之处，或毋宁说没有射中之处，引我发笑而不是哭泣。他把那挖苦讽刺的箭矢磨得光光的，削得尖尖的；他不该把它们浪费来射击他所看不见的靶子。

我希望这类评论不致过多地影响我；如果在将来，我心血来潮要谈论谈论教士们以及诸如此类的题目，我仍将像过去那样随心所欲地说。我也希望，他们的愤怒不致引起**我**的愤怒。首先我要声明一点，我对他们个人不怀恶感，而且我认为，对反对意见怀恶感是错误的。有时候，我也许会邀请少数几位坐下来供我画像；要是他们的弟兄伙伴们不喜欢那肖像并责怪那画家——tant pis〔法语：那敢情更恶劣〕！

355．致埃伦·纳西

（1848年3月6日）

最近，从法国传来一些奇特的、惊人的消息，我相信，它受到伦敦一批人士的热烈欢迎。这些人把法国宣布成立一个共和政府形式看成是自由的伟大胜利。其结果将如何，我不得而知，我想任何人也不会知道。临时政府迄未干出什么骇人听闻的暴行，谢天谢地；而且他们还采取了一个善良的人道的措施——废除了死刑。法国王室已安抵英国，这是好事。我们这个小岛似乎名副其实地成了世界之家，被放逐的君主们的最后避难所。

356. 致威·史·威廉斯

（1848年3月11日）

适才收到〔《简·爱》〕第二版的样书，将检查一遍，尽快把错误改好寄上。既然你认为可行，我也将利用出第三版的机会，纠正有关《呼啸山庄》和《艾格妮斯·格雷》的作者身份的误解。①

说到你的第二个建议②，显然，这是一个非常合理而恰当的建议；但我不能采纳，因为我不具备你认为我拥有的技能。要把最初的天赋才能付诸实际的运用，一个人不但要有一双艺术家的眼睛，而且要有一只艺术家的手。我早年虽浪费了相当数量的布里斯托尔画板和图画纸，颜色铅笔和颜料；可现在我打开我的画夹一看，仿佛就在它尘封未动的这些年里，一位仙人把一度被我认作是纯金的钱币变成了干树叶，我恨不得将全部存画付之一炬；我看到，它们毫无价值。所以，如果要给《简·爱》绘插图，那一定要另请高手而不是作者的手。但我希望不会有人费神为我的人物画肖像。给布尔沃和拜伦笔下的男女主人公画画肖像倒是蛮好，他们都是英俊倜傥的人物；可我的人物多半貌不惊人，不适合做理想的肖像画中的形象。充其量，我总觉得这样来表现人物形象是费力不讨好的。你很难找到第二个萨克雷。他能用几条黑线、几个黑点，把人物的神态表现得绝妙、绝真，把人物的性格

---

① 《简·爱》第三版于1848年4月出版，其中包含一条注释，否认她是其他作品的作者。

② 威廉斯建议由她亲自为《简·爱》第三版绘插图。

特征勾画得如此细腻、精致、如此难以捉摸；他是怎么做到这一点的，我说不上来，只能惊叹羡慕。萨克雷也许算不上是一位画家，但他是一位绘图的奇才；一经他的笔端点触，画纸就活了。他的画让人看了精神为之一爽。看过平庸的插图画家笔下那些老一套的木头肢体以后，再看他的那些解剖比例准确无误的有血有肉的筋骨，真令人心胸舒畅。在萨克雷那里，一切都是真实的。如果真理再次化身为一位女神，那么萨克雷就是女神的高僧。

我怀着某种苦恼重读了我的序言，我不喜欢这篇序言。我写它的时候，正值我和你一样，颇有点儿热衷于法国革命。但愿我是在冷静的时刻写的；我还会说同样的话，但会以不同的方式来说。对于一个早在一两个世纪以前就已作古的作家，人们可以尽情热烈地讴歌，但是热烈颂扬一个活着的作家从而令公众生厌，我现在认为这是一个错误。我向自己保证，今后要谨慎从事。不过，在心里，我**仍**要随心所欲地去**想**。

伦敦的共和派人士，包括**你**在内，是否已经冷静了下来？我想大概还没有，因为你们的法国弟兄干得非常高尚。废除奴隶制和废除政治犯死刑是两件光荣的业绩，不过劳动组织的问题，他们将怎样解决！如不注意，这样的理论会成为导致他们的航船搁浅的沙滩。无疑，拉马丁[①]在一个拉马丁派的国家里会是一个极好

[①] 阿尔丰斯·马利·路易·拉马丁（1790-1869年），法国诗人，历史学家，政治活动家，其政治观点由保皇主义转向资产阶级共和主义，1848年"二月革命"后参加临时政府任外交部部长。

的立法者，但那样一个国家又复何在？我希望我的这种看法是够怀疑论、够冷静的。

359．致威·史·威廉斯

（1848年3月29日）

《英国国教会每季评论》上的那篇评论总的说来并不坏。诚然，它谴责《简·爱》的倾向性，并且似乎认为罗切斯特先生应该这样来写：他得先经过一段神秘的"新生"过程，才能使一个正派人相信他的悔过是真诚的。诚然，该评论也对简·爱的信仰表示怀疑，不知道她究竟是个印度教徒，还是伊斯兰教徒，还是个不信神的人。尽管有这些奇谈怪论，它还是不失为一篇诚心诚意的评论，完全不像（例如）《镜报》上的那篇。那似乎是一种虚张声势的恶意攻击，而这一篇却是评论者的真实意见：由于《简·爱》里某些伦理的和神学的观点不符合他的体系，因而他不赞同。

…………

你对法国人不能完全同情，或对他们未来的运动缺乏坚定的信念，我可以告诉你这是为什么。这是因为，他们当中拉马丁太少了，赖德律－罗兰太多了。这至少是我注视着他们的进程时怀着较多的恐惧、较少的希望的原因。在德国人那里，情况有所不同；对于他们争取自由的合理而正当的努力，人们可以由衷祝愿他们一帆风顺。

你说，变革似也在迫近英国。她同那些王座摇摇欲坠的国家有一海之隔，但地震是可以经由海底滚滚而来的；我们不知道，究竟哪一天的哪个时辰，当震动和热流从我们岛屿的下面通过时，将会动摇瓦解它的根基。不过，有一件事是肯定的，一切终将圆满解决。

你提到萨克雷和最近一期连载的《名利场》。我越读萨克雷的作品，就越发认定他是独一无二的——论智慧、论真实、论情感（他的情感虽不事宣扬，却属文学中最真挚的情感）、论气势、论质朴、论节制，他都是独一无二的。萨克雷是一位泰坦天神，他那么强有力，以致他能够不动声色地完成大力神似的丰功伟绩；他的最伟大的作品里有一种泰然自若的魅力和壮丽；**他**从不借助于狂热，他的力不是狂乱的力——他的力是清醒的力、从容的力、深思熟虑的力。最近一期的《名利场》特别证明了这一点。他的力量是强人信服的、使人兴奋的，尤其是令人难忘的。它用一股深沉、盈溢、不可抗拒的洪流推涌着故事前进，但它仍然是宁静的——沉思般宁静、回忆般宁静。对我来说，有些部分读来宛若神谕般庄严肃穆。萨克雷从不被他自己的热情所左右，他把它牢牢控制在掌心。他的天才听从他的指挥——它是他的仆人，它从不一意孤行地创造狂想式的变故，它必须完成理性和理智指派给它的任务，而别无其他。萨克雷是独一无二、无与伦比的。再多说一句我**不能**，再少说一句我不愿。

360. 致玛格丽特·伍勒

（1848年3月31日）

记得我曾希望我生逢上次战争[①]的困难时期，并认为在战争的惊心动魄的事件里有一种振奋人心的魅力，每一念及，我脉搏的跳动就会加速。我还记得，你不大同情我对这些问题的情绪，你泰然自若地听我讲我的憧憬和思考，却似乎根本不认为那刀光剑影会给天堂增添一分欢乐，——你的态度，使我感到有点儿不耐。

如今我韶华已逝；我虽不敢说已甩掉了少年时代的一切浮想，不敢说浪漫情绪已从生活中退出，掩盖着世事真相的薄纱业已脱落，而在生活中和现实中都看到了赤裸裸的真实面，——然而对我来说，许多事情肯定都不同于十年前了。其中，"战争的宏伟壮丽"在我眼中已失却它那人为的光泽。然而我仍深信不疑，精神上的地震的摇撼，在民族和个人身上都会唤起一种鲜明的生活感；为广阔的民族范围的危机而忧虑，暂时转移了人们的思想，使之不复沉溺于渺小的个人得失，并且暂时使他们眼界为之一展。不过，我也同样深信不疑，痉挛性的革命使世界从一切美好事物中倒退回去，阻扼着文明的进展，把社会的沉渣翻搅到表面上来。总之，暴乱和战争是各民族的沉疴恶疾，它们的倾向是要以暴力耗尽鏖战的国土的元气。我殷切地祈求，英国得以免遭那当前正扭曲着欧陆并威逼着爱尔兰的痉挛、钳扭和阵阵发作的疯狂！

对法国人和爱尔兰人，我毫不同情。至于德国人和意大利人，

---

① 大概指1793-1815年的拿破仑战争。

我想情况有所不同，正如对自由的热爱不同于对放纵的贪求。

19世纪前半期震惊世界的英国工人阶级伟大的革命运动——宪章运动，"世界上第一次广泛的、真正群众性的、政治性的无产阶级革命运动"（列宁语），引起了夏洛蒂密切的关注。她深深同情工人阶级的苦况，认为他们有充分的理由反抗，但又不赞成他们采取的暴力手段，对资方和政府的改良措施抱幻想。在宪章运动被镇压下去以后她写的这封信，相当明显地暴露了她的资产阶级改良主义观点。但如火如荼的宪章运动已深深铭刻在她脑海，激发她创作了《谢利》这本小说。《谢利》描写的虽是1811年工人阶级破坏机器的"卢德派"运动，但实际瞩目的却是宪章运动。此信有助于理解《谢利》的主题思想。

361. 致威·史·威廉斯
（1848年4月20日）

你关于宪章派的见解在我看来是真正合情合理的。他们的苦情确不容忽视，他们的苦难是实际存在的，不应坐视。现在，当一个考虑不周的运动被明智地镇压下去以后，是时候了，必须仔细考察一下他们抗议的原因所在，做出基于正义和人道的让步。如果政府能这样做，那将会大大消除恶感，而代之以相互间的善意！虽然政治不是我研习的领域，虽然政治上的派性犹如宗教上的偏执一样，是我所亟欲规避的，但这一点我似乎看得很清楚。上述两种错误，依我看，对于公正地看待全人类和正确地评价一个人，都是致命的。

…………

有人问起《简·爱》的作者是谁时，你都答以"柯勒·贝尔"，你回答得很对，很好。但凡涉及我的作品时，这是我唯一愿意提到的名字。对于公众，我现在和将来都只是"柯勒·贝尔"。倘若由于偶然的情况或由于有人蓄意策划而使我失去了那个名字，我会视为一桩不幸、一桩大不幸。那时候，我会失去心绪的平静；写作会变成一宗苦差，我怀疑我是否能继续干下去。如果我被人发现，我在写作时就总会想着，我的书将被一般的熟人读到，这种思虑会使我缩手缩脚、难以忍受。

364. 致威·史·威廉斯

（1848年4月26日）

我读了《罗丝·白兰奇和薇奥莱特》……这本小说是否比《兰梭普》[①]有所进步，我说不上来，因为我很喜欢《兰梭普》。但至少它包含更多好的因素。我感到这本书同样有气势，却发挥得更为淋漓尽致。

---

① 二书均为乔·亨·刘易斯的小说。

作者的性格显现在每一页上，使得这本书饶有趣味——比任何一个故事所能引起的趣味大得多！但引人入胜的是作者本人说的话，而不是他让他的人物口里说出的话。乔·亨·刘易斯先生在我看来断然是个最有独创性的人物……那些说教的段落似乎是书中最好的段落；表述的观点精当而深刻，并且十分明确地传达给了读者。他是一个公正的思想家，一个精明的观察家；他的理论中有智慧，而且我深信，他在实践中有干劲。可是，你在读他的书时，为什么时时会感到气恼？当他进行说教时，他怎么老是让聆听者感到自己的任务不是老老实实听取教诲，而是去进行论争？你承认他奉送给你的是纯真理的珍宝；可为什么你老是想在这些珍宝里寻找瑕疵？

刘易斯先生，我估摸，尽管他不乏才华和诚实，却必定在态度上有某种缺陷；他一定是说教气太重；有时他又表现出过分炫耀的自信。不过，当你合卷，放下书，静坐片刻以集中思路，归拢印象，你发现你心中占主导地位的想法和感觉是喜悦，为了更充分地熟识了一个具有高度才能和果敢原则性的优秀头脑和真诚的心而喜悦。我希望他不久后会出版另一本书。

他那些抒情的场面都是清一色强烈的；如果换一种较为克制的处理方式，会不会收到更好的效果？有时，刘易斯先生拿起一支法国笔来写，在这一点上他和萨克雷先生不同；萨克雷先生总是使用一支英国羽毛管。不过，法国笔并没有把刘易斯先生引上歧路太远；他用英国的肌肉挥动这支笔。由于这书总的倾向极好，他理应享有荣耀！

他笔下的伦敦文学界的图画，特别是其中有关女性的细部，却不甚美妙；不过所有的小圈子，不论是文学界的、科学界的、政界的或宗教界的小圈子，在我看来都有一种倾向，即变真理为虚假。当人们属于一个集团时，他们必须在一定程度上为那个集团去写、去说、去想、去生活；这是一种折磨人的、使人变得狭隘的必要性。

366. 致威·史·威廉斯
（1848年5月1日）

要想对你的看法提出异议是不可能的，因为看到你的意见，事实上就等于对我自己原已感到的缺点①几乎逐条做出明确的解释，这些缺点，我自己既无力也不愿明说。无力，是因为我感到很难深入细致地分析，或用恰当的词汇来批评。不愿，是因为怕对刘易斯先生不公。对他的作品的价值，我宁愿估计过高，也不愿估计过低。

刘易斯先生的真诚、活力和才华无疑会赢得读者的景仰，可是他凭着什么赢得读者的感情，我却不知道。我觉得他并不在乎激发读者那种愉快的感觉，这种感觉使得一个学生对老师不仅怀有敬意而且怀有友情。书中几乎处处流露出他卖弄学识的痕迹——引自希腊文、拉丁文、西班牙文、法文和德文作家的引文，如同刺绣般覆满了他的英文织物——令普通读者望而生畏。此外，

---

① 指刘易斯的一本小说中的缺点。

如果你不揣冒昧地要求有细腻情致的微妙魅力、想象力的崇高魅力，如果你不揣冒昧地在这些问题上一味挑剔苛求（你承认**你**就是这样做的），那么刘易斯先生定会告诉你，他的作品里不涉及这类东西；也许他还会告诉你，**因此之故**，那都是无关紧要的。恐怕，他甚至会把想象力诬为凭空臆造，把细腻的情致诬为矫揉造作哩。

如我有幸给刘易斯先生写信，如果把我的想法告诉他是明智而适当的，我就要说出下面这些话——

"你的判断在其所及的范围内是正确、明晰的，但我以为，你的判断是有限度的；你的才华水平很高，但我不承认它属最上乘；当你为原则规定守则时，你值得受到充分注意，但当你对情感做出武断的裁决时，你就应该受到抵制。

"刘易斯先生，你能够前进到一定的地点，但不能走得更远。凡属一定的智慧限度之外的事物，你尽可对它任意抱怀疑态度；它的奥妙，却永非你所能洞悉，因为你永远越不过那个限度。你的全部博学、你的全部书本知识、你的全部睿智、你的全部毅力，都不能帮助你跨过一条无形的线——一条既不可逾越又看不见的界线。一个人必须生来身在其中，才能进入那个领域；不学的农民曾在那里呼吸第一口空气，而饱学的哲人却为之奋斗终生而一无所获。"这些话，我不敢、也不该向刘易斯先生说，可是我不能不想到，这就是他和其他许多在世上享有盛名的人的情况。

…………

怀纳太太[①]，我感到她是一幅摹自生活的肖像；我同样也感到，

[①] 这里和后面提到的昌伯伦都是刘易斯小说中的人物。

这位艺术家以个人的仇恨憎恶这幅肖像的原型。他把她写得那么坏，使人丝毫不能同情任何一个爱她的人。她是一个恶魔，因而她不像萨克雷先生的莉蓓加；在描写莉蓓加时，萨克雷的那只有力而灵巧的手不遗余力地刻画她的虚荣、冷酷和虚伪，可是仍然保存着她的人性，因而，那教训给人印象深得多。我们不能从魔鬼们的奇思怪想中接受教训，因为我们和魔鬼不是同类；然而虚伪、自私的男女却使我们屈辱和警醒。关于那些好姑娘，你的意见我很赞同；我还得补充一点：我认为白兰奇尽管被写得那么柔婉，当她发现丈夫是个十足可鄙的家伙时，就不可能再爱他了。**爱比残忍**、比死更强，但一遇到**卑鄙**，爱就完蛋了。也许**怜悯**取代了**爱**，但**怜悯**不是**爱**。

以上你的看法我都同意……现在我要从另一方面来谈，谈谈我和你意见不同的地方，也就是关于塞西尔·昌伯伦这个人物。

你说，一个人具有足够的才智，能够画出一幅画来，或写出一部喜剧来，这个人必定不会做出他那样的事；你说，有天赋有才华的人，也许会犯愚蠢的错误，但不致堕落到兽性或卑劣的地步。要是情况果真如此就好了！要是才智能保护人不犯卑劣的罪恶就好了！然而不然，不能啊！塞西尔的整个性格刻画得太真实了；这个性格写得极其高明，因为它极其真实。刘易斯说，才智，哪怕最最辉煌的才智，不是人的最高品质；他宣称，人类的**道德**本质比人类的**智慧**本质更为神圣；他宁要"善良、仁爱和默默的自我牺牲，而不要世上的全部才华"；他这话说得好，说得可贵。

认为天才能防止人堕落，这种想法是崇高的，事情果真如此就好了。但萨维奇告诉我们,在他那里,情况并非如此;谢利丹证实了这个自供,而拜伦则以可怕的证据为之拍板定案。[①]

也许你从未见过一个塞西尔·昌伯伦。要是你见过这样一个人,你就会感到刘易斯不是夸大而是缩小了这个形象;你会知道,缺少了道德上的坚定性,缺少了明确的是非感,缺少了光荣的原则性——这种原则性使一个人不以诚实的劳动为耻而以为荣——,天赋的才思并不能保证一个人不落进卑劣的深渊。[②]

夏洛蒂发表小说的事,埃伦有所风闻,她写信探听虚实。夏洛蒂一反常态,惊慌失措地矢口否认。这个做法与她诚实的天性以及她与埃伦的关系似相矛盾。原来,她向埃伦隐瞒真相,实有难言之隐。由于艾米莉激烈反对公开她们的作者身份,三姐妹有约在先,谁也不得泄露给任何外人(甚至包括父亲;看来远在南半球的玛丽·泰勒是唯一的例外)。几个月后,夏洛蒂迫不得已向出版人表明身份时,由于不小心把艾米莉牵扯进去,惹得她大为恼火。

---

① 萨维奇、谢利丹、拜伦三人均为英国作家和诗人,在夏洛蒂看来,他们都是有才无德的典型例证。

② 夏洛蒂这番话是针对她的弟弟勃兰威尔有感而发。

367. 致埃伦·纳西

（1848年5月3日）

关于某件事，我只能告诉你一点：那个传闻——假如存在着这样一个传闻，假如那位颇为神秘的女士不是梦见有人告诉她——必定是出于某种荒谬的误解。我从未授权**任何一个人**来断言，或含糊地暗示过，我"发表"过什么东西（无聊之至！）谁说这话——要是有人说过，但我怀疑是否如此——谁就不是我的朋友。哪怕人家把20本书算在我的名下，我一本也不承认。我根本蔑视这种观念。在我明确地拒绝了这种指控以后，谁要是把它强加于我，他就是做了一件缺德的、没有教养的事。彻底的默默无闻，要比庸俗的扬名显迹好了不知多少。那种名声我既不寻求，也不会得到。今后如果伯斯托尔的哪位仁兄或冈默索尔的哪位仁兄①胆敢拿这个题目来纠缠你，向你打听勃朗特小姐"发表"过哪本小说，你只消用你那明确坚定的态度说，勃朗特小姐授权你声明，她拒绝并否认诸如此类的每一指控。如果愿意，你还可以加上一句：要是说她有心腹，你相信她的心腹就是你，她不曾就这个题目向你做过什么胡乱的表白。……

> 有人说，《简·爱》是女家庭教师的《大宪章》。那么，下面这封信就可以说是女家庭教师的《人权宣言》

---

① 伯斯托尔是埃伦家所在地，冈默索尔是泰勒家所在地。

了。值得注意的是,她并列提出了妇女和工人抗议的权利,立场何等鲜明!企图抹杀夏洛蒂·勃朗特的社会抗议精神的人,应该仔细读读此信。

368. 致威·史·威廉斯

(1848年5月21日)

你前信中关于教学的一些意见,引起了我的注意。我想你大概不曾教过书;但即使你教过书,你也不会如此中肯地指出做这件工作所需的重要素质——几乎可以说是**唯一**的素质:不仅要有**获得**知识的才能,而且要有**传授**知识的本领——影响幼小的头脑的能力——对儿童们天然的喜爱、固有的同情,也就是你所说威廉斯夫人有幸拥有的那种本领。不论男女,只要他们拥有这种本领,尽管在其他方面才学也许不算杰出,他们就无须担心在教学的事业上失败。在他们的教导下,幼童们会顺从听话,取得进步;家长们会放心信托。他们工作起来会比较胜任愉快,他们的道路会比较平坦。倘若缺少这种素质,一个教师终生就会是一场苦苦挣扎。一个家庭女教师,不论她秉性多么温和、责任感多么强、取悦于人的欲望多么旺盛,也不论她才学多么辉煌雄厚,如果她没有能力赢得幼小学生的心,不懂得将她的知识徐缓而平稳地注入那个托付给她的成长着的头脑的奥秘,那她的努力就将是徒劳而无功。要**教育**一个小孩(威廉斯夫人在教育她的孩子时自己得到的乐趣不亚于孩子们得到的益处),一个缺乏这种素质的教师实难以为之。但我设想,如若环境——如令媛们的情况——

使一个女青年不得不从事家庭女教师的行业,她也可以对付着**教**,甚至教得很好。那就是说,尽管她不能依自己的意愿形成孩子的思想、塑造她的性格、影响她的性情、指导她的行动,她仍然可以教课——甚至可以杰出地、清晰地、聪明地传授各门知识。做一个白天授课的家庭教师,她可望挣得、加倍挣得她微薄的工资。做一个学校教师,她可望获得成就。但是做一个常年居住在主人家的家庭教师,她永不会感到快乐(除非遇到特殊的例外的环境)。她的缺陷使得她在上课时苦恼较小,在游戏时苦恼更大。对于一个理解并适应孩子们的女教师,游戏时间会是一种休息和娱乐;而对于一个缺乏那种能力的女教师,那就几乎是受罪。时常,当她的学生变得顽劣不驯,当她希望忠实履行的职责变得难以应付时,她宁愿做一个女用人或女厨子,而不做一个备受欺凌践踏、凄凄惶惶、无所适从的女家庭教师。

女家庭教师协会这个机构从某方面说也许是很好的,但它企图把女教师的学识水平提得更高,这种做法既荒唐又残酷。现如今女家庭教师们就她们所授的学识来说,其所得报酬已不抵她们应得的一半或四分之一,在多数情况下,学生所求于她们的学识,已不及她们既有学识的一半或四分之一。一个年轻的教师在开始踏入生活时,主要的热望总是学到许许多多的知识;她的主要忧虑是知识不足。经过一段短时间的实践,她多半会发现,这种忧虑完全弄错了方向。她在学生面前很少会显得不学无术;所求于她的知识往往超不出她能应付裕如的范围。然而所求于她的耐心——自制力,却是巨大的;而要求她付出的体力(她要是达不到就该她倒霉!)则是漫无止境的。

我见过一个无知无识的保姆,她几乎不通文墨,可是由于她生就一副俯首贴耳、乐天知命、腻腻乎乎的好性情,于是她能够表现得既活泼欢快又毫不在乎;她身强力壮、神经健全而不易激动,使她面对惊吓能保持镇定,面对烦扰而不伤神,她就能够比较轻松自如地对付一大家子宠坏了的孩子;而他们的女教师却苦不堪言:孩子们像暴君般地虐待她,她想讨他们喜欢,想教他们读书,但她的努力全都付诸东流,懊恼、悲伤、焦虑——她被他们缠磨、揉搓得不像样子,简直认不出自己了,不知道她那受压抑的心灵是囚禁在怎样一副可怜的、战栗的躯壳里,不相信自己还能受到有礼貌有感情的对待。最后她精神几乎崩溃,身体快要垮台,只好辞职不干,一走了之。

那些企图增进女家庭教师的学识的人,根本不知道她们的主要痛苦来自何处。她们需要的是更多的体力和脑力,精神上更深的麻木状态,而不是更多的艺术或科学造诣。至于那种速成制度,不论用在教师身上或受教的学生身上,我认为都是一个残酷的制度。

诚然,世人要求你开列一份辉煌的学识才艺的清单。以20镑的年薪,他们打算从一个女子身上索取好几个教授的才学——但这种要求是悖逆情理的,我认为应加以抵制而不是顺应。假如我可以代表令嫒们向你提个请求,我就要说,不要让她们浪费青春去努力获得多种才艺。宁可让她们设法精通一两种才能,然后让她们设法储备健康、精力和欢畅的心情。让她们努力培养自制力、忍耐力、顽强性、坚定性;可能的话,让她学会母亲的某些可贵的艺术——这些品质,再加上健全的原则,就会成为她们最强大的支柱、最得力的帮手,协助她们度过女家庭教师的一生。

至于你的那个女儿,你说她对抛头露面怀有一种神经质的恐惧,我无须恳求你温和地对待她;我知道你一定不会对她严厉的,但她对自己必须严格要求,否则她今后要后悔的。她应该逐步努力克服她的胆怯。倘若她命定享受一种依靠他人的轻松的生活,她可以顺着自己的性子,去过隐遁的生活,甚至可以以此作为一种性喜幽居的美德而加以珍惜。但既然她命非如此,既然她命定要依靠自己,在人群中闯出一条路,她就得说:我要努力学会自信这种本领,不为表现我的才艺,而为可以满意地感到我是自己的主人,能在人前毫不畏缩地说话和行动。不过,尽管我写下了这片忠言,我却承认,说起来容易,做起来难。一个神经质的人在众目睽睽之下感受如何,只有神经质的人才了然;要靠理智和决心来控制自己是多么软弱无力,除了身受其苦的人,别人是难以相信的。

你提到关于《简·爱》的作者身份的谣传,我感到有趣得紧。在这个问题上的种种流言蜚语,正中下怀,就是说,传闻距事实愈远愈好;由于他们的杜撰没有分毫事实根据,他们便纯属凭空臆造。……

又及——……我忘了回答你的一个问题,关于我的下一部作品的问题。在那里面,我还没有涉及女家庭教师的问题,因为我不想让它和前一本书雷同。我时常想谈谈"妇女状况"问题,可是关于这个问题,"行话"已经讲得太多了,让人不愿碰它。说实在的,目前的妇女劳动市场已经是供过于求了,可是到哪里去或怎样去开辟另一个市场呢?许多人说,现在只由男人独占的职业,也应向妇女开放。可是当前居其位者和候补者不是已经够多，足以满足任何需求吗？对于女律师、女医生、女雕刻师，更多的女艺术家、更多的女作家，还有多少发展余地呢？人们能看到弊病之所在，然而谁又能指出救治良方？当一个女人有几个儿女要抚育，有一个家庭要照管时，她的双手就占得满满的，她的天职是什么自不待言；而当命运置她于孤身的境地时，我想，她必须做她力所能及的事，尽可能少抱怨、多忍受，埋头苦干。这不是唱高调，我相信这是明智的实际道理，是适合付诸实践的。至于如何改善社会制度，由哲学家们和立法者们去思考吧。同时，我要说，不论对于妇女或对于工人，当忍耐达到极限、勤奋达到顶点时，当两方面都遭挫折，而痛苦和贫困取得胜利时，那受苦难的人就自由了，他就有权向苍天发出任何凄厉的呼声，倘若通过这呼声他可望得救。

373. 致威·史·威廉斯

（1848年6月15日）

我惯常这样想：一个人需要自食其力，这本身并非坏事，但如果失去了健康、如果求职艰难、如果靠我们过活的人软弱，要求我们付出力所不支的努力，那么自食其力也会成为一桩重大的不幸。遇到这种情况，我能想象得出，一个已婚男子会希望再度成为单身汉，而一个已婚女子眼看丈夫为了养活自己和孩子而劳累过度，出于体贴之情，也会希望自己不成为他的负累。最好所有的人，不分男女，都有为自己而工作的能力和意志——最可取的办法是，让儿子和女儿一样，从小都养成独立和勤勉的习惯。鸟类在它们的幼雏羽翼初成时即迫使它们离巢远飞，尽管它们不信赖自己的翅膀。人类难道不能从燕子和八哥取得教益吗？

……〔一个女家庭教师〕吃苦头，不是毫无裨益的；她将收到莫大的好处；她将是"流泪撒种的，必欢呼收获"①。一个女家庭教师的生涯往往确实痛苦，但其后果却是可贵的。她的思想、感情、脾性在那里经受的磨练也同样是痛苦的和无比可贵的。我知道有许多人，她们做家庭教师的时候都快快不乐，但凡是经受过这种考验的，没有一个后悔，很少人性格没有得到改善——她们变得既刚毅又纯洁，既坚强又柔和；饱受忧患的磨砺，她们更能忍受自己的忧患，也更能体察他人的忧患。

……你说，没有财产的姑娘们应该养成自立的习惯；要是她们嫁给了贫穷的男人，她们应该指望自己有能力帮助自己的伴侣，我认为这话极其有理。要是所有的父母都这样想，那就不会把姑娘们养成一味投机钻营、一心想攀上一门有利可图的亲事的人；从而，妇女们也不致像如今常见的那样可悲地堕落。

没有财产，当然也可以结婚，条件是，她们得先下决心，在婚后绝不成为亲人的包袱。但既然生活中充满了难以逆料的偶然事件，既然一个妇女可能遇到"持家"和谋生不能兼顾的难处……年轻的艺术家们和年轻的女家庭教师们在结合他们的命运时，必须三思而行。

---

① 见《圣经·诗篇》第126章5节。

378. 致威·史·威廉斯

（1848年6月22日）

当你读过一本使你感兴趣并获得知识的书，你总愿意在合卷时能够无保留地称许它、热烈地赞扬它；你不愿吝惜颂词，用指责来冲淡它的影响。

因此之故，我告诉你我对《米拉波传》①的感想时有点儿为难。我对此书兴味颇浓，并且从中了解到更多的情况；在阅读中，我不由得时时赞叹作者的才华和机智，钦佩他叙述事件的过程、吸引读者的注意力并使之贯注于主人公身上的技巧；但我也不免常常要表示不赞同。我并不反对作者的政治原则，也无意毁贬他的才能；说实话，我不喜欢的是他对待米拉波的过失的态度。在这方面，我以为他既不聪明也不正确；我以为他在这里暴露出有一点粗浅、有一点主观，以及不少的轻率。

你能放心大胆地把这书交到你儿子手里，断定阅读此书对他无害吗？能断定它不会在他思想上留下某种模糊的印象，仿佛大规模的犯罪具有一种恢宏壮丽的因素吗？然而事实上，在恶行里没有丝毫恢宏壮丽的因素可言；不论从哪个角度来看，不论恶行的容积多大，它只是一种污浊、卑下、堕落的东西。事实上，这位大人物米拉波是神圣与污浊的混合体；在他的过失里，没有任何神圣的东西，有的只是污染性的秽物。他的过失毁了他，使他

---

① 昂诺莱尔·加布里尔·米拉波（1749-1791年），18世纪法国资产阶级革命雅各宾党领袖人物之一。

的天才沦落沟渠，扼杀他优良的天性和慷慨无私的胸襟，使他的伟大化为乌有。他的过失使他的前程在极盛时猝然中断，挫败他的目标，在法国最需要他的时刻置他于死命。

我感到，米拉波的一生和命运是我多年来学到的最沉痛的教训。人们唯愿，如此众多的高尚品质**必定**造就一个高尚的性格、达到高尚的目标。不——这位强有力的天才度过的一生是悲惨而堕落的一生，他死得如同一条狗一样无价值；究其因，是缺乏自制力、缺乏道德、缺乏宗教。读了他的传记，我们的心为之绞痛；合卷时，我们想到的不是他的伟大，而毋宁是他那无可挽回的鲁莽以及由此而生的痛苦、堕落和不得其时的死亡。

在我看来，传记作者也犯了一个错误，他急急于以一种引人注目的观点来表现他的主人公，过分忽视确切的实情。他把他捧得太高；他贬低所有其他提到的人物，把他们推到阴影里，以便突出米拉波。当然，这种做法在艺术中是正当的，在小说中是可嘉的，但在历史中（传记乃是一个人的历史），它会削弱你对它的准确性的信任，从而削弱叙述的力量。

写到这里，我收到你的那封极有意思的信，为此我感谢你。你谈到，父母在为孩子选择职业时有责任考虑到孩子天性的倾向，谈到由于忽视了这种责任而产生的恶果。你的话给人印象极深，因为它是至理名言。这方面的失误产生的恶果比比皆是，我常想，造成最大不良影响的职业莫过于教会。你常常遇到一些教士，他们本该是农夫、官吏、店主——随便当什么都行，就是不该当教士。由于他们天生不适合履行这种神圣的职责，他们便给神圣的使命带来莫大的羞辱。

你谈到你自己的命途遭际，实堪忧伤。你说，你仿佛一个行人，黎明时走上一条被指引错了的路，及至黄昏，才发现离开正道已经太远，要想在断黑前赶回去已渺无希望。

35年担任一种无从发挥你的趣味、不能施展你的才能的职务，真够惨的。在命运如此安排下，只有一个想法能给你安慰——相信存在着凌驾万物的天意，相信天命的智慧。亲爱的先生，也请退一步想想，古老的意大利民谚说得好，"每所宅子的帷幔后面都藏有一具髑髅"[1]——假如你身居华厦而非陋室，你仍可能有秘不可宣的忧惧。假如你曾是一个功成名就的作家或艺术家，你的私生活也许并不幸福：也许你不曾遇到你现在的妻子，却娶了一个不中意的女子，你不能敬爱她，她不关心你的儿女，不是全心全意爱护他们，因而给你的后半生带来无穷苦恼，使你的家变得凄凉不堪。

我知道，我向你推荐的这种自我安慰的办法是非常笨拙的，但我感到，你的生活之杯想必十分辛酸，我一心想说点什么来宽慰你，却不知如何说好。请原谅我的无能，权且把我的愿望当作实效来接受吧。

听说美国的印书社弄到了《简·爱》，这消息令我甚感有趣。可惜的是，英国出版人的书在美国发行，英国出版人得不到任何好处。

请不要把重读《简·爱》的苦差强加于自己，你会感到厌烦的；在你眼中它会变成陈腔滥调，会使你感到腻味，甚至恶心。

---

[1] 相当于我国民谚"家家都有一本难念的经"。

你或许已经知道，纽比先生宣布即将出版阿克顿·贝尔的一部新作[①]。那个广告一如既往，在措辞上玩弄了某些花招，我不喜欢。

岁寒三友中，玛丽·泰勒是思想最解放、观点最激进的一个。夏洛蒂从埃伦得到的主要是感情安慰，但就心智的交流而言，和她旗鼓相当的是玛丽。夏洛蒂写给玛丽的信，惜未保存下来。她死后，玛丽为此懊悔不已。三姐妹出书的事，唯独没有瞒着玛丽。玛丽是个粗线条的性格，她见地不凡，敢想敢说敢为，但不大懂艺术。从她对《简·爱》的评论，可以看出她不理解这本书，看不出它精美的艺术形式下包含着的社会抗议的实质。

382. 玛丽·泰勒致夏洛蒂·勃朗特

（1848年7月24日）

约一个月前，我收到《简·爱》，读了。我几乎不能相信，你当真写了一本书。我在英国的时候，还不曾有这样的事。我开始相信你存在着，正如相信罗切斯特先生存在着一样。我现在的心情是倾向于信，因此对二者都不怀疑。读毕，我登上维多利亚山的顶峰，极目搜寻一艘船，以便托它带一封信给你。……

……你的小说是那么完美的一件艺术品，令我惊叹不置。我

[①] 即安妮的第二部小说《怀尔德菲尔府的房客》。

原以为它是一件有待改动的未完成品。你把它润饰得相当到家。要是要求我这样做，我会厌倦的，读不到两页就烦了。你的书里没有这种厌倦情绪的迹象——你把这一切都藏之于己，必定富足异常！

你和我很不一样，你没有一个要进行说教的教义。要从你的作品中挤出一种道德思想来是不可能的。难道你对现世界就那么称心如意，无须抗议它的荒谬不经吗？在你打草稿之初，你从未发出讥诮或申斥吗？等我见到你时，定将狠狠训你一顿。我不相信里弗斯这个人物。在布洛克赫斯特一流人里，没有**好**人。一个传教士走上他传教的岗位，要么是为着一片面包，要么是出于热情，这种品质对圣约翰来说不是太好就是太坏。你相信有这样一种人，是因为你有一点荒谬的仁慈心。你从不停顿下来做一些解释或辩护，并且好像根本不为这操心——"如果费尔法克斯太太或某个其他好心的傻瓜拿到这东西，她会怎样想？"然而你知道，世界是由这样的人，甚至更糟的人构成的。再说一遍，你写满三大卷而不向几十个荒谬的教条宣战，这些教条每一条都受到"一个庞大的可尊敬的读者阶层"支持，你是怎么搞的？艾米莉在写那本奇怪的《呼啸山庄》时，似乎着眼于这样一个阶层。安妮也一再停下来进行平凡的真理说教。她心目中有一个更低的阶层。艾米莉似乎听从了书商的劝告。……

我没有向任何人提起这本书，也没有向任何人征求过意见。我把它借给许多人看，因为这是一本小说，是小说都好看！他们说，"读了想哭"。他们文化不高，讲不出多少道理。我若听到什么意见，当为你记下。……

……我在这里过得不痛快。我教钢琴,取得很大一笔收入,也教一点书。有时我去看望泰勒太太①,把她所敬爱的牧师叫作笨蛋,把可怜的姑娘吓得一愣一愣。她以为我学问大得出奇,可就是心眼儿有点儿坏,一个劲拉我上教堂,尽管我告诉她,我上教堂只为散散心。……

我现在同时生活在两个地方,这种古怪的感觉,很难向你解释清楚。一个世界里有书,有英国,有所有我能与之交换意见的人;另一个世界里有我眼见耳闻和实际交谈的一切。两个世界完全隔离,就像画中之物与室内之物一样。令人困惑的是,两个世界都在活动,我必须作为每个世界里的一分子说话。其结果,至少有一个世界必定认为我疯了。这阵子我碰到了倒霉的麻烦事。一个牲口贩子,靠经营畜群发了家,把我请去教她女儿书。这人是个鳏夫,我应了他的聘请,于是吓坏了**这个**世界,又因为我要价太高(每年70镑),就更把他们吓坏了。现在我已经走马上任,那帮人又不明白我为什么不一杆子到底,马上嫁给这个人,因为在他们想来,这一定是我原来的打算。……

……你可曾注意到,中产阶级的妇女一般太无知,简直没法和她们谈话,你只好专找男人谈话?在下层的人们当中,不存在妇女的这种低劣。妇女们同男人并驾齐驱,达到同样的文化教养程度。我和一个木匠老婆能谈得来,和一个商人的妻子却谈不拢。

---

① 玛丽的嫂子。

384.致威·史·威廉斯

（1848年7月31日）

近来我读《现代画家》①，从中得到了许多真正的乐趣，希望也得到了某些教益。至少，它使我意识到过去对他涉及的这个题目多么无知。过去，我品评艺术只凭直观；我仿佛蒙着眼睛在走路，而这本书给了我一双眼睛。我**真**希望手头有图画来检验这种新的感受。读到关于特纳②的作品的那些光辉的描述，谁不渴望亲眼看看这些作品本身呢？当另一个人的意见摆在你面前，不管他的语言多么雄辩和令人信服，你总还是愿意自己来判断。我很喜欢这位作者的文风，它既有力、又优美。我也喜欢作者本人，因为他是一个热情洋溢的赞赏者。他对特纳的赞扬和推崇不是半心半意的，他讴歌他，以整个心灵崇拜他（或者毋宁说他的天才）。那种忠诚的、认真不苟的钦服（因为他不是什么狂想家）让你同情、让你尊重；不过可能会有许多人嘲笑它。我衷心感谢史密斯先生送给我这本书，比这更令我愉快的书，我很少遇到。

有关《怀尔德菲尔府的房客》的某些评论，你可能已经看到了吧。但愿我妹妹对那些不利的评论不要感到那么痛心才好。她**话**不多，因为她属于一种特别沉默寡言、文静多思的性格，甚至对至亲都含而不露。但我无法不看到，她有时心情很抑郁。事实是，不论她自己或我们哪个人都没有料到，某些评论者对这本书

---

① 约翰·罗斯金1843年出版的论现代画家的美学名著。
② 约瑟夫·特纳（1775-1851年），英国著名水彩画风景画家。

会持那样一种看法。在写法上，在艺术上，它显然是有缺陷的，可是若说它在立意或情感上有错误，凡是了解这位作者的人都不会那样怀疑。就我来说，我认为这个主题选得很不幸——这个主题是这位作者没有条件处理的，她不能把它处理得既有力又真实。我想，写纯朴而自然的事物——安详的描述和朴素的感触，是阿克顿·贝尔之所长。比起现在这部作品来，我更喜欢《艾格妮斯·格雷》。

请允许我提醒一声，来信中请不要谈到我的妹妹们。埃利斯·贝尔受不了别人提到除笔名以外他的其他名号。我把他的真实身份泄露给了你和史密斯先生，是犯了一个大错。我是无意中说出的——"我们是三姐妹"，这句话不知不觉脱口而出。刚说出口，我就后悔了；现在我懊悔莫及，因为我发现，这是完全违背埃利斯·贝尔的感情和意愿的。

本周的一期《考察家》里，我看到纽比布下的一小团蛛网被一支灵巧的刷子扫除一净，非常开心。如果纽比还没有老到不能从经验汲取教训，这一揭露应该教他懂得了"诚实为上"这个道理。

你的信刚到。我必须立即感谢你，应该说，实在感谢之至。我们的生活现在是、过去也一直是缺少乐趣的，关于这，你似乎猜到了一部分。因此，对于偶尔莅临的快乐，我们总是非常敏感。假如你知道我接到你的一封长信有**多么**高兴，你会笑我的。

可是反过来，我对你殷切的态度也不禁微笑，你那么认真地劝说我们，来观摩一下伦敦社会是适宜的。诚然那会有裨益——大有裨益；不过这种裨益，人世间没有一种力量能促使（例如）埃利斯·贝尔去领受。甚至对于阿克顿和柯勒来说，踏入社会会是一种可怕的经验，比你所能想象到的可怕得多。我们长期——确实可以说是一直——习惯于生活在绝对与世隔绝的静止不变的单调环境中，我们的思想恐怕已不适应活跃的热闹的场面，我们已丧失了享受社会生活的能力。

我所窥见的仅有的上流社会生活的点滴，是在我任家庭教师的期间看到的。我想得起来的最难受的时刻，是在环顾四周皆是陌生面孔的客厅里度过的。在这样的时候，我的精力会逐渐消退，直到消失净尽。当我再也忍受不了那种虚乏的孤独的感觉时，我总是偷偷溜走，恨不能找到一个角落，让我独自待着。不过我很清楚，那个观察世态的经验尽管一时使我深感痛苦，事后却总是有益的。就我记忆所及，但凡我获得什么重大的收益，都是以同等的痛苦为代价换来的。既然如此，总有一天我要接受、至少是部分接受你的劝告，如有可能，丢开我那老是对自己评头品足挑毛病的讨厌的自我敏感，让我这个乡下老姑娘，也去见识见识某个领域，去观摩一下文明开化的人类。

你谈到你的宗教和哲学观点。你以为我会对你的话感到不安，会谴责你在众多的教派和教义中找不到你能全心全意无保留地接受的一种信仰吗？这话也让我禁不住要笑。我自己感到，上天有先投向人间——几线光芒从真理的神殿投射下来，穿透了现世的重重黑暗；然而这些光芒是稀薄的、暗淡的、零散的，谁敢断言他找到了通往上天的**唯一**真路？

然而愚昧、软弱或不慎也必定有它们的教义；它们不会兀自存在，必定有其支柱。让他们去抓住最纯粹的教条和最简单的教仪吧；它们**总得**抓住**某种东西**呀。

爱默生①的书我没有读过；他的书既然对你的思想具有那样大的疗效，想必是本好书。一个作家，他的话有如点点甘霖，滴落在急需并理当得到润泽的土地上，它的影响有如习习和风，鼓舞着那遭逆境蹂躏的精神，——这个作家是值得羡慕的。爱默生如果鼓舞了你，他的书就没有白写。

但愿你继续保持这种达观精神，这种内心安宁和充满力量的状态！但愿你仍旧仁慈而公正地对待自己！我不想赞美或奉承你；对于一个追求完美的心灵，我不愿说那些只会妨碍它的努力的无力的恭维话。但是我必须允许自己指出一点：若不是你内心具有某种善良的优秀的品质，某种不论**显耀**与否都比常见的更美好的品质，那么，得到你的友谊就不会使人感到如此快乐；和你通信的优惠条件，也不会使人感到是一大特权。

下面这封信饶有趣味的是，夏洛蒂唯一的一次出面对她和二妹的三部小说中的三个男主人公做出对比、解释和品评。她对罗切斯特的解释自应是权威性的。对希思克利夫的解释，与她在为《呼啸山庄》再版作的序言中表明的态度一致，即委婉的谴责加上惋惜的心情。她的观点，受到后世一些评家的非难，认为她以她狭隘的道德观，根本不理解她妹妹和《呼啸山庄》。但既然这部小说从未有公认的一致的理解，夏洛蒂也和任何人一样，

---

① 拉尔夫·沃尔多·爱默生（1803—1882年），美国超验主义哲学家，诗人。

当然可以有她自己的理解。

385. 致威·史·威廉斯
（1848年8月24日）

你对《怀尔德菲尔府的房客》所做的公正的批评，我妹妹安妮和我自己都十分感谢。我感到，你中肯地指出了此书的长处和弱点，你的劝告应受到并将受到我们最认真的注意。

我以为，作家的第一职责，是忠于真实和自然；第二职责，是勤勤恳恳地钻研艺术，以期雄辩而有效地阐释这两位伟大神灵所宣示的教谕。贝尔兄弟都竭诚地崇拜真理，他们也希望致力于探讨艺术，以便有朝一日获得语言的功力，以令人信服的声调来表述其信念。不过，他们仍然有些担心，不管他们如何把话说得缓和婉转，但只要那个主题碰巧触动了他们内在的精神，他们有时还是不免要冒出一个唐突的词儿或一个猛烈的语调，使那些文雅的耳朵听了大吃一惊。

我大概告诉过你，我把萨克雷先生看作是现代艺术大师中的第一人，传布真理的合法高僧；因而，我怀着崇敬的心情研究他。我看到，他把人鱼的尾巴按在水下，只暗示一下那尾巴搅起的污泥和死人骨骸；**但是**，他的暗示比其他人的精雕细琢更为生动。当他用安详的嘲讽把他那堪为楷模的审慎和气度谦逊地献给公众并获得他们的认可时，他那讽刺的剑刃却是磨得无比锋利的。世人开始比两年前甚至一年前更了解萨克雷了，但他们还只了解他一半。他的头脑在我看来像一块织物，同样朴实无华，却也同样结实耐久——那里没有耀眼的虚饰，吸引浅薄的眼睛盯住看；他辨别真伪的巨大能力只能随着时间的进展而得到充分的赏识。《名利场》的结尾部分表现出某种东西，一种"宁静的深度"，那深度靠一代人的识别力来测量是不够的。从现在起100年后，如果他能公平合理地活到那时候，他将比现在更为人们所理解。从现在起100年后，某个思想深刻的批评家，伫立海边凝望着深邃的海洋，将会透过碧波，看到一颗纯粹独创思想的无价明珠——像布尔沃等那样的思想，是他的同时代人所没有的，——不是来自习得的知识，而是与生俱来的——他先天承袭的天才：这种天才，我不怀疑，曾使他在孩提时殊异于别的孩子，也许曾给他带来特殊的忧虑和挣扎，而今则使他成为殊异于其他作家的一位作家。……

你说，亨廷顿先生①让你想起罗切斯特。是吗？可是这两个人没有什么相似之处；两人的性格的基础是全然不同的。亨廷顿是个天生来自私、肉感、浅薄的男人的典型，他唯一的长处是有一副快活的脾性，这只是在他年轻健康时才对他有用；他最好的时光是他最早的时光，他从来不从经验取得教益，他肯定越老就变得越坏。罗切斯特先生有一个好思索的天性，一副非常易感的心肠；他既不自私，也不放纵自己；他只是受到不良的教养，被引入歧途；他犯错误，是由于轻率鲁莽和缺乏经验：他一度像许多别的男人一样生活过，可是他比大多数男人根本上要好些，他不喜欢那种堕落的生活，从来没有从那里得到过快乐。他受到了经

---

① 《怀尔德菲尔府的房客》中的男主人公，一个酗酒放荡、毁了自己、给妻子带来无穷痛苦的男人。

验的严酷教训，他有头脑，能从这些教训里学到智慧。岁月使他改进；少年时代的浮渣漂走了，他内部真正善良的东西仍然存留下来。他的天性有如一坛佳酿：时光不会使他变酸，只会使他变得甘醇。至少，这是我打算刻画的性格。

说到《呼啸山庄》里的希思克利夫，他是全然不同的另一种创造。他说明了一种不断遭受不公平待遇和欺压凌辱的生活对于一个生来刚愎、记恨、不屈的性格所能产生的作用。如果给以精心的培育和慈祥的待遇，这个黝黑的吉卜赛崽子也许能成长为一个人，可是暴虐和愚昧只把他变成了一个魔鬼。最糟的是，他的某种精神似乎注入了表现他的整个故事的叙述；这种精神像幽灵般出没在每座荒丘上，每条溪谷里，藏匿在山庄的每株枞树里面向人招手。

388. 致玛格丽特·伍勒

（1848年8月28日）

……你说，查潘太太打算送女儿上学，想知道卡斯特顿的教士女儿学校[①]是不是一个合适的地点。

我个人所了解的那所学校的情况早已过时了，那还是20年前的经验。那时候，学校还处于草创阶段，而且办得很糟。斑疹伤寒定期流行猖獗，夺去了一部分学生的生命；由于恶浊的空气和

[①] 勃朗特四姊妹上过的学校，《简·爱》中劳渥德学校的原型。

水以及恶劣而不足的食物引起的形形色色的肺结核和淋巴腺结核，摧残着那些不幸的学生。[①]当时学校的情况是不适合查潘太太的孩子去就读的。不过据我所知，打那以后，情况大有改进。学校原在考文桥，那个地方不卫生却又幽美如画——低洼，潮湿，有树林、溪流，景色秀丽，后来迁到了卡斯特顿；设备、伙食、纪律、教育制度，我想全都有所改变并大大改进了。听说，那些表现良好一直读到毕业的学生，如果她们愿意，都被介绍去当家庭教师，而且仔细为她们挑选任教的人家。还听说，她们离开卡斯特顿时，都随身带走像样的衣着装备。

……你可记得，有一次你称赞一本名叫《莱斯特夫人的学校》的书？你说，你见过这本书，可不知道是谁写的。前几天我读了一本新近出版的《查尔斯·兰姆书信集》(萨金特·塔尔福德编)，书中讲到，《莱斯特夫人的学校》是兰姆和他姐姐[②]的第一部作品。这些书信本身有趣得紧；它们至今被禁止收入兰姆所有的文集和选文集中，因为其中多次提到兰姆小姐不幸的痼疾，以及使她的早年晦暗无光的一次骇人的事故。看来，她是一个秉性极其温婉的女子，在正常状态下，天资很高，但不幸患有周期性的癫狂症，每年要发作一次或多次。对父母，她是一个极温存体贴孝顺的女儿，当他们到了晚年，一个身体虚弱，另一个精神不健全，她悉心照料他们的生活，同时辛辛苦苦做针线活儿以补贴家庭的微薄

---

① 夏洛蒂的两个姐姐就是这样死去的。
② 查尔斯·兰姆（1775-1834年）和玛丽·兰姆（1764-1847年），英国散文家，合著有《莎氏乐府本事》等。

收入。有一次，连续的白天劳累和夜间失眠，引发了她的疯病，病中她极其不幸地杀死了自己的母亲。后来她被送进了疯人院，若不是她弟弟查尔斯答应照料她，她会在那里关上一辈子。查尔斯为了她的缘故退掉了一门亲事。这是一个自我牺牲的例子，我以为，在"较粗鲁的性别"[①]的历史上是罕有与之媲美的。他们一起度过了余生——手足情的典范，若不是那可怕的病不断地缠磨玛丽·兰姆的一生，他们的生活会是非常幸福的。

三姐妹想彻底隐姓埋名的想法未能如愿。1848年6月，安妮的第二部小说《怀尔德菲尔府的房客》出版。由于《简·爱》的名声飞越了大西洋，美国一家书商向史密斯－埃尔德公司订购同一作者的下一部作品的纸样。同时，安妮的出版人纽比则企图利用"贝尔"这个姓氏的谜浑水摸鱼，扬言《房客》是柯勒·贝尔的新作，并高价出售给美国的另一家书商。几家书商之间的纠纷，迫使夏洛蒂和安妮到伦敦去面晤出版人，澄清几本书的作者身份。但对其他人仍旧保密，自称布朗小姐。别人也以为她们是初出茅庐没见过世面的外省村姑。下面这封信里，夏洛蒂以轻松幽默的笔调描写了她头一遭踏入伦敦社会的见闻和感触。

---

① 指男性。

390．致玛丽·泰勒

（1848年9月4日）

我给你写过许多信，比你给我写的信多得多，不过天晓得我的信是否都到达你手上！我相信，你一定想知道我们的事情进展的情况；我尽量简短地给你一个概念。阿克顿·贝尔出了另一本书；那是本三卷集小说，但我对它不及对《艾格妮斯·格雷》那样喜欢。这个主题不是作者的拿手。有些评论赞扬它，另一些评论谴责它。至此还只收到25镑版税，由于阿克顿·贝尔的出版人是个敷衍搪塞的吝啬鬼，我不指望从他得到更多的钱。

大约两个月前，我收到我的出版者史密斯-埃尔德公司的信，说《简·爱》在美国大获畅销，那儿一位出版商愿出高价收购柯勒·贝尔的新作的纸样，史密斯-埃尔德公司答应卖给他。

跟着，史密斯-埃尔德公司又寄来一封信，说他们的美国通信人来信诉说，柯勒·贝尔的一部新作的纸样已被人搞到手，不是他们，而是另一家竞争的出版商；他们质问史密斯-埃尔德公司玩弄这种骗局用意何在；信中附了纽比（阿克顿和埃利斯·贝尔的出版人）的一封信的摘录，内称，他确信《简·爱》、《呼啸山庄》、《艾格妮斯·格雷》以及《怀尔德菲尔府的房客》（那本新作）均出自同一作者之手。

这是个**弥天大谎**，因为我们曾一再通知纽比，说这些小说是三个不同的作者所作。事实是，他有意混淆视听，要公众和出版界相信，他掌握了柯勒·贝尔其人，从而愚弄了史密斯-埃尔德公司，抢去了美国出版商的生意。

事情的结果是,就在收到史密斯－埃尔德公司来信的当天,安妮和我拾掇了一只小箱子,派人送到基思利,我们自己喝完茶后冒着大风雪步行到火车站,乘火车到利兹,又旋风般乘夜车赶赴伦敦,为的是向史密斯－埃尔德公司证明我们各自的不同身份,揭穿纽比的**谎言**。

早晨约八点钟,我们来到查普特咖啡厅(波莉,就是我们住过的那个老地方,因为我们不知道还有别的什么地方可去)。梳洗完毕,用过早餐,稍稍坐了几分钟,我们便怀着一种异样的兴奋心情,动身前往康希尔街65号。史密斯先生或威廉斯先生都不知道我们来了,他们从未见过我们,不知道我们是男是女,可他们给我们写信时,总把我们当成男的。

我们发现65号是一家大书店,面临一条几乎和斯屈兰德街一样繁忙的街道。我们进了门,来到柜台前。屋里到处是年轻的男人和小伙子;我向第一个前来搭话的年轻人问道:"我可以见见史密斯先生吗?"他迟疑了片刻,有点儿吃惊的样子。我们坐下等了一会儿,看了看摆在柜台里的书,这些书的出版我们了如指掌,许多书曾作为赠书送给了我们。最后,我们给带去见史密斯先生。"你是史密斯先生吗?"我说,透过眼镜仰望着一个身材高大的年轻人。"我就是。"于是我把他寄给我的信交到他手里。他看了看信,又看了看我。"这信,你是打哪儿弄来的?"他说。他困惑的神情把我逗乐了。跟着是相认。我告诉他我的真名:勃朗特小姐。我们是在一间新房间里,天花板上开有一个大天窗。就在那儿,我们很快地解释了事情的原委。把纽比大骂了一通,恐怕骂得过火了。史密斯先生匆匆出去,不一会儿带着一个人回来,他给我们介绍说是威廉斯先生,一位面色苍白、神态温厚、有点儿驼背的50岁上下的长者,很像一个衰老的汤姆·狄克逊。于是又一次相互介绍,长时间的、神经质的握手。接着就是谈呀谈呀谈;威廉斯先生寡言少语,史密斯先生滔滔不绝。

史密斯先生一定要请我们去他家住,可是我们没有准备久住,谢绝了他的邀请。告辞时他告诉我们,当晚他要带妹妹们来拜访我们。回到旅店,为了这场兴奋,我付出的代价是剧烈的头疼和苦不堪言的恶心。临到傍晚,看到我的身体情况一点没有好转,又期待着史密斯兄妹来访,我服了重重的一剂碳酸铵水。这药稍稍提起了我的精神;可是,当通报他们驾到时,我的身体情况仍然很糟糕。他们进来了,两位风雅的年轻小姐,全套盛装准备赴歌剧院,史密斯先生自己身着晚礼服、戴白手套等等。我们根本没领会他们是来请我们上歌剧院的,因此不曾做准备。而且,我们也没有带来什么讲究衣裳,更何况,我们在世上原本就没有讲究衣裳。不过,我略加考虑后,感到还是从命为上。我把头疼揣在衣兜里,我们穿上带来的难看的高领乡下衣裳,随他们上了马车,威廉斯先生已等在车上。他们必定觉得我们两个是模样古怪、叫人捉摸不透的人,特别是戴着眼镜的我。我们来到歌剧院时,包厢门还没有开;当我同史密斯先生踏上那铺着猩红地毯的楼梯,想到我自己同史密斯先生之间的鲜明对比,不禁暗笑。无怪乎那些风度翩翩的绅士淑女们要用轻蔑的、彬彬有礼然而盛气凌人的眼光睨视我们。尽管头疼、恶心,自觉形同小丑,我还是感到愉快的兴奋,我看到安妮却一如平素,沉静而温柔。

那晚上演的是罗西尼的歌剧《塞维尔的理发师》,演得非常出色，不过我想，我更喜欢的是另外一些东西。回家时已过一点钟；头天夜里我们根本没有睡觉，接着又是连续24小时处在兴奋状态中。你可以想见，我们疲倦极了。

第二天是礼拜天，威廉斯先生一早就来带我们上教堂。他是那么安静，又是那么诚恳地关怀人，你不能不对他怀着最友好的感情。他说起话来有种神经质的迟疑不决，像是难以找到适当的措辞来表达自己，这使得他在交谈中总是落在后面。不过我和他通过信，知道他写起东西来头脑多么睿智，所以我没有低估他的才能。下午，史密斯先生同他母亲乘马车来，带我们去他家晚餐。史密斯先生家住贝沃特，离康希尔街六英里的路程。他家的居室，特别是那间客厅，在我们眼里简直显得富丽堂皇。没有其他客人，只有他母亲，两个成年的妹妹，一个十二三岁的弟弟，还有一个小妹妹，长得和他一模一样。他们全都有着黑眼睛、黑头发、白净皮肤，那位母亲是个体态雍容的、以她的年龄来说十分俊美的妇人，所有的孩子多少都长得标致，有一个女儿尤其漂亮。晚餐非常丰盛，只是安妮和我都没有胃口，因此晚餐完毕时谢天谢地。我在餐桌上总是感到一种别扭的局促不安。做客赴宴对我来说总是件可怕的事。

史密斯先生的态度很讨人喜欢。他是一个**实际的人**。我希望威廉斯先生更实际一些，他纯属那种爱思考、爱谈理论的类型。威廉斯先生抽象思维太多了。

星期一，我们参观了皇家学院展览厅和国家美术馆，又在史密斯先生家用饭，然后跟威廉斯先生一起到他家喝茶，看了他那较俭朴而整洁的寓所和八个孩子的美满家庭。利·亨特的一个女儿在他家,她唱了几首意大利小调,是从塔斯坎尼的农民那儿学到的,情调颇叫我着迷。

星期二早晨,我们离开伦敦,满载着史密斯先生送给我们的书,安全返家。归来时对镜照了照我的尊容,那副惨相真难以想象。去时我原本就瘦,归来时简直形容枯槁;面呈灰色,显得很苍老,满脸奇怪的深深的犁沟;眼睛极不自然地直愣愣地瞪着。我感到浑身虚乏无力,可又无法休息。不过待了一会儿,紧张状态的恶果消除了,我恢复到正常状态。在伦敦,我们见到了纽比先生,关于他的事,下次再谈。

392. 致威·史·威廉斯

(1848年9月)

我们非常感激你寄来《闲话》上的那篇评论。把反对者的意见如实传达给作者,这的确是尽到了一个挚友的责任。你自己的意见,我们也深为感谢。我仔细拜读了并感到它们是公正的。

缺点,《简·爱》和《怀尔德菲尔府的房客》两书都有,作者将来要力求避免,这是她们的本分,也是明智的做法。另外几点,她们却认为责无旁贷,要坚守不渝,而不管这样做是得人心还是不得人心,是受赞扬还是受指责。

小说里那些标准的男女主人公,我向来不感兴趣,我不相信他们是自然的,也无意去模仿。倘若我被迫不得不去抄袭这样的人物,那我宁肯干脆什么也不写。倘若我被迫不得不去抄袭过去的小说家，哪怕是最伟大的小说家，哪怕是司各特，无论抄袭他们的哪一点，那我宁愿搁笔不写。除非我有自己的话要说，除非我能够把眼光超越最伟大的**文学大师**，去研究**自然**本身，我无权描绘什么。除非我有勇气使用**真理**的语言，摒弃**世俗**的陈词滥调，我理当保持缄默。

你读了并且赞成《怀尔德菲尔府的房客》再版序言[①]，我很高兴；我也认为它言之有理。

我还没有谢你从拉姆斯盖特回来后写来的信。你的假期虽短，却似乎充分享受了度假的愉快。一个人在思想上如此倾向于欣赏宁静的田园雅趣，却注定要忍受烦嚣的城市生活，看来是够苦的。你的命运使人不禁想起笼中鸟，但你坚强地忍受下来，甚至培养自己安于一种与你天性不相投的职位。能够泰然地忍受我们所无力挽回的不幸，这是否标志着真正的勇气呢？如果我们有耐心、有毅力，那么我们凭一己之力求而不得的解救，天意是否有朝一日会赐予我们？你现在的心情较六个月前舒畅些了。能否希望，你的前景和处境会继续改善，从此你能永保心灵的安宁？你的家庭幸福在很大程度上要靠尊夫人的康复，以及你的儿女们的成就。我相信，她完全康复，加上他们继续幸福安康，会给你鼓舞和安慰。

史密斯先生送给我的书，挑选得极其精当。我读兰姆的书信时，感到一种无法形容的忧郁的乐趣。再也没有比他和他姐姐的历史更感人的了。正因为人性中存在着温情，我们才更喜爱人性。然而查尔斯·兰姆并非尽善尽美，他有他引人怜恤的脆弱之处。

[①] 安妮在这篇序言里痛斥了那些以两种不同的标准对待男女作家的评论家。

这种弱点若不存在就好了，那他的性格就有如月光般纯净。玛丽·兰姆也有她可怕的灾星。他们的生平和性格，同传奇故事中那些理想化了的人物是多么不同啊！

……………

贝尔们的那本小小的诗集有可能转到史密斯先生手下，我很高兴。其中假如没有柯勒·贝尔的那一部分，那么它有幸在可敬的出版者名下面世，我的愉快就会是完满的了。柯勒·贝尔的那一部分，我丝毫不引以自豪。那多半是少年时代的习作，如今我感到它们粗糙而充满了狂想。埃利斯·贝尔的那一部分格调截然不同。我对它们惊人的杰出深信不疑，而且自偶然看到手稿时起就这样想。她的诗都很短，但非常真挚；当我独自窃读时，它们如同号角，声声打动我心。我深感兴奋，这种心情迫使我向她承认了我的发现。为了我擅读她的诗这种不可原谅的行为，我起初受到严厉的责备，因为埃利斯不是柔软的或平常的材料做成的。但是经过一番恳求和说理，我终于从她那儿挤出了一个无可奈何的同意，将那些"韵文"（她这样轻蔑地称呼她的诗）出版。作者从不提起这些诗，即令提到，也总是带着不屑的口吻。但我知道，凡在世上生活过的妇女，没有一个写过这样的诗。它们精练而有力，清澈明净、精美完善——奇特的、强烈的哀婉情调是它们的特色；它们完全不同于那种软弱无力、拖泥带水的诗句，那种字斟句酌然而空洞无物的词藻堆砌——这些水分冲淡了一些甚至颇负盛名的女诗人的作品。这是我经过深思熟虑不带偏见的看法；如果所有的报刊评论家都持异议，我也要坚持我这个看法，正如我要坚持认为在小说创作中萨克雷占有至高无上的地位一样。

七 命运的打击

(1848-1849. 书信编号394-448)

勒兰威尔去世——艾米莉患病——《两世界杂志》的赞誉——《北美评论》的毁贬——艾米莉去世——《每季评论》的恶毒攻击——詹姆斯·泰勒——玛丽·泰勒论妇女的出路——论《谢利》手稿——论真理与艺术——论利·亨特、卡莱尔、罗斯金、葛德文——安妮患病——斯卡博罗——安妮去世勃兰威尔虽被东家辞退，却仍怀着痴心妄想，以为只等患病的罗宾森先生一死，夫人就会和他结婚。却不料罗宾森先生死后，夫人派人通知他说，她丈夫在遗嘱中禁止她和勃兰威尔结婚，否则将剥夺她的遗产继承权，因此她只有永远和他分手。其实这纯属编造，罗宾森的遗嘱里根本没有这一条，而夫人不久就和伦敦一个有钱的老鳏夫结了婚。但勃兰威尔对她的话深信不疑，从此陷入绝望的深渊，于1848年9月4日痛苦地死去。他的死，是命运对夏洛蒂频频施以无情打击的第一个信号。

394. 致威·史·威廉斯

（1848年10月2日）

"我们埋葬了我们的死人，使他不在我们眼前。"① 继上星期愁惨的忙乱之后，接着是麻木的宁静。我们不能像别人哀恸失去的亲人那样哀恸他。我们必须把唯一的兄弟的离去视为一种仁慈而不是一个惩罚。在童年，勃兰威尔曾是父亲和姐妹们的骄傲和希望，但自成年后，情况就变了。我们命定要眼看着他走上邪路；盼望着、期待着、等候着他回到正路上来；尝到希望延宕的懊恼，祈求受挫的沮丧；最后体验到绝望——而现在，则眼看着一个原本可以是光辉的前程早早地无声无臭地猝然中断。

我哭，非为失去亲人而哭——我并没有被抽去一根支柱，或

---

① 见《圣经·创世记》第23章4节。

被夺去一个慰藉,或丧失一个亲爱的伙伴——我哭,只为痛惜才华的湮没、前途的葬送,一盏有可能灿然发光的灯火过早地黯然熄灭。我弟弟比我小一岁。很久以前,我一度为他胸怀大志,这些雄心壮志后来都可悲地烟消了。关于他,除了一串过失和痛苦的回忆,什么也没有留下。我无法形容我对他的生与死怀着多么痛切的愧惜,对他虚度的一生怀着多么沉痛的追念。相信时光会消减这些悲戚。

…………

我那不幸的弟弟从不知道他的姐姐妹妹在文学上有什么成就——没有想到她们发表过片言只字。我们不能把我们的努力告诉他,怕引起他太深的痛苦,懊悔自己虚度了光阴、糟蹋了才华。现在,他**永远不会**知道了。眼下我不能更多地谈到这个题目——太痛苦了。

395. 致威·史·威廉斯
（1848年10月6日）

感谢你真正友好的信,以及同时寄到的《布莱克伍德杂志》。它们寄到时,正值我在病中,心情十分郁闷,它们都对我有好处,尤其是你的信。对你的友谊的表示,我只有一个毛病好挑,那就是,你似乎把我想得太好,我当之有愧。我觉得,你总是把你的一般同类估价过高,而对你所关切的人,则只看到他的优点。这种思想习惯,其必然结果是失望。请相信,所有的男人以及女人,都来自尘土，在那晦暗的皮囊里，只有一星半点儿神圣的灵光偶然闪现——仅此而已。

当我凝视着我死去的弟弟那高贵的五官和前额（大自然赋予了他比姐妹们更美好的外表和更健康的体魄），我不禁暗自发问：他既拥有众多的天赋才能可供利用，助他向上，是什么缘故使他老是走错路，老是趋向堕落？我仿佛得到某种令人压抑的启示，悟到了人性的脆弱，悟到了这个道理：缺少宗教和道德原则的支柱，哪怕天才也不足以引人走向真正的伟大。他从不相信这两宗事物的价值和现实性，直到临终前几天，他仿佛突然敞开了心田，相信它们的存在和价值。这个奇异的转变，现在回想起来，深深宽慰了我可怜的老父。我自己怀着痛苦、哀伤的快意，听到他在弥留之际低声祈祷，当我父亲在床边为他做完最后的祷告时，他说了声"阿门"。这个词出自他的口是多么不寻常，不认识他的你，是难以想象的。同这个转变息息相通的是，他对亲人的感情也发生了变化——所有的愤懑似都消失了。

当临终的挣扎过后，最后一次可怕的痛苦过去，继之而来的是大理石般的平静，我产生了一种前所未有的感觉，相信他得到了天国的平安和宽恕。他所有的过错——干脆说，所有的罪恶，在那一刹那于我似都微不足道了；他所做的每一桩错事，引起的每一个痛苦，全都消失无踪了；想得起的只是他的苦难；感受到的只是天然的骨肉情的绞心之痛。如果人能够这样忘却同类的缺陷，那创造了人类的永恒者该何等慷慨地宽宥他的创造物啊！即令他罪恶滔天，其色猩红——如今我相信其白如雪——他现在安息了；这一点使我们都得到安慰，因为，在他谢世很久以前，生活于他就已毫无欢乐可言。

《布莱克伍德杂志》关于《简·爱》的提法甚令我满意;假如在文学抱负之外的其他感情的骚动在我心中稍为平息,我会更感满意。

398. 致威·史·威廉斯

（1848年10月18日）

毫无办法,我只有把手头正写着的书[①]暂时搁下。脑和手似都僵化了;想象力苍白无力、死气沉沉、寂然无声。丧失能力使我深感懊恼,有时我对那个主题感到忧心如焚,但我尽力与之搏斗,这种心情绝无好处。

……千万不要说什么你与柯勒·贝尔不属同一水平,或把他看成一个"赫赫然大人物"。他现在全身裹得严严实实的坐在炉旁,给东风刮得缩成一团（许多天来,东风正在我们这一带发狂似的猛刮）,根本无法提笔做较繁重的工作,而只能给一位宽容的朋友写上几行字。要是你看到他这副模样,定会后悔没有把自己看得比他高得多,因为你会感到,他不过是一个可怜虫。

读到你关于天意和人性的说法,我确实很感兴趣。你已经看到,你谈到的许多问题,我都和你所见略同,而在我们所见不同之处,我无意要你苟同我的偏见。思想和良心本是或应该是自由

[①] 指《谢利》。

的；至少，如果你的观点为人们所普遍接受，你就不致遭受迫害和歧视。但绝不要试图劝说人们改变信仰，因为世界还不适于接受你和爱默生的观点。人类的现状是，人在宗教中不能没有教条和形式，正如在社会交往中不能没有法律和规范。你和爱默生以己之心度人之心，但并非整个世界都像你们，正如并非每个以色列人都像拿但业①。

你要问："难道一个人会堕落到如此地步，没有一种善行能感动他，没有一句良言能感化他吗？"有成百成千的人，他们践踏善行，嘲笑感情的语言。我想我大概生性中有某种比你苛厉的素质，这种素质不时向我透露我们人类族类阴暗的秘密，我无法相信乐观主义者的话，不管他说得多么动听。另一方面，当萨克雷这样一个人说话时，我不得不听。我知道，通过他的口，真理在宣示她的神谕。

苦难，还只是开头。就在举行勃兰威尔的葬仪时，艾米莉受寒患感冒，很快转成开放性肺结核。无论亲人怎样苦苦劝说，这个个性顽强执拗的姑娘硬是不肯就医服药，不肯卧床休息。不过两个半月，她就于1848年12月9日命归离恨，年仅30岁。艾米莉的死，犹如她的生，是个难解之谜。一说她厌世轻生，只求速死，但夏洛蒂

---

① 典出《圣经·约翰福音》第1章45-51节："耶稣看见拿但业来，就指着他说，看哪，这是个真以色列人，他心里是没有诡诈的。"

提供的情况并非如此。因此另一说是，她不解自己的病情，不相信医药，而相信自然的痊愈功能，直到为时过晚。

399．致埃伦·纳西
（1848年10月29日）

……我差不多已战胜了上次的病，几乎恢复了我平素的健康。有时我希望我身体更好一些，但我们应该满足于上帝的赐予，而不要孜孜以求达不到的东西。眼下我为妹妹们比为我自己更感不安。艾米莉的伤风咳嗽很顽固。我担心她胸部作痛，有时听到她动作急速时气短。她那含而不露的性格在我心中引起很大的不安。问她没有用处——她不回答。劝她吃药也无济于事，她根本不吃。我也无法对安妮身体极端虚弱的事实视而不见。最近发生的悲惨事件使我变得格外忧心忡忡。有时我不能不陷于情绪低落。我试图将一切委诸上帝，信赖上帝的慈悲；但在某些情况下，虔诚和听命是难以行通的。……种种事实，使人**感到**也**知道**，这个世界不是我们久居之地。我们不该把人间的情分维系得过于紧密，或把人间的情爱看得过于深切。他们早晚要离我们而去，或者，我们早晚要离他们而去。

400．致威·史·威廉斯

（1848年11月2日）

我唯愿艾米莉今晚身体会好一些，但事情是难以逆料的。她在病中是一个十足的斯多噶派①：既不求取同情，也不接受同情。向她提问或提供帮助，只会惹她心烦；她在痛楚或疾病面前，非到万不得已，绝不肯后退一步；她不肯放弃任何一项日常的职责。你不得不眼睁睁看着她去做她力不能胜的事，而一句话也不敢说——对于那些把她的健康和存在看得如同生命一般宝贵的人，这是一种不得不忍受的痛苦。她一病倒，世界对我就仿佛没有了阳光。姊妹的维系真个是既深且亲密啊。而且我觉得，她那强有力的奇特性格中的某种刚硬，只让我更深地依恋着她。

402．致威·史·威廉斯

（1848年11月16日）

今收到《旁观者》和《两世界杂志》②。《旁观者》仍持它最初对贝尔兄弟所持的论调。它关于诗集中柯勒·贝尔的那一部分的意见，我认为无可非议。诚然，那位评论家看到的只是缺点，但

---

① 古希腊的学派之一，重实行，克己禁欲。
② 巴黎出版的有影响的世界文学杂志，其中刊有欧仁·福萨德评论《简·爱》的文章。

就缺点而论，他的眼光还是相当准确的。然而他对埃利斯的诗的价值却像蝙蝠一样盲目，像顽石一样麻木不仁。他感觉不到，或者不愿承认，柯勒·贝尔所缺少的那种完美和 labor limae〔拉丁文，意为"精雕细琢"〕，埃利斯却是具备的。他感觉不到，埃利斯的诗里充满了"诗的真正精髓"。因为埃利斯的诗简短而抽象，于是许多批评家认为它们无足轻重并且沉闷。他们错了。

《两世界杂志》上的那篇书评，是迄今发表过的最有水平、最能为作者接受的一篇。欧仁·福萨德理解并欣赏《简·爱》。并非所有声言要评论这本书的文章都能做到这一点。这篇评论中提出的贬责，是和褒奖一样持之有据的。其中列举的译文的例句，总的来说是好的；有的地方误解了原意，但一般还是译得不坏。

人生在世的遭际总是苦乐兼半的。曾几何时，我以为，《两世界杂志》如此肯定我的成就，定会使我欣喜若狂。可是它到来的时候，相互抵消的境况保持着我情绪的平衡。我妹妹久病不愈，使得眼前的日子昏黑无光，未来的日子晦暗不明。若有一天我告诉你艾米莉的病情好转了，那一天就会是我快乐的日子。她继续显示出肺部发炎的征候：急促的咳嗽，呼吸困难，胸疼，发烧。我们正焦急地等待转机，但愿转机很快出现。

《简·爱》在美国大受欢迎，引起了那个社会的清教卫道者们的惊恐。《北美评论》1848年10月号上的一篇评论对"贝尔兄弟"大兴讨伐之师。它说"简·爱热"是一种"精神流行病"，说《呼啸山庄》的作者"提取了虎、狼、恶狗、野猫的显著特性"来塑造他的"野兽兼恶魔"的男主人公，说"整个贝尔氏字号似对人性的堕落有着特别灵敏的嗅觉"。这篇评论寄到时，艾米莉已病危，夏洛蒂在心情痛苦中把它当作一个笑料念给妹妹们听。

403．致威·史·威廉斯

（1848年11月22日）

《北美评论》很值得一读；它的批评单刀直入，来得干脆。贝尔兄弟这帮家伙真坏透了！他们写的书真骇人听闻啊！今天，艾米莉似乎好过一些，我想，这篇《评论》能让她开开心，于是读给她和安妮听。当我坐在她俩中间，向着我们那安静的但如今显得有点儿凄凉的炉火，我默默端详着这两位凶神恶煞的作者。埃利斯，那个"才思不凡，但固执、野蛮、乖僻的汉子"，正靠在安乐椅上，用尽力气在困难地呼吸，脸色苍白、面容消瘦、动人哀怜；他不惯大笑，可是他一边听一边露出半好笑半轻蔑的微笑。阿克顿在做针线，他从不因感情激动而话多，因此也只面带笑容，听到她的性格被人描绘得那样黑，只偶尔吐出一个平静的单词，表示惊愕。要是那位批评家像我一样，能亲眼目睹这一双人儿，他对自己的高见不知做何感想。同样，如果他到处搜寻"贝尔氏字号"的那个男性合伙人，那也是枉费心机。他庄严地宣布，《简·爱》断然是由数人合著的，说它"带有非止一副头脑、非止一个性别的标记"；读到这里，我不禁暗自好笑。

那些聪明的批评家假如知道，第一个触到《简·爱》原稿的男性的手，是你的或史密斯先生的手，在你们读它之前，没有任何男性的眼睛看到过其中的一行字，没有任何男性的耳朵听到过其中的一句话，——他们必定会把对自己的估价降一级。不过，他们对这事的看法，倒也令我高兴。要是他们愿意，他们尽可以设想有12位女士和先生参与了此书的编写，我绝不反对。在他们眼中，那想必是个古怪的大拼凑——这一章是贝尔先生写的，那一章是贝尔小姐或贝尔太太写的；那个人物或场景是丈夫刻画的，另一个是妻子刻画的！当然啰，男士们干粗活儿，女士们进行细部加工。这个想法，我不胜佩服之至。

411．致埃伦·纳西
（1848年12月23日）

艾米莉现在再也不为痛楚或虚弱所苦了。她不复活在人间受苦受难了。经过一阵剧烈而短促的挣扎，她离去了。她是在星期二去世的，正是我给你写信的那一天。我原以为她也许还有几星期和我们在一起，不料几小时后她就魂归离恨天。是的，在时空中，在大地上，艾米莉不复存在。昨天我们将她那可怜的遗体静悄悄地安放在教堂过道下面。我们现在非常平静了。为什么不呢？眼看着她受罪的苦痛业已结束，弥留之际的痛苦景象已成往事，安葬的日子也已过去。我们感到，她得到了安息。再也不必为严霜和寒风而战栗了。这一切，艾米莉都感觉不到了。她死在前程似锦的时候。正当她的生命如日方中之际，我们眼看着她被夺去了生命。但这是上帝的意旨,而她前往的那个地方,比她离开的地方更好。

412. 致威·史·威廉斯
（1848年12月25日）

艾米莉不复活在人间,她消瘦的遗体被抬出了家门。我们把她亲爱的头安放在教堂过道下面,在我很久以前死去的母亲和两个姐姐还有我可怜的、不幸的弟弟旁边。我们这个家族只剩不多几个子余了——我可怜的父亲这样想。

但毕竟,受损失的是我们,不是她。每当我听到风声呼啸,感到冰雪刺骨,我知道她再也不必受风霜雨雪的侵凌;严酷的自然力达不到她的墓穴,她的不宁得到安息,她那深而空洞的咳嗽声永远停止;我们在晨昏再也听不到这咳嗽声;再也看不到那个奇特的坚强的精神同脆弱的躯体的冲突——那种酷烈的冲突,一旦看到,就永远难忘;——想到这些,我得到某种凄惨的慰藉。一种阴郁的宁静笼罩着我们,在这种气氛中,我们默默忍受。

…………

为什么,正当我们相亲相爱难舍难分的时候,艾米莉从我们身旁被夺走,在她风华正茂、前程似锦的时候被连根拔去;为什么,她的生命如一丘碧禾被夷平,一株结实累累的树被从根砍倒?——这些问题我不想问。我只想说,劳累后的休憩,风暴后的宁静是甘美的,并且一遍又一遍地念道,这甜头,艾米莉如今尝到了。

1848年12月发表在《每季评论》上的那篇臭名昭著的未署名文章《〈名利场〉、〈简·爱〉和女家庭教师慈善协会》(作者伊丽莎白·里格比),是对夏洛蒂的最凶恶的攻击。和《基督教醒世报》异曲同工,矛头直指《简·爱》的社会叛逆精神,称它是"一部突出的反基督教作品","对富人的舒适生活和穷人的贫困喋喋不休地发出怨声","抱怨上帝的安排","无休无止强调坚持人的权利"。该文作者以统治阶级的敏感,嗅出了《简·爱》和革命运动的内在思想联系:"那种曾在国外推翻当局、破坏了每一条人间的和神圣的法规,并在国内掀起宪章运动和叛乱的精神与思想的色彩,正是写出了《简·爱》的那种精神与思想的色彩。"尤其恶毒的是,该文借侮骂女主人公来对作者进行人身攻击:"一个思想绝顶庸俗的女人——这样一个人,我们不屑于结识,不想和她相交,不愿与她结为亲眷,我们将格外小心地避免请她做家庭教师",并说,如果作者是个妇女,那她必定"由于某种充足的理由,久已丧失了与她的同性交往的资格"。在正常情况下,这篇评论会引起夏洛蒂极大的愤怒,然而在死亡的打击下,其他的打击都显得无足轻重了。她未予理睬。直到事隔半年多,她才写了一篇

《向〈每季评论〉置一词》的论战，准备附在《谢利》的前言里，但因出版人不同意而未用。

413. 致威·史·威廉斯
（1849年1月2日）

此时此刻，不愉快的事情比愉快的事情更引不起我的痛苦。《每季评论》的鞭挞，不管多么沉重，都不能使我感到痛楚，而它的赞扬或也不能使我振奋鼓舞。柯勒·贝尔对于评论和批评家们有一种可悲的独立感。他们的赞许倒使她心情更觉沉重，但他们的责难不复使她感到悲伤。

……我最好把信写得短些，我的信不可能是愉快的。当我心灰意冷地看着疾病和死亡在我家造成的一片废墟时，我能够对上帝的裁判感到敬畏，同时对他的仁慈心怀感激。然而生活变得异常空虚，希望只不过是个奇怪的骗子，不知何年何月我能再度相信她的话。希望一直在我耳边絮语，说艾米莉不会死，她**不能死**。可现在她在哪儿？我摸不到她，她远离我的世界，从我身边被夺走了。

416. 致威·史·威廉斯
（1849年1月18日）

当我们失去艾米莉时，我以为我们的考验已经到了头，最后一滴苦酒已经饮尽，可现在我听见安妮又像艾米莉一样咳嗽时，禁不住心惊肉跳，生怕还有极大的苦要尝。然而，我务必不要瞻望前景，也务必不要回顾过去。我常感到我像一个走在窄木条上跨过深渊的人——只要稍一环顾，勇气就会丧尽。

....

安妮在病中极有耐心，正如艾米莉在病中无所畏惧。我回忆着一个妹妹，看着另一个妹妹，不禁心生敬仰和疼爱——在苦难的考验面前，她们一个也没有动摇。

420. 致威·史·威廉斯
（1849年2月1日）

昨收到寄来的一包书。……我恨不能也回寄你们一个包裹。在伦敦会见你和史密斯先生时，我绝没有想到从去年7月到今年春天会发生什么事情；没有想到我的思想会被攫走，远离想象的王国，深陷在最最残酷的现实里。

我告诉你们我打算怎样做。我将把誊清的手稿[①]第一卷寄请审阅。我读《玛丽·巴顿》[②]（一个睿智的但令人痛苦的故事）的时候，感到有些慌乱不安，我发现它在题材和事件方面都在一定程度上先我一步。我想听听你对这一点的意见，以便知道这种雷同

[①] 即《谢利》。
[②] 伊丽莎白·盖斯凯尔的小说，1848年出版。两书都以工业中的阶级斗争为题材，故云"雷同"。

在一个外人眼中是否像我自己感到的那样值得注意。我也希望听听你的一般批评和建议，以便从中获益。为此，在我寄还第一批书的时候，是否同时寄上手稿？

但是请注意，我请你看手稿，附有两个条件：第一，请告诉我你的真实意见——我不许诺照你的意见修改，但我愿意听听；第二，除史密斯先生外，请勿告诉**任何人**。我向来十分害怕一事未成先宣扬出去，那只有造成危害，而绝无好处。请史密斯先生千万不要在他的每季新书预告里提到此书。人世间的事瞬息万变，而我目前的处境尤其特殊，我无法预计完成的时间，因此对于一本大部分尚未成稿的作品，宁愿不提。

下面信中提到的泰勒先生即詹姆斯·泰勒，史密斯－埃尔德公司的另一名重要编辑人员。后来他成为夏洛蒂的第三个求婚者，但她对他印象不佳，未接受。不久他被派往印度负责分公司的业务，几年后回来时，夏洛蒂已结婚并已作古。

421．致威·史·威廉斯
（1849年2月4日）

你提到泰勒先生，我想也许你和史密斯先生愿意让他参与我的手稿的小小秘密。把他排除在外，也许会引起他的反感，而给你们晚间的闲谈扫兴。如果这样，请无论如何让他知情。他对公司有感情，一定会替它保密的。我也愿意获得另一位审稿人，如若是一位严格的审稿人，那就更好，只要他同时是公正的。我渴望最厉害的批评。我宁可再不发表什么，也不愿发表一部次于我的第一部作品的书。因此，请你们三位都告诉我实话。如果你们认为这书前途不如《简·爱》光明，请照实说；充其量不过另起炉灶重开张罢了，就是说，如果我活着，健康条件允许我从头开始。

……就我们来说，我们对责难几已无所触动了。我读了《每季评论》，丝毫不感痛苦，除了感到其中有些话对那个批评者来说是一种耻辱。他似乎迫不及待地想让人知道他非常熟悉上等阶级的生活习惯。尽管如此，恐怕他并非一位绅士；而且，任何培养训练都无法把他造就成一位绅士。[①] 许多穷人，从小到大都劳动的穷人，会鄙弃那个评论家的那路思想感情。

玛丽·泰勒给埃伦的这封信，生动地反映了英国妇女特别是知识妇女出路的狭窄，可作为夏洛蒂作品的主题思想之一的印证。

422．玛丽·泰勒致埃伦·纳西
（1849年2月9日）

我现在要试试劝你到新西兰来，你也许觉得我这样做很可

[①] 威廉斯先生在他下一封信里告诉她，该文的作者是里格比女士。

笑，特别是因为我不大了解你的境况。可是你千万别笑，因为这是我写这封信的认真目的。听夏洛蒂·勃朗特说，你现在待在萨塞克斯。你在那壁厢到底干什么呢？以某种方式谋生吗？根本没有；你只是想这样做罢了；你只是想，最好时来运转，你能为自己而不是为他人干活儿，而又没有人知道你在干活儿。要知道，这样的事是不存在的。在英国，一个女人除了教书、做裁缝或洗衣裳，没有其他营生好干。最后一种营生是最好的，挣钱最多、最卫生、最自由。不过挣的钱还不够养活自己。而且，一个人如果不是生来就干这一行的，半途出家是很困难的。什么原因，我不知道，可事实就是这样。这道理，正如人做噩梦时不能动弹的道理一样。他们明明知道自己是在做梦，这些笨蛋，他们只消翻一个身，就能摆脱恐怖。如果你终究想翻一个身，你只消使劲一蹿，就来到了另一个世界。新世界不是天堂，不过比噩梦还是强得多。我说的这一切难道不对吗？你心里不是清楚得很吗？或者是我在无的放矢？我必须说，我是根据我自己的经历来判断，不是根据对你的情况的了解来判断。你还得自己做出判断，因为没有人能代替你判断。凭什么你不来呢？试试看，怂恿你那20个哥哥中的几个打点你来新西兰吧。在这儿，你可以靠上面提到的几种行业中任何一种过活，而在英国，靠它只是死路一条。至于人生世上的社会地位嘛，你现在大概已经发觉，我眼巴巴地找寻社会，却没有钱享受社会。何不来此地，快活快活呢？

425．致詹姆斯·泰勒
（1849年3月1日）

谢谢你对《谢利》提出的意见。你的有些指责和威廉斯先生一致。你们都抱怨我的男主人公们缺乏清晰明确的形象，给人印象不深。或许你们是对的。在刻画男性人物时，我面临着不利的条件：直观和理论并不总足以代替观察和经验。我在描写妇女时，对我所涉及的领域颇有把握，而在另一种情况下就不那么有把握。至于你们……不赞成布赖尔教堂一场、副牧师们等等，这些意见是否同样有价值，时间会说明问题的。我很清楚，作者在这些部分，眼下将得到什么样的酬报：我预料将受到普遍的谴责而不是赞扬。如果我写作的主要目的是图名，或者如果对责难的畏惧扼制着我的笔，那我就应该删去这些段落，或者根本不写它们。我不想说，真正支配着我的那些考虑是否站得住脚，或者我的信念是否正当；但它们就是这样的，我必须听从它们的支配。它们禁止我为了怕受责难而牺牲真理。我接受它们的禁令。

426．致威·史·威廉斯
（1849年3月2日）

我很高兴你和史密斯先生都喜欢我现在这部作品的开端。我希望它**不仅仅是一个开端**；因为，中断了这样久，它将怎样连上，当水流被阻扼或被引开了这样久，怎样再汇合流势，我不知道。

你们二位提出反对意见的诚恳态度，我由衷感谢。你们关于第一章的意见将得到应有的考虑。眼下我不大愿意把它们删掉，因为，正如我过去就《简·爱》中有关劳渥德学校的部分所说过的，**这是真实的**。那几个副牧师以及他们的行径只不过是生活的实录。我希望你们对你们的反对意见做更充分的解释。是因为你们认为这一章会使此书受到报刊的严厉对待吗？是因为你们现在既已知道"柯勒·贝尔"是何许人，因而这个场景使你们感到有损妇道精神吗？抑或因为它固有的缺陷和低劣？前两个理由恐怕对我不会有多大分量，最后一个理由则会有分量。

你仔细地为我们保存所有有关诗集的评论，安妮和我感谢你的好意。其中有些正如你说的，很值得一读。我们高兴地看到，我们的老朋友《批评家》又为我们美言了几句。我注意到一个奇怪的事实，即有四篇评论如出一辙。这是怎么回事？我猜想他们是在互相抄袭。

你对《每季评论》的义愤使我感动。但请不要为了柯勒·贝尔的缘故而气恼伤神。除了五月市的流言蜚语①和萨克雷先生的名字给牵连进去外，他（柯勒·贝尔）根本不感到刺痛，不过他确实感到那一段以及另一两段毫无道理。然而，没有丝毫真实性的诽谤，很少能中伤一个人；它像一株无根的植物，必然很快就枯萎。

---

① 五月市是伦敦的一个时髦街区，以传播上流社会的丑闻秘史出名。这里指的是社会上流传的《简·爱》的作者是萨克雷的女家庭教师的谣言。

433. 致威·史·威廉斯

（1849年4月2日）

我的批评者们确实值得受到并且受到了我真诚的感谢，因为他们以友好的率直态度对我的小说提出了意见。威廉斯先生和泰勒先生你们两位都表示了并且坚持了你们的反对意见，你们表达的方式，要求我认真加以考虑。至于我，也想略说一两句。

你们三位都过分强调你们所认为的对一个主题的**艺术**处理。先生们，不管你们怎样说，不管你们能怎样说，真理总归胜过艺术。彭斯的歌谣比布尔沃的史诗更好。萨克雷的粗糙、草率的素描比成千上万精致完美的油画更可取。我虽愚昧无知，却敢于主张并坚持这个信念。

务请不要指望我突然放弃马隆和唐恩[①]，这一对活宝是我的宠儿，他们在第一章里闪耀着警世的喜人光芒，可惜你们对他们那朴实无华的光芒不感兴趣。开头的那个场景同小说的其余部分也并非互不关照的，后面还有其他笔墨，同它是呼应的。

无疑，对教士法衣的这种处理方法，可能激起《基督教醒世报》和《每季评论》这类出版物——这些期刊巨头们——的雷霆震怒。如果问题仅仅涉及我一个人，这种可能不会使我感到一秒钟的不安。若是这些巨人将全身披挂手执长戟赫然挺立，以他们的神灵的名义诅咒他们手下的牺牲者，声如霹雳地勒令那个牺牲者"来吧"，把他的血肉之躯奉献给空中的飞鸟和田野的走兽去

[①] 《谢利》中的两个副牧师，作者讽刺的对象。

吃，柯勒·贝尔虽不自命为大卫，却也并不惧怕那个笨拙不灵的巨人[①]。不过，先生们，请正确理解我的意思——如果牵连别人蒙受责难，他将感到难过。任何真正伤害他的出版人的责难，也会伤害他。因此，请相信他不会鲁莽行事，他会是慎重的。

…………

你信中附来的信是玛丽·豪威特[②]写的。她约请我为一家美国刊物撰稿。我当然给予了否定的回答。当我**能够**写作的时候，我手头的这部书稿必然占去我的全副心思。唉！要是安妮的病好了，要是死亡留下的空白能稍稍闭合，要是那阴惨惨的语词"不复存在"停止在我耳边轰鸣，我想，我多少还能做一点工作！

438. 致威·史·威廉斯

（1849年4月16日）

捧起利·亨特[③]的《伦敦城》，我以为只有伦敦人才会对它感兴趣，可是没读上几页，就惊讶地发现它那喜人、优雅、挥洒自如

[①] 典出《圣经·撒母耳记上》第17章。以色列人与非利士人战，非利士军中有一巨人歌利亚骂阵40天无人敢敌。牧童大卫自告奋勇前去应战，说："你来攻击我，是靠着刀枪和长戟。我来攻击你，是靠着万军之耶和华的名。"他用一块石头把歌利亚打倒杀死。

[②] 玛丽·豪威特（1799-1888年），英国女作家和翻译家，译过安徒生童话等。

[③] 詹姆斯·亨利·利·亨特（1784-1859年），英国诗人、散文家，主编过自由主义的《考察家》等数种刊物，培植了一些著名诗人如雪莱、济慈。

的文体，作者的广见博识、公正的立论和仁爱的精神把我吸引住了。利·亨特的作品里有一种特别消忧解愁的东西，然而又绝非喧腾热闹的。它们有如太阳光，既明亮，又宁静。

我渐渐地越来越欣赏卡莱尔[①]了。我不喜欢他的文体，也并不总是同意他的见解，亦不全赞同他的英雄崇拜观。但他热爱真理的气概，诚实地承认并无畏地维护人的内在伟大品质、才智和道德价值，而不问其出身、地位或财产如何，——这一切赢得了我由衷的钦佩。卡莱尔作为《每季评论》的撰稿人是绝对不行的。他的《法国革命》我没有读过。

罗斯金先生的新著即将出版，为此我祝贺你。如果《建筑上的七盏明灯》像他的前一本书《现代画家》一样，那它们简直就不是明灯，而是一个新的星座——七颗明星。它们的升起，读书界将跂足以待。

请不要叫我自己提出我想读哪些书。我们从康希尔[②]收到寄书邮包时的快乐，有一半是来自它的内容已为我们选好。我们也乐于跟踪砍下的枝叶，去寻访前人探明的道路。不过我也可以提一点，在小说方面，我很想看看葛德文[③]的作品，那种乐趣我还不曾享受过。《凯莱布·威廉斯》或《弗利特伍德》，或你认为最值得读的哪本书都行。

---

① 托马斯·卡莱尔（1795-1881年），英国散文家、历史家，著有《法国革命》、《英雄与英雄崇拜》等唯心史观著作。
② 即位于康希尔街的史密斯-埃尔德公司。
③ 威廉·葛德文（1756-1836年），英国政治家、小说家、启蒙主义社会思想家，著有《共和政体史》、《社会正义》等；诗人雪莱的岳父。

不过现在谈到请你寄更多的书还太早。我们手头现有的书，一半都没有读完。你也许觉得我读得太慢；可是请不要忘记，柯勒·贝尔是一个乡村家庭妇女，她有许多零零碎碎的针线活儿和厨房的活儿要做，占去了她每天时间的一半，尤其是现在。唉，过去有三双手，现在只剩下了一双。那根琴弦我不愿去触动，声调太悲怆了。

我有时候试着写一点。起初，需要做出艰苦的努力。它把去年12月遭受的可怕损失奇怪地重新带回脑际。再也没有一个"埃利斯·贝尔"来读我的书，这种努力似乎是无用的，比无用还糟。我在这本书上曾寄托了一切希望，现已全都凋零，化为虚梦一场和心头烦乱。

不过，有一种力量仍在诱使我坚持下去，尽力而为，我要感谢这种力量：我愿意取悦我的康希尔朋友们。为此目的，我希望我恢复精力；如果天意应许我余下的一个妹妹康复，我想我是能恢复的。

440．致威·史·威廉斯

（1849年5月8日）

……大约再过三星期，如果天气宜人，我妹妹的体力能支，我们打算到斯卡博罗^①去。在这种情况下离家远行，我心中并非没

---

① 英国东海岸一处海滨旅游胜地。

有不安之感，但既然她自己切望一试，她的愿望不容忽视。我们全都握在上帝手中，后果如何，全凭上帝做主。我的一个老同窗，一位久经考验的忠实朋友，自告奋勇陪同我们前往。……

我希望史密斯先生现在还不要贸然出《简·爱》廉价版；最好稍候一些时——公众老是看到同一个书名，会腻烦的。完成另一本书的时间，我不能预定，我的时间精力都不属我自己。当我写《简·爱》时，那种全力以赴而不用担心铸成大错的做法，在今天是办不到的，也是不应该的。但我尽力而为，并有所进展。我们都得有耐心。

同时，我想说，公众要忘掉就由他们忘掉吧，我们不必为此神经紧张。至于批评家们，如果贝尔们具有真实的价值，我不担心他们早晚会受到不带偏见的公正对待。在某些事情上，我在心理上如同在生理上一样近视。想到公众的不耐、误解、责怪等等，我并不感到忐忑不安；更使我不安的倒是想到康希尔的两三位朋友的焦急，因为我深深感念他们对我的关怀，切望不要使他们失望。要是**他们**能够下决心安心等待，相信我即使没有能力也有善意尽力把它做好，我就不会烦恼了。但我确实相信，等待，缓步徐行，一寸一寸地向目的地移近，"高贵的性别"[①] 做起来比他们的姐妹们更困难。他们总是主张迈开大步，疾走如飞，你跟不上他们。要是你的工作尚未接近完成，就不要告诉一位男士你已着手在做。柯勒·贝尔即令没有遇到障碍，即令他的道路是平坦的，也绝不能和一位司各特、一位布尔沃、一位萨克雷或一位狄更斯并驾齐

[①] 谑指男性。

驱。这一点，希望你和史密斯先生明白。我曾经一直设法告诫你们不要对我存过高的希望，要把我估计得低低的。一个诚实的男人——女人也一样——总是宁愿超乎别人的期望而不愿不孚所望。

我说教说得够多了吗？我的意思你们明白了吗？

风景如画的海滨胜地斯卡博罗，是安妮来过多次并且深深爱上的地方。但可怜的姑娘过去是以从人的身份随同东家来这里，纵有美景，也无心赏玩。现在，她自知命在旦夕，拼了最后一点力气，要在告别人世前以自由人的身份重游故地，望一眼那令她沉醉的大地、海洋。1849年5月28日，她带着阳光、沙滩、蓝蓝的海水的记忆，含笑走向永恒。夏洛蒂不忍心让老父又一次经受埋葬亲骨肉的哀痛，把她安葬在这里一座教堂的花园里并为之立碑。至此，她的历时八个月的劫难，终以人去楼空而告结束。

444．致威·史·威廉斯

（1849年5月27日）

你从这封信的日期地址可以看到，为什么我没有及时复你的信。我一直在为准备动身和旅行而忙碌。谢天谢地，我们终于安抵目的地，途中在约克市宿了一夜。凡是需要帮助的地方，我们都得到了帮助。当我独力难支时，总有一只手伸出来为我妹妹效力：把她抱进抱出马车，抱她过轨道等等。

她又一次见到了约克市和它的大教堂，还有斯卡博罗及其海湾，这使她感到快乐。她体力尚未恢复，恐怕，那缓慢的退潮还在继续。人们看到她时都对我说，不要希望她维持多久。不过能让她精神振奋一下，总是好的。

我们的寓所很舒适。安妮坐在窗前，可以俯瞰大海，今早海面一平如镜。她说，要是她呼吸更畅一些，此刻她就很舒服了——可是她不能顺畅地呼吸。

我的朋友埃伦和我们在一起。有她在，对我是一个安慰。她是一个沉静而稳重的姑娘，不是十分聪明，但纯真善良。她和我从来都合得来。我喜欢她，为了她的冷静、安详、明智和真诚而喜欢她，胜过喜欢那些最有才华却缺少这些品质的人。

446. 致威·史·威廉斯
（1849年6月4日，斯卡博罗）

我写上封信时，简直不知所云。那时我在发烧，精疲力竭。现在我好些了，神志清醒了。

我已告诉你我亲爱的妹妹安妮的死。我现在再告诉你，她死时没有经过严酷的挣扎，她顺天知命，信赖上帝，感谢上帝解救她脱离人生的苦海，深信一种更美好的生活在前面等着她。她相信着，她希望着，在她呼吸最后一口气时，表示了自己的信仰和希望。她那安详的、基督徒式的死，不像艾米莉那严峻、质朴、毫无表示的死那样令我心碎。我放安妮去见上帝，并且感到上帝有权得到她。可艾米莉，我简直不能放她走。那时节我恨不能拉她回来，现在我仍想她回来。安妮从小就似乎表现出夭亡的征兆。艾米莉的精神却旺盛得足以支持她享尽天年。她们两个都去了，可怜的勃兰威尔也去了，现在爸爸只剩下我一个——他的六个孩子当中最孱弱、最矮小、最没出息的一个。结核病把那五个全都夺走了。

安妮的遗骸暂时安息在远离其余几个的地方。我把她埋葬在这里，在斯卡博罗，免得爸爸看到她的灵柩回来和举行第三次葬仪而痛苦。

我奉父命在海滨逗留少时。我在这儿得不到安息，但也不能回家。也许我不能很快再写信，请不要把我的沉默归之于疏懒。本月7日以后，寄到斯卡博罗的信，我就收不到了。下一个地址是哪里我不知道。我将在东海岸游荡一两周，只在僻静的地方停留。就我所知，谁也不用为我担忧。朋友们熟人们会觉得，这是我最痛苦的时刻。他们无疑弄错了。安妮现在得到了安息，她那长久耐心忍受痛苦的凄凉时光和很快的朽坏又算得了什么？

生命为什么这样空虚、短促、辛酸，我不知道。为什么比我年轻有为的人从生活中被强行夺走，抛下未竟之业，我不能理解。但我相信上帝是智慧的、完美的、仁慈的。

我收到爸爸的信。他和用人们早知道，和安妮一别，就是永诀。大家都试着顺天知命。我也早已料到如此，我要让她死在她最感快乐的地方。她爱斯卡博罗。一轮宁静的太阳照亮了她生命的黄昏。

448. 致威·史·威廉斯

（1849年6月13日，菲利）

上次给你写信时，我以为不会很快再写信，但今晚我要写，因为我感到我现在的心情适合于写信而不致令你难过。

你对我的不幸深表关切，对你的一片好心，我感到有责任告诉你我如何有力量支持。非止一种情况减轻了我的负担，大大超过了我的期望。爸爸顺天知命，他身体没有垮。换换环境，对我起了良好作用。遇到的人都待我好，我的朋友埃伦更是满怀深情地关怀我。而你——我本无权要求从你那儿得到什么——在我经受严峻考验时，给我写来最能慰藉的信。

再者，我妹妹死得快乐。除了弥留之际笼罩着她的不可避免的死亡阴影，没有任何阴暗。请来的医生——一个陌生人——对她精神上的宁静和一心想离去的愿望感到惊奇。他说，凭他的经验，他从未见过这样的临终景象，这证明死者的思想非同寻常。不过实话说，回想起这种平静，只能给人一半安慰，其中含有锥心的痛。过往的生活，安妮已经尝够；才28岁，她就把生命当作一个包袱撂下了。想到这，再想到艾米莉心有不甘地把垂死的眼光从明亮的太阳移开，我不知道哪个更令我悲伤。如果我过去不曾相信来世，那么我妹妹们的命运使我确信了这一点。天国必然存在着，否则我们一定会绝望。因为今生似是悲苦、短促而空虚的。对于我，她俩在我的记忆中留下了一笔高贵的遗产。即使我孑然一身留在世上——甚至失去了爸爸——往昔也有某种我能够强烈地爱和深深崇敬的东西，而那是不变的、不朽坏的；永存不灭，保证了它不会腐烂。

她们死时尚属年轻，但她们短短的一生是白璧无瑕的；她们短暂的事业是可尊敬的；她们过早的夭亡在这样一个时候来到，这时候，但凡关系到她们的一切，都只引起神圣的联想，而绝不会引起亵渎的联想。

一年前，倘若有位预言家警告我，1848年6月我将遭到什么不幸，将丧失亲人，被夺去同胞手足，倘若他预言一秋、一冬、一春我将守着病榻和苦难，饱受折磨，我定会认为，这是根本无法忍受的。而今这一切都已成陈迹。勃兰威尔——艾米莉——安妮全都梦一般消逝了，就像玛丽亚和伊丽莎白在20年前消逝了一样。一个接一个，我眼看她们在我臂上睡去，合上她们呆滞的双眸；我看着她们一个个被埋掉。然而，迄今为止，上帝在支持着我。我打心底感谢上帝。

我也感谢朋友们，他们的同情给了我无以言表的安慰和力量——你，就是其中的一位。

上星期我们来到菲利。这是一个小地方，有着荒凉的巉岩陡壁的海岸、蓝的海水、白的岩石、寂静的沙滩。这儿比斯卡博罗更合埃伦和我的意，那个地方太喧闹了。我原想在这儿再待上一星期，可埃伦说明天应该到布里德林顿去，在那里住上一星期后，我打算回到爸爸身边。但愿我保持足够的体力和良好的情绪，堪为他的慰藉，并忍受未来的孤寂生活的重负。生活将是寂寞的，我不能不害怕那最初的体验——第一次看到那些空荡荡的房间，那里曾住着我心上最亲爱的人，如今，她们最后时日的影子将永远在那里流连不散。

八 悲痛之果——《谢利》

（1849. 书信编号450-500）

人去楼空——论女子生活的目的——从工作中求解脱——《每季评论》——论歌德——论《谢利》手稿——论《大卫·科波菲尔》——论《谢利》人物——工作的慰藉——论对《谢利》的评论——刘易斯和《爱丁堡评论》——盖斯凯尔夫人和马丁诺女士——欧仁·福萨德和《两世界杂志》

450. 致埃伦·纳西

（1849年6月23日）

我们突然分手了。分别时连说一句话的时间都没有，使我感到心里作痛——不过也许这样更好。

我将近八点钟到家。家中拾掇得一尘不染在等着我。爸爸和女用人们都好，他们全都深情地迎接我，本来我应该感到慰藉的。两只狗显得异样欢喜。我想它们必定把我当成是另两个的先行官——这些不会说话的牲畜以为，我既已回来，那两个离家日久的人想必不远了。

我马上就离开爸爸，走进饭厅，关上门。我试图感到愉快，因为我回家了——以前我回家总是愉快的，只有一次例外，即便那一次我也受到鼓舞。可是这一次，愉快不是我的情绪。我觉得整所房子一片寂静，房间全是空荡荡的。我想起他们三个躺在哪里，躺在那个又窄又黑的寓所，不复在地上露面。于是，孤寂辛酸的感觉抓住了我，那种**必须忍受**而**无法逃避**的苦痛——我忍受着它的煎熬，挨过一个凄惨的黄昏和夜晚，又挨过一个悲哀的早晨。今天，我感到好些了。

我不知道日子该怎样打发。但我确实对上帝抱有信念，是他支撑着我直到如今。人在孤独中可以受到鼓舞，能够忍受，超越了我能相信的程度。最大的考验是当黑夜降临时，那时候，我们照例聚集在饭厅里，说个不停。现在我独坐空房，不得不沉默无语。我不能不想起她们最后那些日子，回忆起她们的痛苦，她们说过些什么，做过些什么，在生命垂危的悲哀中的模样——也许渐渐地这一切会变得不那么痛彻心肺。

人间哀痛莫过于失去亲人,更何况夏洛蒂的妹妹们非同一般。她们几乎构成她的精神与感情的全部天地,她的快乐、悲伤、希望、憧憬,一切最珍贵的情愫,无不寄托于她们,与她们共享。她们的死,带走了她生活的意义。但是责任感使她坚持活下来。支持她背负难以忍受的痛苦的力量,是工作。用饱蘸泪水的笔,她把亡妹的形象注入艺术再造。她使艾米莉在谢利身上永生,使安妮在卡罗琳身上不朽。《谢利》的后三分之一,从"死荫的幽谷"一章起,就是在她埋葬了安妮以后,在菲利开始动笔的。

451. 致威·史·威廉斯
（1849年6月25日）

我又回到了家。我是上星期回来的。我仍然叫它做家,就像伦敦还叫伦敦,假如一次地震把它的市街撼为废墟。可是我不该不知足。霍渥斯牧师住宅对我来说仍旧是一个家,而且不是一个荒凉颓败的家。爸爸还在,两个最忠实最亲爱的女仆还在,还有两只老狗,可说也同样忠实亲爱——艾米莉的大家犬,它曾经伏卧在她临终的床侧,跟随着她的灵柩走到墓穴前,在教堂里举行葬仪时匍匐在我们脚旁;还有安妮的小长毛犬。我进门时,这些可怜的动物那份兴高采烈的样子真够奇特的。以前，我每次短期外出归来，它们总是热烈地欢迎我，可是不像这次这样奇怪、这样动人心弦。我想，它们一定以为我既已回来，我妹妹们一定也不太远——可是我的妹妹们再也不会回来了。尽管"看守"每天到艾米莉的小卧室里去，尽管弗洛西望眼欲穿地东张西望寻找安妮，它们再也见不到她们了——我也一样，至少以我的肉眼见不到了。

我不该写得这么悲惨——可我又怎能不悲惨地想、悲惨地感觉呢？白天，自我克制和忙于事务助我忍受，可是只要天一断黑，我心上就有种东西涌上来，反抗那孤寂的重压——丧失和需要的感觉变得如此强烈，几乎无法忍受。在这样的时刻，我不是温良柔顺的，我是叛逆的。只有想到隔壁我亲爱的父亲，想到厨房里两个好心肠的女仆，或者两只可怜的狗对我表示亲热，才使我回到较温和的情绪和较有理性的思想。至于夜间，——要是我能不上床，我就永不去寻找床——我醒着想她们，睡着梦见她们。我总也想不起她们健康时的模样，她们老是害着病、痛苦地来到我眼前。自从勃兰威尔的死带来第一次打击后，夜就是可怕的。那时候，睡醒时体验到的感觉，非言语所能形容。而现在，夜变得更加可怕了。眼前的苦难似乎总比将来的苦难更坏，但实际上，更坏的命运在等着我们。

所有这些苦味都必须尝到——也许唇腭会渐渐习惯于这苦水，不觉其辛辣了。这种痛楚必须忍受，我相信，它的刺痛有朝一日会变得迟钝的。埃伦要陪我一道回来，我没有让她来——我知道，还是马上面对孤凄为好，这种尖锐的剧痛迟早要打熬的。

创伤，只能用劳动来治，不能用同情。劳动是治疗扎根很深的悲痛的唯一良方。一个安详、宁静而愉快的伙伴——像埃伦那样的——的陪伴，会像一剂柔和的镇静剂一样缓和痛苦，但我感到它不能针探或治愈创伤。要根治，需要更剧烈的措施。彻底改变环境也许大有裨益，当这一点办不到时，工作就是最好的替代。

……我已习惯于接受你友好的同情，它给我安慰。我试探过并且信赖另外一两个朋友的忠诚，我依靠着它。我父亲的天然感情和我家的两个女仆的体贴和关心对我是宝贵的，使我得到慰藉。但我不寻求一般人的怜悯。例行公事的慰问我不需要——不论来自男人或女人。

…………

又及，我一直忘了为康希尔寄给我的一包书道谢。包裹寄来的时候，我不能打开，连想也不能想一下。它的内容对我还是个秘密，在我有享受的能力之前，我不愿品尝。前两天我瞅着它，它使我鲜明地回忆起第一包书寄来的时候——去年10月；艾米莉那时刚开始生病。拆开包裹，那些书的魅力使她欢欣鼓舞。阅读那些书，消磨了她许多厌倦的时光。在她一生最后一个早晨的前夕，我给她读爱默生的一篇论文。读着读着，我发觉她不在听。我想第二天从头再读。第二天，我第一眼望到她的脸，就知道天黑前会发生什么事了。

工作，创作，拯救她于不能自拔的痛苦，成为她在无边苦海中归栖的方舟。工作治疗创伤的功效，她体会极深，推己及人，她唯愿所有孤苦无依的姐妹们都有一个生活目标。这个想法，她在《谢利》里着重加以发挥，成了小说主题转移后新的中心。

452．致威·史·威廉斯

（1849年7月3日）

你的女儿们和你的儿子们一样，都不应成为你的负担。你的女儿们和你的儿子们一样，应抱定诚实地闯出一条路以度一生的目标。请不要打算把她们留在家里。相信我，教师这份职业固然辛苦，待遇低，受轻蔑，但姑娘们成天闲居家中，她们的生活比在一所学校里干最劳累报酬最低的贱役还要糟。每当我看到，不仅在贫寒人家而且在富贵人家，整家整家的女儿们坐等出嫁，我就打心眼里可怜她们。假如她们命中有幸缔结良缘，那敢情好，非常之好；如若不然，那就让她们的生活具有某种目的吧，让她们有些事情占据时间吧；否则，她们会因失望而生乖僻，因无事可干而生厌倦，那必然败坏她们的天性。

…………

孤独如我，若不是天赐我勇气去从事一个事业——在漫长而疲惫的两年当中奔走求拜于各家出版商门下，直到书被接受为止，那我该如何是好？如今我青春已逝，姐妹尽丧，蛰居荒原深处的教区，举目环顾，没有一个受过教育的人家可以来往，我该如何是好？那样，我简直等于没有了世界。我会像那只乌鸦，倦于观看洪水，却找不到归栖的方舟①。现在呢，还有某种类似希望和动机的东西支持着我。我希望你的女儿们——我希望英国的每一个妇女，也都有一个希望和动机。许许多多的老姑娘，既无希望，亦无动机。实可叹呀！

454．致埃伦·纳西

（1849年7月14日）

我的生活正如我所料想的那样。有时早上醒来，知道寂寞、回忆和渴望将是整天陪着我的唯一伴侣，入夜将随我就寝，使我久久无眠，次晨醒来，仍将面对它们，有时，耐儿，我为此而心情沉重。

但我没有被压垮——到现在为止；也没有丧失韧性或希望，没有停止努力。我仍有一些力量来进行生活的战斗。我感到并承认我还有许多聊以自慰的东西，有许多恩赐，还能**走下去**。

但我真心希望并且祈求，你，或我所爱的任何人，都永不处在我的地位。独坐静室，听滴答钟声响彻整所悄无声息的房子，在心灵的眼前展开前一年的记载，那充满了震惊、痛苦、丧失的记载——这是个严酷的考验。

---

① 见《圣经·创世记》第8章6—7节："过了四十天，挪亚开了方舟的窗户，放出一只乌鸦去，那乌鸦飞来飞去，直到地上的水都干了。"

455. 致威·史·威廉斯
（1849年7月26日）

〔你建议我找一个年轻的女伴，〕这建议从某方面说是好的，但对双方都有不便。对我请来做伴的年轻人不便，因为她来到这里，无异把自己埋在霍渥斯的山间，教堂和石碑林立的墓地是她的前途，乡村牧师住宅的死寂——终日只闻时钟滴答声——是周围的气氛，一个严肃寡言的老姑娘是她的同伴。我不愿看到青春这样被埋葬。我们的房子里沉寂阴郁的气氛，对一个活泼的人较之对一个沉郁的人更显压抑。事实上，我的工作就是我最好的同伴；今后，除了从称心的工作中得到慰安，我不指望任何大的尘世慰安。由于长期离群索居，我已不大适应与人交往，纵有朋友，是否能从中得到快乐，也属可疑。有时我觉得，我应该得到快乐，并且渴望得到快乐；可有时我又怀疑，我是否具备使人愉快和自己愉快的本领。禁锢在孤独中的囚徒，挤夹在石缝中的蟾蜍，久而久之都会顺应命运的安排，改变自己的形状。

458. 致威·史·威廉斯
（1849年8月16日）

……《北不列颠评论》收到不误。……要重视一种赞扬或畏惧一种指责，我们先得尊重那赞扬和指责的来源，而我对一个自相矛盾的批评家是无法尊重的。他说："假如《简·爱》是一个女人的创作,那她必定是一个男性化的(unsexed)女人。"

设若如此,这本书就是一个无可救药的错误,应该无保留地加以谴责。《简·爱》是一个女人的自传,自称是由一个女人写的。如果它不像一个女人写的,那就使劲地坚决地谴责它,说它是一本坏书,但是不要先褒而后贬。我又想起了《经济学家》报。该报的文学批评栏赞扬这书,假如它是一个男人写的;却又宣称它"臭不可闻",假如它是一个女人写的。

我要对这样一些批评家说:"对于你们,我既非男人又非女人——在你们面前,我只是一个作者。这是你有权据以评判我的唯一标准,也是我据以接受你的评判的唯一基础。"

有一篇评埃利斯和阿克顿·贝尔的软弱无力的文章,既无意主持公道,又无意识别真才。那批评家不知两个作家已退出时间和生活。自二妹去世后,我还没有读到过一篇我希望**她们**读到的评论——甚至没有一篇使我更容易忍受她们的故去。听到我自己受到超越她们的赞扬,是残酷的;而听到把那些与她们的真实特征背道而驰的品质强加于她们,简直难以容忍。甚至现在也是凄惨的。可是她们已远离尘寰,再也不为人世的喧嚣所扰,我能较好地忍受了。

但在一点上我自感是脆弱的:如果我父亲因我而烦恼,我会感到难过;为此,我尽可能使我作为一个作者的存在离他远些。我总是把《简·爱》的成功经过一番稀释和缓减传达给他——只谈那些让他高兴而不致使他震惊的事。在我们之间,一个月也难得一次提到这书。《每季评论》我自己收藏起来了——他如看到会忧愁的。关于《每季评论》那篇文章,我将在目前这部作品的引言里略置一词。我记得你说过，它是一位女士——里格比女士——写的。这一点你能肯定吗？

459. 致威·史·威廉斯
（1849年8月21日）

〔关于《谢利》的书名，〕若是我没记错，康希尔的批评家们反对用《霍洛工厂》，我也认为不甚妥当。宁可叫《菲尔海德》，但我以为《谢利》最好。我想，**谢利**后来成了书中最突出最独特的人物。

康希尔可以在《菲尔海德》和《谢利》两个书名中任选一个。

462. 致威·史·威廉斯
（1849年8月29日）

《谢利》已完稿（谢天谢地！），准备停当，只等泰勒先生来取，但我尚未收到他的信。我本该能够告诉你它是否与《简·爱》相当，但我做不到——它也许好些，也许差些。我很想听到你们的意见，我自己的意见没有价值。我把序言或《向〈每季评论〉置一词》寄上，请审阅。

不管这部作品写成个什么样子，它的写作本身对我曾是一个恩泽。它把我从黑暗荒凉的现实里领了出来，带到一个非现实的但较快乐的境界。最糟的是，我的视力差了，脑子有些疲乏，紧张的工作后易犯头痛。除非你把自己彻底奉献给一个题目，你写不出任何有价值的东西，而当你彻底奉献自己时，你就食无味、寝无眠——这是无可避免的事。

463. 致威·史·威廉斯

（1849年8月31日）

我不能修改序言。在公众面前，我不能流一滴泪，发出一声呻吟。我的家庭经历的深且真实的悲剧在我脑中和记忆中还新鲜得可怕。向不相干的人谈到这些事，现在还不是时候；这也不是一个可以在印刷物中提到的话题。

我无从向《每季评论》宣泄我的满腔怒火，只能用轻淡的讽刺点它一下。亲爱的先生，请相信我，"夏·勃朗特"绝不能在这里出面——受到侮辱的是"柯勒·贝尔"，他必须给以回答。请史密斯先生放心大胆地将我寄去的序言付印，请他信赖我这一遭吧。即令事实证明我是一根折断了的芦苇，它倒下来也不会造成危险；一篇序言是个短短的瞬间，它不是三大卷。

我总是认定，一个作者动用一副乞人哀怜的腔调向公众诉说自己的冤屈或苦情，是个可悲的错误。对他个人，公众关心他什么呢？他的冤屈，他们引为笑谈；他的苦情，他们听了生厌。我们感情深处的东西是属于我们自己的——我们必须保留给自己。埃利斯和阿克顿·贝尔对我是亲密的人、亲爱的人；对公众，她们什么也不是——甚至更糟,她们被利用来搞投机,遭到误会、曲解①。如果我活下去,总有一天我会心血来潮谈到她们的,不过现在还不是时候。

466. 致威·史·威廉斯
（1849年9月10日）

你的建议甚好,可是我不能照办,因为我现在已经**不能**改动了。这个写法看似荒谬,但事情就是这样。

谢利在这样一件事情②上神经紧张,这个情境显得不协调,恐怕是因为处理不当;否则是极其自然的。这样的一种头脑,遇到这种非常的情况,**是**会产生这样一些古怪的意想不到的自相矛盾的弱点的。也许,具有一种热情的诗意气质的人,不论他的气质多么健康,也绝不能完全免除这些弱点。但除非万不得已,他从不显露出来,他疑疑惑惑地感到这种恐惧是荒谬的,因而将它掩藏起来。不过这个情节毕竟处理得很糟糕,我低头认过,并且甘愿**在这里**接受我所应得的惩罚——批评的鞭挞。当鞭子落下时,我将紧闭双目,但我不呼痛。

关于歌德,你说得很对。他明快、深刻,但很冷。我承认他是伟大的,但不感到他亲切。

---

① 指二妹被出版人利用和盘剥,被评论界曲解。
② 大概指谢利怀疑自己被疯狗咬伤一事。

你提到那些文人墨客的小集团。说实话，我对它们抱敬而远之的态度，虽然我切望见到一些真正伟大的文学界人物。不过，现在还谈不到，我不能牺牲我的隐名身份。让我满足于隐遁的生活吧，这种生活自有它的好处。确实，总的说来，我的心绪是宁静的，只是偶尔被一种骚动所扰——我希望见到比霍渥斯更广阔的世界。当这种念头闪过时，理智告诉我，我是多么不适应任何重大的变动。

469. 致威·史·威廉斯

（1849年9月13日）

近来，读书是我的一大慰藉和消遣。我读了 J. C. 哈尔的《对真理的猜想》[①]，这本书包含着深刻的寻根究底的智慧，有时近似帕斯卡尔的《思想录》，但仅仅是月亮的光辉近似太阳的光辉。

我读了惠特利大主教的夫人写的一本论《英国社会生活》的小书，很高兴。善良而聪颖的妇女写这一类题目都很在行。这位夫人谈到了女家庭教师的问题。我突出地感到，她处理这个题目的态度和里格比女士在《每季评论》上的态度泾渭分明。她的感情细腻得多、真挚得多，她的思想周全得多！

我读了《大卫·科波菲尔》，感到这本小说写得非常好——有些部分令人叹服。你说它和《简·爱》有些近似。是有些地方近

[①] 朱利亚斯与奥古斯特·哈尔著《对真理的猜想》，1827年版。

似，不过狄更斯关于人情世态的纷纭繁复的知识要卓越得多。埃克尔曼的《歌德》我刚开始读，看来这是一本饶有趣味的著作。诚实、质朴、心地单纯的埃克尔曼！伟大、雄强、有着巨人的灵魂，但也极端利己的老约翰·沃尔夫冈·冯·歌德！他**确实**是个强大的利己主义者——我认为，他以自己的存在，漫不经心地整个吞没了埃克尔曼的存在，正如鲸鱼毫不在意地把约拿吞在肚里一样[①]。

471．致威·史·威廉斯

（1849年9月17日）

你的信使我深感愉快。一个作者，他的作品未经任何人过目，在布局、题材、人物或事件方面未与人商讨过，未向任何活人请教或征求意见，只是在自己的头脑那个寂静无声的作坊里摸着黑织造出来的——这样一个作者会怀着异样的感情，等候着他所信赖的人谈到对他的创造物的第一个印象，而当印象尚佳时，他真正感到高兴。

你认为这本书会加强**柯勒·贝尔**是个妇女的印象吗？抑或有助于相反的意见？

现将校样退还。他们不会把所有的法文字句都印成斜体吧？

[①] 见《圣经·马太福音》第12章40节："约那三日三夜在大鱼腹中。人子也要这样三日三夜在地里头。"

希望不要；那会使它们显得刺眼。

474．致威·史·威廉斯
（1849年9月21日）

感谢你代为保密，因为我至少还一如既往……急于保持默默无闻。你在最近的信里问，我是否认为我在约克郡能避免被人认出。我想是可以避免的，因为知道我的人很少。而且，这本书比表面看来更少事实依据。我简直无法向你解释，我的实际生活经验是多么贫乏，认识的人多么少，而认识我的人又是多么少。

要说明书中的人物是怎样处理的，可以举赫尔斯通先生为例。[①]如果这个人物有个原型的话，那就是一位在若干年前以80高龄故去的教士。我只见过他一面，那是在一个教堂举行圣职授任典礼时，当时我还是一个10岁的孩子。他的相貌和威严的军人风度给了我很深的印象。后来，我听到他主持的那个地区的人谈论他，有些人热情赞扬他，有些人憎恨他。我听取了种种轶事，把各种证据进行比较平衡，做出一个推断。霍尔先生[②]的原型我见过；他也多少有点儿知道我；可是若说他想到我曾经仔细观察过

[①]《谢利》中的赫尔斯通牧师的原型是利弗塞治的汉蒙德·罗伯逊牧师。——原编者注

后来一些研究者认为，夏洛蒂从父亲勃朗特牧师身上撷取了这个人物的许多特征。

[②] 南纳利的教区牧师西里尔·霍尔的性格是依据威廉·马格森·希尔德牧师的性格塑造的，他在许多年间是伯斯托尔教区牧师。——原编者注

他或把他作为一个人物来写，若说他猜到我写了一本小说，那还不如说，他想到他的狗"王子"这样做哩。玛格丽特·霍尔引用《每季评论》的话，称《简·爱》是一本"坏书"。我承认，这个说法出自她的口，令我深感痛心。由此可见《每季评论》为害之大。若不是有人给她灌输这个看法，玛格丽特不致管它叫"坏书"的。

没有关系。不管为人知或不为人知、遭人曲解或相反，我决心不把它写成另一个样子。我将顺乎我能力所指的方向。那两个理解我并为我所理解的人，已经一去不返了。还有一些爱我的人，我也爱他们，但我不要求也无权要求他们完全理解我。我感到满足；但在事关写作的问题上，我必须自行其是。失去了世上至亲至爱的人，会对我们的性格产生影响；我们寻找那剩下来的可以支持自己的东西，一旦寻得，就紧握不放，依附着它。三个月前，当我行将沉溺没顶之际，想象的官能把我托了起来；之后，想象官能的运用一直将我的头托出水面；现在，想象的官能的成果使我受到鼓舞，因为我感到它使我能给人以愉快。我感谢上苍给了我这种才能；对我来说，保卫这种天赋并善加使用，是我的宗教的一部分。

477. 致威·史·威廉斯

（1849年9月29日）

我做了改动；但我做改动是为了让康希尔诸位高兴，而不是讨好于公众或批评家。

我很遗憾，纽比知道了我的真名。我宁愿他不知道，但这是没有办法的事。同时，尽管我切望保持隐名，但我并不因怕被发现而惶惶不可终日。我所写过的任何东西，我所写过的任何一行字，我都不引以为耻。

1849年10月26日，《谢利》出版。这个在忧虑中孕育、痛苦中诞生的产儿，虽然给了它的创造者生活下去的勇气，却不像《简·爱》那样广受欢迎。人们对盼望已久的《简·爱》的后继者多少感到失望。今天看来，这本小说有重要的历史和社会学价值，是英国文学中第一部（也许是唯一一部）反映破坏机器的卢德派运动的小说。一个足不出户的女作家，尝试写一部以工人运动和阶级斗争为主题的小说，其立意和魄力实难能可贵，但以她的生活经历，要处理好这样一个主题是力不从心的。她无法把这个主题贯彻始终。作为一件艺术品，它最大的缺陷是损害了一致性的结构松散和主题转移——从波澜壮阔的社会历史性场面转到私人生活场景，从卢德派运动转到对妇女命运的思考，甚至没有一个能形成兴趣中心的中心人物。乔·亨·刘易斯毫不客气地批评道："我们无法把《谢利》当作一件艺术品来接受。它不是一幅图画；它是一只画夹，里面有可供绘一幅或多幅图画的东鳞西爪的草图。"评论界不利的反映，使夏洛蒂受到打击。考虑到作者写书时的环境和条件，后人对它不应过于苛求。

483. 致威·史·威廉斯

（1849年11月1日）

在我上次访问伦敦期间，我有充分的理由感到——有时是愉快地感到，有时是痛心地感到——恐怕我再也不能来去无踪地行动了。看来，《简·爱》已被这里整个地区的人们读过了。我从未梦想到这样一个事实，也从未估计到有这样一种可能性。我有时遇到新的尊敬的表示，遇到不断增长的善意；老同学和老教师也慷慨热情地向我致意。一些教会人士却再次冲我沉下了雷霆愠怒的眉头。当我遇到一两个教士大头头时，我期待着一场恶战来临。我希望他们开诚布公端出来。不要以为我的同学和老师是那所教士女儿学校里的；其实我在那儿只待了短短一年，那时我还是一个小不点的小丫头。我敢断定那儿的人早把我忘记了；不过就我来说，每一件事都历历在目；早年的印象是不可磨灭的。

适才收到《每日新闻》。我不妨实话实说——读时，我心中甚感不快。这不是一篇好的评论，其谬误实难以形容。如果这就是《谢利》给所有读者的印象——下面我不想说了。

总的来说，我很高兴首先出来一篇绝坏的评论——这篇评论的无法形容的愚昧起初使我为之瞠目，而后激起了我的愤怒。世上难道没有赫尔斯通叔侄和约克一家那样的人吗？

有的，有这样的人。

难道第一章是令人厌恶的或庸俗的吗？

不,它是真实的。

至于来自这样一位批评者的赞扬,我感到那是愚蠢而令人恶心的,我蔑视这种赞扬。

要是我的妹妹们还在世,她们会和我一道嘲笑这篇评论;可是她们已经长眠地下,再也不会为我醒转来了,这样一个不值得为它叹口气的东西,竟惹我大动感情,我太傻了。

485. 致乔·亨·刘易斯

(1849年11月1日)

我希望你不要把我看成一个妇女。我希望所有的评论家都把"柯勒·贝尔"当作一个男人;那他们对待他就会更加公正。我知道,你老是用你认为适合我的性别的某种标准来衡量我;凡是我没有做到你认为文雅的地方,你就指责我。人们异口同声地反对〔《谢利》的〕第一章;然而这一章是像《圣经》一样真实,一样无可非议的。不管人家怎样想,当我写作的时候,我不能总想到我自己,不能总想到女流家的风雅娟秀;我提笔时,从不依据这些条件或考虑这些观念。如果我的作品只有在这样的条件下才受到容忍,那么我将在公众面前销声匿迹,不再打扰他们。我本来自默默无闻,也能轻易地回到默默无闻。我现在站得远远的,倒要看看《谢利》的命运如何。我所期望的甚低,我所预料的多少有些悲惨和苦涩;不过我仍殷切地恳求你如实说出你的想法。恭维比虚荣更坏;从恭维里是得不到安慰的。至于责难，经过反省，我感到没有理由要十分害怕；现在除我自己外，没有人会为它感到痛苦了，而此生此世，一切快乐与痛苦很快都将成为过去。

490. 致威·史·威廉斯
（1849年11月15日）

《谢利》的遭遇怎样？现在一般人对它的情绪如何？

就报纸上的调子来判断，看来最热衷于《简·爱》的人，最不喜欢《谢利》；他们感到失望，因为他们从这本小说里找不到同样的兴奋、趣味、刺激；而诋毁过《简·爱》的人，喜欢《谢利》稍多于它的前驱。我猜想，大概它那比较干巴的题材适合他们那比较干巴的头脑吧。不过我觉得，我所等待的认可并不仰赖于报纸，除非真是像《考察家》这样的报纸。我想，那些月刊和季刊将会宣布它们的认可。显然，一心想读小说的读者，会认为《谢利》是个失败。但多数评论基本上对它是赞许的。

492. 致埃伦·纳西
（1849年11月16日）

你不要以为《谢利》中的哪个人物是作为其人的肖像来写的。那种写法，既不符合艺术规律，也不符合我自己的感情。我们只能让现实做出**暗示**,而绝不能让它做出**指示**。女主人公们都是抽象的,男主人公们也一样。我把我曾经见过的、喜爱过的、钦佩过的品质,只作为装饰的珠宝镶嵌在那副底座上。你说,除了两位女主人公外,所有人物的原型你都能认出;那么请问,穆尔兄弟你认为是代表谁?……寄上评论两篇。《考察家》上的那篇是奥尔巴尼·冯布兰克写的,此人据说是当今最有才华的政论作家,他的言论,在伦敦是举足轻重的。另一篇,《自由旗帜》上的那篇,是威廉·豪威特写的,一位教友派!

常言道,"文人相轻"。但相轻的只是器量狭小的一部分文人。真正伟大的文学家却往往是互相敬重、相见恨晚,在人生旅途和艺术征途的跋涉中互相搀扶、相濡以沫。文学史上不乏这样的佳话。夏洛蒂·勃朗特和伊丽莎白·盖斯凯尔这一对同时代女作家之间的友谊,尤为动人和感人。夏洛蒂一生备尝坎坷、艰辛、孤独和痛苦,盖斯凯尔夫人却是一个小康之家幸福的妻子和母亲。她们虽境遇迥异,但思想和气质的接近却使她们早在晤面前就肝胆相照。后来,盖斯凯尔夫人成为唯一与夏洛蒂才智相当又真正理解她的朋友。可惜这美好的友谊之花尚在蓓蕾初放时就被死亡掐断。不过后人要感谢盖斯凯尔夫人,她的《夏洛蒂·勃朗特传》不但保存下来一幅极其珍贵的肖像,而且本身就是一部不朽的文学名著。

夏洛蒂和另一位女作家哈丽特·马丁诺的友谊，结局却是不幸的。她们同样是由于互慕人品和文才而相识的。但她们的思想和气质距离太远。马丁诺女士是个理智型的女人，她不能理解夏洛蒂那浪漫主义的诗意的激情。她指责她的作品中充斥着爱，深深刺伤了对方的感情。结果，夏洛蒂愤然与她断交。

495. 致威·史·威廉斯

（1849年11月20日）

你说过，假如我愿将《谢利》的样书赠送给谁，可以开一个名单。我想到一个愿送一本书的人——哈丽特·马丁诺。我对她的人品——她的作品中表现出来的人品——怀有热烈的敬慕、深切的景仰。请把附上的这封信附在书中寄去，好吗？

你今晨转来的信是盖斯凯尔夫人写的，她是《玛丽·巴顿》的作者。她说我不必回信，但我忍不住要回信。她的信使我热泪盈眶。她是一位善良、伟大的妇女。我能在如此高尚的心灵中触动一根同情的音弦，是值得引以自豪的。在盖斯凯尔夫人的天性里，我哀伤地幻想我看到一种与我妹妹艾米莉遥相呼应的东西。在马丁诺女士的思想里，我也一直有同样的感觉，虽然情况殊异。这两位女士都胜过我——在学识和经验方面当然更远胜于我。我想，假如我得以认识她们，我将以尊长相待。

致威·史·威廉斯

（1849年11月22日）

一个作者如果看到他的作品被全然无知没有水平的人胡乱评论一通，会灰心丧气；同样，你所写的东西被一个内行的评论家——一个对他所评论的东西心领神会的人——讨论和分析，则是令人鼓舞的。欧仁·福萨德[①]给了我这样一种恢复元气的力量。若我有机会见到此人，我会情不自禁地对他说："先生，你了解我，能认识你，我感到十分荣幸。"

我看福萨德并没有在我的作品里发现任何粗野之处——只有较次的评论家才发现那个。艺术的行家——思想细致、眼光犀利、感觉敏锐的法国人，懂得他所分析的作品的构成成分的真正性质——他懂得事物的真正性质，又给予它们以恰当的名称。

497．致埃伦·纳西

（1849年11月22日）

《谢利》的路子总算打通了。评论源源不绝而来……迄今为止最好的评论要数《两世界杂志》上的文章。这份杂志是欧洲的一份世界性刊物，总部设在巴黎。对作者的用意表现出正确理解的

[①] 欧仁·福萨德，法国评论家，他对《简·爱》的评论载《两世界杂志》1848年10月号。

评论者为数甚少，甚至那些赞扬的也不例外。我提到的这位评论者，欧仁·福萨德，跟随着柯勒·贝尔穿过每一条曲径，看清了每一个点，察辨每一层含义，证明他自己是这个主题的行家，这个宗旨的主宰。如果我能见到这位先生，我将和他握手。我将对他说："先生，你了解我，我能认识你，感到十分荣幸。"但是对大批的伦敦批评家，我却不能这样说。很可能，全大不列颠的数百万人当中，我能对之说这话的男人和女人不足500个。这无关紧要。我首先满足自己的良心；良心满足之后，如果我还能使一位福萨德、一位冯布兰克、一位萨克雷感到满意和愉快，我的文学抱负就得到了口粮，填饱了肚子；它暂时可以心满意足地躺下；我的技能已经干了一天的活儿，挣得了一天的工资。我可不是什么导师；把我看成一个导师是对我的误解。我的职业不是诲人。我究竟**是**什么，说也无用。与之有关的人，自会感觉到并弄清楚这一点。对所有其他的人，我只想做一个无名之辈，一个坚定地走自己的路的私人。对你，亲爱的埃伦，我愿做一个真诚的朋友。

500．致威·史·威廉斯

（1849年11月24日）

附上短简两封请代为投邮。你昨天寄来的信是哈丽特·马丁诺写的；信的内容不仅仅使我满意。得到第一流的智者的同情的见证，我应该感谢，而且我确实感谢。当盖斯凯尔夫人告诉我，她要把我的作品珍藏起来留给她的女儿们，当哈丽特·马丁诺表示了充满友爱的认可时,我感到另一类批评家苛厉批评的芒刺从我心上拔除了。由于我决心谢绝交游,目前我不打算同这两位女士进一步来往,但我现在知道她俩对我怀有好感,知道我的创作对她们那聪慧而纯洁的头脑产生了什么效果。知道了这一点,眼下对我是个支持,将来或许还能成为我的武器。

九　伦敦文坛露面

（1849-1850．书信编号501-559）

二进伦敦——史密斯一家——会见萨克雷——会见马丁诺女士——批评家们——论友谊——论萨克雷的小说——反驳刘易斯——萨克雷的信——亚瑟·尼科尔斯读《谢利》——《简·爱》和《谢利》在家乡——致伍勒女士——论演剧——穷工人的鉴赏——论天性优秀和习得才学——论《泰晤士报》——副牧师们的反应——论骚塞——论简·奥斯丁——致一读者

《谢利》出版后，夏洛蒂卸下了心头的重担，可以并且需要放松一下了。她接受了史密斯的邀请，于1849年11月去伦敦他家做客，备受款待，并被介绍给一些作家和评论家。自1848年夏她和安妮同赴伦敦会见出版人以来，这是她六访伦敦的第二次，也是第一次正式踏入伦敦文学社会。尽管因不适应这种生活而大吃苦头，她还是得到很大的满足——会见了她倾慕的作家萨克雷和哈丽特·马丁诺。同时，对她的东道主和他母亲密切观察的结果，又为她脑中萌生的一部新小说提供了素材。《维莱特》里的约翰医生和他的母亲布莱顿夫人的外形和某些性格特征，就是取自史密斯母子。

501. 致埃伦·纳西

（1849年12月4日，伦敦）

上星期四，我来到这座伟大的巴比伦[①]，一来就给卷进了团团旋涡，因为在别人看来全不算回事的变化、场面和刺激，在我却是穷于应付的。我向史密斯先生表示我打算住在惠尔赖特医生[②]家，可他根本不答应，说那样会重重地伤他的心。他撺掇他母亲出面给我写信，于是我只得主要落脚在他家。至此，我

[①] 典出《圣经》，一个伟大、富庶、骄奢淫逸、耽于享乐而不敬神的王国，喻指伦敦城。

[②] 夏洛蒂在布鲁塞尔结识的英国医生一家，他的五个女儿都是埃热夫人学校的学生，夏洛蒂的小友。

没有理由懊悔这个选择。史密斯夫人起初像是执行严格的训令，小心翼翼无微不至地款待我。我的卧室里晨昏炉火不断，点两支蜡烛，诸如此类。史密斯夫人和她的女儿们以毕恭毕敬加上惊惶不安的态度看我。现在全都变了，就是说，关怀和礼貌依旧，而惊惶和疏远差不多消除了。她对我的态度，仿佛喜欢我，而我也开始喜欢起她来；善意总能默默地赢得人心。对她的儿子，我第一个印象不甚佳；现在我对他颇有好感。他为人子为人兄比作为一个生意人更令我喜欢。威廉斯先生也有着地道的绅士风度，知识渊博。他当然也有他的弱点，不过在人前不露。泰勒先生，那个矮墩墩的男人，又大显身手；关于他，我还没有打定主意。论才干，他不缺乏；因为整个公司都由他管理着（惠尔赖特医生告诉我，这家公司算得上是伦敦最大的一家出版公司）。他以铁的意志严格控制着40名年轻人。他那个年轻的东家喜欢他，说实话，超过我目前喜欢他的程度。事实上，我猜想他是个赫尔斯通类型的人物——严峻、专横、固执己见。他有时想显出十分和善的样子，甚至表现得富于同情心，可他做不到。他的面孔中央长着一只坚决果断的、吓人的鼻子，当这鼻子冲着我的脸伸过来时，它像钢铁一样深深刺入我的灵魂。不过他毕竟还是绝顶聪明、敏锐、好思索、精明能干的，事无巨细，都能毫不留情地过目不忘。同他打过交道之后，再转向威廉斯，甚至转向史密斯本人，恰似从大理石转向松软的羽绒或温暖的毛皮。我见到了萨克雷。

502. 致勃朗特牧师

（1849年12月4日）

我必须再写上几句告诉你我的情况。离家后，我见识了许许多多事情，待我回家后在喝茶的时间和你详谈。我上过剧院，观看了麦克瑞狄扮演麦克白。参观了国家美术馆的绘画。参观了精彩的特纳水彩画展。昨天又见到了萨克雷。他和另一些先生们共进正餐。他是一个魁梧奇伟的人——身高约六英尺，长相奇特，不漂亮，简直可以说很丑，脸上的神情一般比较严峻和讥诮，但也能表现得和蔼可亲。没有人告诉我他是谁，也没有人把他介绍给我，可我一下子就看到他的眼光透过镜片直视我；当我们起身下楼去进餐时，他只是安详地走到我跟前，说了声"握手"；于是我们握了手。他很少跟我交谈，可是临走时，他又非常和蔼地和我握了握手。我感到，同他交好比同他结仇更相宜，因为他是个模样令人生畏的人物。他和别的先生们交谈时，我在一旁侧耳倾听。他的话都说得很简单，可是常带玩世不恭的味道，用语刻薄，爱唱反调。我静静地坐着。我想多数人都知道我是谁，可是他们都极有教养，装做不知道我的样子。因此，我所讨厌的那种被人团团围住或处于众目睽睽之下的感觉，倒也一点没有。

505．盖斯凯尔夫人致安·肖恩

（1849年12月21日）

……你可曾听说，哈丽特·马丁诺信誓旦旦，要和《谢利》的作者永久保持友谊；要是不知道，让我告诉你。她把《谢利》寄赠哈丽特·马丁诺。哈·马径直给柯勒·贝尔先生阁下写了一封信，可是信里的抬头却是致一位**女士**。接着来了回信，请求做一次私人会晤。这大概是上星期六的事，会晤的时间定于星期日晚六时，地点在海德公园广场的理查·马丁诺①……家里。于是，理查·马丁诺夫妇和哈丽特早早用过茶，坐等钟敲六点，恭候那位神秘来客的莅临。瞧！六点整，走进来一位身材小巧、小极了的，头发亮晶晶的小精灵，看起来不过15岁，非常天真纯朴、整洁精致。她坐下同他们一道用茶，她的姓名仍未披露。她问哈丽特·马丁诺："你对《简·爱》确实印象如何？"哈·马丁诺说："我认为它是一本第一流的书。"听到这话，那小精灵喜得满脸发红。茶后，理查·马丁诺夫妇退出，让小精灵同哈丽特单独密谈了两小时。她向哈丽特谈了她的真名和身世……哈丽特简直给她迷住了，说她浑身充满了生气和力量，等等。哈丽特希望为她大大地效劳。

---

① 哈丽特·马丁诺的堂兄弟。

509．致埃伦·纳西

（1849年12月18日）

我又回到了霍渥斯。我仿佛从一个紧张兴奋的大旋涡里走了出来，这种忙碌或刺激，对一个习惯于社交场合和变换环境的人其实算不了一回事，可对我就了不得了。我常感体力和精神不支，不足以应付这些活动。我总是尽我所能地坚持下去，因为，只要我露出无精打采的样子，史密斯先生就坐立不安。他总以为什么人说了什么话或做了什么事惹我烦恼。其实这种事从未发生过。因为我遇到的人都极有涵养，即使是敌对方面，就是那些写文章不遗余力要把我打倒的人，也莫不如是。我再三向他解释，我偶尔沉默寡言，不是因为不愿说话，只是因为没力气说话，可他仍像是担心这后面还有什么其他原因。

史密斯夫人不苟言笑，不过尚通情达理。当周围都是男先生们时，她总是密切关注着我，眼光一刻也不离开我。我喜欢她对我的这种监视，不管是在高朋满座之际，还是只有她心爱的儿子一人在场。我确信，她很快就看出我是用什么态度对待所有这些人，包括萨克雷。她的"乔治"是个典范的年轻英国生意人；我是这样看待他的。作为他的一个供稿人，我感到自豪。

萨克雷是位思想的泰坦天神。他的人格和气魄，在心智方面给我印象很深；我不把他当一个男人看待。所有其他的人都相形见绌。我尊重一些人，而且我想我对所有的人都以礼相待。当然，他们怎样看我，我不知道；不过我相信，他们大都期待着我以一种更头角峥嵘、更不同凡响、更引人注目的方式出现在人前。我相信，他们愿意看到我有更多可供倾慕的东西和可供指斥的东西。除萨克雷外，我在他们所有的人面前都从容自如、不慌不忙；在萨克雷面前，我却深深苦于自觉笨拙驽钝。

510. 致威·史·威廉斯
（1849年12月19日）

你告诉我，你曾经有意把令嫒范妮培养成一个职业歌唱家；你又说，范妮本人并不喜欢这个计划。我自己思忖，如若她不喜欢，这个计划就不可能成功。我觉得，要想在如此艰难的一门行业中获得成就，那个艺术家本人必须对它有一种天生的、坚定不移的、不可抗拒的爱好。加以敦促或诱导是不相宜的。天赋的才能和顽强的意志会给那追求者添上一双翅膀，除此之外，什么也不能使她腾空而起、赢得真正的声誉。有气无力地升起然后屈辱地落下，谁又甘心这样呢？我想，你一定不愿令嫒成为一个次等艺术家，如果她跻身于前列，只有她自己的勇气和决心帮助她达到；至少我是这样想的。范妮也许觉得，抛头露面是丢人现眼的事；我以为，对妇女来说，如果抛头露面没有给她带来荣誉，那就是丢人的。若是我当不上一位林德[①]，我就不愿去做一个歌唱家。

我访问伦敦的时间虽短，却是值得怀念的。我有时感到自己恍若置身梦境——几乎不能相信这段往事是真实的。譬如，当

[①] 杰妮·林德（1820-1887年），瑞典著名女高音歌唱家。

我进得屋里，把手放在马丁诺女士手上，我向她问好的举动，以及她出现在我面前的事实，仿佛都是一种幻觉。又如，当仆人通报萨克雷先生来访，我见他走了进来，抬头仰望着他那魁伟的身躯，听到他的声音时，这整个事件当真就像做梦一般，只是由于我失去了自持而心慌意乱，我才断定它实有其事。在这种情况下，Amour Propre〔自尊心〕会受到严重的挫伤。在伟大的才智面前，一个人要是只想到自己，那真太可悲了！如果不必开口说话，我倒是可以应付裕如的；可是当对方找我说话，我必须作答，结果是活受罪——我的话说得何其愚蠢！

至于那帮批评家们，我并不感到他们多么可畏；他们的仪容叫我觉得滑稽有趣。福斯特和科尔利这两位截然不同的人物，各有一种富有教益的风度和谈吐，很值得玩味。我绝不是不喜欢福斯特先生——恰恰相反；然而他那洪亮的嗓音和昂首阔步的身姿和萨克雷的平易近人之不可同日而语，恰如麦克瑞狄的表演和莎士比亚的剧作之不可同日而语。

科尔利先生颇令我好奇。他是一个奇特的类型——那样一类人，你可以对他进行考察，可是当你探摸了他性格里所有细小的缝缝隙隙之后，你却拿不准对他究应怎样看，是全盘轻蔑厌恶，还是为着他潜在的善良而原谅他外露的恶意。他那令人不悦的相貌，奇怪的声音，甚至那副纨绔气息和挤眉弄眼的丑态，你都可以谅解，只要你发现这些缺陷是和天赋才能以及一星真正的善良的火花联结在一起的。如果除习得的知识、干才和伪装的善心之外别无他物，那么科尔利就是一个夸夸其谈华而不实的人。

512. 致威·史·威廉斯

（1850年1月3日）

收到载有一篇好评的《每晨纪事》，还有载有一篇苛评的《英国国教会每季评论》和《威斯特敏斯特评论》。还要感谢你的来信。假如我是独自一人，我早就复你信了，但我现正享受到我的朋友埃伦做伴的快乐，她在这里，我变得疏懒了。我整天忙着和她聊天，除此之外什么也不干。你谈到女性间友谊的问题，奇怪为什么两个女人之间真挚的感情极为罕见。关于已婚妇女，我可以理解，她们必是一心扑在丈夫孩子身上。但单身妇女时常是彼此友爱，并从相互的关怀中得到莫大慰藉的。不过，友谊是一株植物，对它不能拔苗助长。真正的友谊不是一株瓜蔓，会在一夜之间蹿将起来，一天之内枯萎下去。我初遇埃伦时——我们是同学——并不喜欢她。久而久之，我们深知了彼此的短长——我们的性格恰恰相反——直到彼此情意相投。感情最初是一粒种子，然后变成一棵幼苗，最后长成一株茁壮的大树。现在，不论是哪个新朋友，也不论她才智多高多深，即使是马丁诺女士，对我来说都不能和埃伦相比。然而，她不过是一个正直的、体察入微的、娴静安详的、有教养的约克郡姑娘。她不带丝毫浪漫气质。若是她拿起一首诗或一篇带诗意的散文来朗读，我就心烦意乱，一把夺去她手里的书。若是她谈论起诗歌来，我就捂住耳朵。可是她善良、纯真、忠诚，我爱她。

514. 致史密斯夫人

（1850年1月9日）

说起萨克雷先生，你问我对他的那本圣诞节小说有什么看法。我想，这书恰像作者本人，恰像他口头所说和笔下所写的一切：既刻薄又和善、既刁钻又睿智、既慈祥又辛辣；它通篇覆盖着冷讽的阴影，却又闪耀着深情的光辉。至于他对罗文娜以及所有妇女的侮骂，亲爱的夫人，我要告诉你我认为他该当何罪：先把他抓起来，坐一个月牢，然后由12位德高望重的老夫人组成陪审团对他进行审判，处以她们认为适当的惩罚；我相信她们定不会轻饶他；因为单凭罗文娜临终的场景，就应给他施加最重的刑罚——那可怜的女人竟被写成这样：她直到咽最后一口气，还表明有一种狭窄的锥心的嫉妒深深扎根在她心田，盖过了伉俪的恩情和母爱。这太糟了。为了这个场景，他母亲应该狠狠揍他一顿。

你提议咱们把科尔利先生选做维护妇女利益的勇士；不，不，我亲爱的夫人，咱们不能选科尔利先生，我怀疑他是否会忠于我们。让我告诉你，谁能更好地赞助和捍卫我们的事业：就是那个攻击我们的人。在萨克雷先生的天性里，有一个好天使和一个恶天使，我要敦促这一个去反对那一个。

515. 致威·史·威廉斯

（1850年1月10日）

收到并读了《爱丁堡评论》。这篇评论写得凶狠野蛮。我不生刘易斯先生的气，但我希望将来他不要管我的闲事，不要再写这种令我发冷恶心的东西。

萨克雷的圣诞节小说正如他的多数作品，使我感到又悲伤又愉快。我已得出一个结论：但凡他写东西，靡菲斯特就立在他的右手上，拉斐尔就立在他的左手上。① 那个大怀疑论者和讽世者通常总在把着他的笔杆；而那位高尚而温柔的大天使，在字里行间添词加句。唉！萨克雷，我唯愿，你那强大的双翼将更加经常地载着你飞升在城市的尘嚣之上，进入濒临天国的净界！

刘易斯发表在《爱丁堡评论》上的评《谢利》的文章，深深刺伤了夏洛蒂的心。她气愤地给刘易斯写了这封最短的信，予以拒绝。

516. 致乔·亨·刘易斯

（1850年1月）

来自敌人的攻击，我能够严阵以待，但来自朋友的伤害，我

---

① 靡菲斯特——魔鬼，拉斐尔——大天使之一。

只有求上帝保佑!

517. 致乔治·史密斯

(1850年1月15日)

收到《每晨纪事》。萨克雷先生的信,我很喜欢。正如你说的,它写得很有大丈夫气概;发出正直不阿和独立不羁的气息。虽说那个讽刺家还不时插一句嘴,但总的说来,它的调子是诚恳的,风格是淳朴的。人们需要把萨克雷同那些舞文弄墨、哼哼唧唧的小家伙们做一比较,才能充分测量出他的大小;正如他自己暗示的,需要做这样一种比较,才能看出他是一位何等的巨人(指道德上的,而非生理上的),他以何等的优势高耸于利·亨特们、莱维尔们、杰罗尔德们之上。

…………

再思之后,我想还是不要在《简·爱》的廉价版里添加更多的前言说明更为明智,因为看来我不擅长写这类东西。我缺乏萨克雷先生的那种宁静的机智和老练的泰然自若。听说那些女帽戴上大小合适[①],这我就很高兴了。遗憾的是,我无法证明赫尔斯通小姐实有其人。你必须满足于那个少女在你脑中引起的愉快印象;她是梦境的一个土生子,因而她既不能有声,也不能有形,除非在幻想中;她既无存在,亦无住处,除非在思想中。

---

① 大概指《谢利》里的女性人物写得恰到好处。

518. 致乔·亨·刘易斯

（1850年1月19日）

让我告诉你，《爱丁堡评论》上的那篇评论为什么那样令我伤心。并非因为它批评过苛，或指责过严；并非因为它吝于赞扬（我确实感到你对我的赞扬并不亚于我之所应得）；而是因为，我既已认真表示希望批评家们把我当作一个**作者**而不是一个妇女来品评，你却还那样粗暴地——甚至可以说是残酷地——对待性别的问题。我相信你并不是存心要伤害我，而且，或许你现在还不能理解，在你看来是件不足挂齿的区区小事，为什么竟使得我这样伤心。但我确实伤心，并且气愤。

有一两段话，你那样写是十分错误的。

然而，我并不因此对你怀有恶感。我知道你的秉性：你秉性不恶，也并非不善，但你时常狠狠地挫伤别人的某些感情，因为你对这些感情的抽缩和颤动不抱同情。我想你大概是既热心又不宽恕的，就像你既精明又粗疏一样；你懂得很多，观察得又细，但你急急于表露你所知道的一切，从不停下来想一想，你那毫无顾忌的辞令对别人会产生什么影响。更有甚者，即便你知道这一点，也满不在乎。

不过，我还是和你握手。你有极好的方面；你能够慷慨大度地待人。我仍旧气愤，并认为我有理由气愤。不过这种气愤是由于受到粗暴的对待而不是卑劣的对待。我对你怀有一定的尊敬，但更多的是恼火。

521．致埃伦·纳西

（1850年1月25日）

……你走后，我还收到萨克雷的一封很不寻常的信，信很长，很有趣，富有他本人的特色，但可惜其中附有一句严格的禁令：**勿将此信示人**，还说如他认为他的信被外人看到，他或者终止写信或者只写客套话。若非如此，我就把它连同其他的信一道寄给你看。我回了他一封长长的信。我的回信令他满意抑或惹他不悦，还有待事实证明。萨克雷的情绪是不能以常情衡量的：我总是期待着来自那壁厢的晴雨无常的天气，然而这种心情，不论在面谈或通信时，总使我深感苦恼。

    1845年5月来到霍渥斯的亚瑟·贝尔·尼科尔斯（1818—1906年），是勃朗特先生的副牧师。多年来他一直默默地爱着夏洛蒂，但直到1854年才成为她的丈夫。在《谢利》里，他被表现为第四个副牧师即麦卡锡，是书中唯一没有受到讽刺的副牧师。1850年初，当夏洛蒂出了两本书的消息开始传遍家乡时，尼科尔斯读了《简·爱》，接着又读了《谢利》。

522. 致埃伦·纳西

（1850年1月28日）

…………

又及，尼科尔斯先生读完了《谢利》，十分开心。约翰·布朗[①]的妻子听到他独自一人坐在房里又拍手又顿脚，吼出阵阵大笑，她真个以为他神经出了毛病。他要把书中所有有关副牧师们的段落念给爸爸听。对他自己的性格写照，他颇为得意。而格兰特先生[②]则另有一说。管他哩。

夏洛蒂和她的妹妹对家乡的老百姓虽然和蔼、同情，但在思想上与他们完全隔绝，把他们看作粗鄙未化之民。这是她们生活在孤独中的一个重要原因。当夏洛蒂得知她的书被他们争相传颂时，竟吓"出了一身冷汗"。

524. 致埃伦·纳西

（1850年2月4日）

玛莎[③]昨天来，喘着粗气，异常兴奋地说："我听到天大的新

[①] 霍渥斯教堂的执事，尼科尔斯住在他家。
[②] 《谢利》中被讽刺的三个副牧师之一的原型。
[③] 在勃朗特家帮工的年轻村姑。

闻！""什么新闻？""小姐，你写过两本书，从来没见过的顶顶了不起的书。我爹在哈利发克斯听人说起，乔治·泰勒先生、格林伍德先生，还有默拉尔先生在布拉德福也听说了；他们要在机械学院开一个会，商量订购这两本书的事儿。""别说了，玛莎，去吧。"我出了一身冷汗。《简·爱》将被约翰·布朗、泰勒太太、贝蒂等人阅读！求上帝保佑我、拯救我吧！

525．致埃伦·纳西

（1850年2月5日）

……爱米莉亚在这门亲事里是唯一纯洁的一方；她给她那个粗鄙的父亲和冷漠无情的求婚者夹在当中，就像天真无邪夹在一对世故圆滑的老骗子当中。这个比喻用在约瑟夫·泰勒[①]身上似嫌过重，但我认为他现在当之无愧。如果约·泰勒无钱养活妻子，如果他身无分文，他怎能想到娶一个妻子，娶一个不能指着她养活自己的女子为妻？……这件事说明，他心怀不可告人的动机，我不愿用言语来形容。它说明这整个行径包含着一种奇特的冷酷的心计——他心里明白，但他知道我们会怎样看，所以讳莫如深地瞒过我们。不过说到底，他也只不过同大多数男人一个样。那些男人年轻时玩乐逍遥，到了中年，感情迟钝了，热情耗尽了，对婚姻只抱着一个目的：如何增进自己的私利。这种男人将把年

[①] 玛丽·泰勒之兄，夏洛蒂认为他是一个自私轻浮的人。

轻、朴实、真诚、心灵和生活都纯洁的女子娶作妻子和终身伴侣,她们的感情还全然新鲜未染,情愫未曾磨损,而他们把这样的美德和活力捆绑在自己那衰朽的存在上,把这样的真诚捆绑在自己的虚伪上,把这样的无私捆绑在自己的贪欲上——想到这一点,令人灵魂深处烦恼不安。这样的婚姻,为人情和公理所不容。我写此信时心情十分激动。爱米莉亚仿佛揭开了一重欺诈的帷幕,显示出做父亲的和求婚者都怀着卑劣可鄙的动机,隐匿在暗处,他们明知对方的卑鄙意图,因而彼此绝无尊重可言!这些事使我激怒,不过我得冷静下来。

526. 致玛格丽特·伍勒

（1850年2月14日）

《简·爱》和《谢利》两书正在世界上碰运气,在这里挨骂,在那里被奖,到处遭人评头品足。柯勒·贝尔是不会为心怀偏见的公众的意见心碎的;如果他的朋友们反对他的作品,会使他感到难过,但不可能做任何改动。写下的就写下了,他良心很平静。

我很遗憾,教士阶层人士竟不喜欢普天下众生得救的教义。为他们着想,我认为这太值得惋惜了,不过他们当然不致那么不讲理,硬想要我放弃或企图压制我奉为圭臬的信念。

教士当中有些人不会喜欢《谢利》。我承认这书有一个主要的错误——过于温和而袒护地掩盖了"副牧师们"的过错。若是柯勒·贝尔把他关于这些大人先生们的所见所闻全都记载下来,光是这些就够写成一本书。

……我在伦敦的时候,有一位妇女,她名气颇大,而她的德行更高,在这两方面,她在当今活着的人中都属首屈一指。——她对我说:"**我一直注意到这样一个现象:只有思想鄙俗的人,才认为《简·爱》是粗野的。**"她的话与我自己观察到的情况不谋而合;我感到这话说得极其有理。既然我是这样看的,请相信我,亲爱的伍勒女士,我对你心中秘而不宣的意见十分放心。你也许不赞成书中的某些语句、感叹词,等等——这些语句和感叹词从艺术的观点来看是协调一致的,具有性格特色的,因而为我的判断所认可——但我从未胡乱猜想,生怕你会因此而收回对我的尊重。

某些教会人士认为理当对这本书感到义愤填膺。他们当中有些人就某方面说是好人,不过在他们身上,动物性显然超过了智性。我听到他们的非议时,禁不住暗中好笑。

好像埃伦·纳西告诉过你,我去年12月在伦敦住了两星期。他们极力劝我住一个月,硬说到那时我就能结识一大批人。可是我感到这种紧张的生活过两星期已经很够了。整个白天一般用来观光玩赏,晚间常有社交活动,这样一段时间下来,我简直受不住了。有一次,我会见了我的一帮批评家——总共七位,他们有的人在报刊上是我凶猛的论敌,可是当着面却客气非常。这些先生们似比我见到的几位作家架子大得多,比他们更盛气凌人、炫耀虚夸。例如萨克雷先生,就是一个举止风度极其沉静而质朴的人;然而人们对他多少有点儿敬而远之,甚至不大信任他。他说起话来非常特别,太刚愎任性了,不大招人喜欢。人家劝我去会会查尔斯·狄更斯、莫尔根夫人、托罗洛普夫人、果尔和另一些人，可我觉得，要是会见这些人，我就会成了个引人注目的大红人，我不愿意，因此谢绝了。

我逗留城里期间，最令我神往的莫过于我看到的那些绘画。参观了一两处私人收藏的特纳的水彩画精品，着实大饱眼福。他晚近的油画十分奇特，不是笔墨所能形容的。

我看过麦克瑞狄的两次演出——一次演《麦克白》，一次演《奥赛罗》。在一次宴会上，我使得满座大惊失色，因为我说我不喜欢他。当前的风气是如醉如狂地吹捧他辉煌的演技，然而在我看来再也没有比他的整个风格更矫揉造作、更缺乏真实感的了。事实是，舞台的体制整个说来是空虚而荒谬不经的——让他们表演闹剧倒是恰到好处，演员们理解自己的角色，表演得淋漓尽致；但对悲剧或莎士比亚，他们根本一窍不通，演出是个全盘的失败。我就是这样说的——我说了以后，满座顿时鸦雀无声，一片愕然的沉寂。确实，我不得不在许多场合发表异端邪说并由此引起反感。当前似乎流行着一种风尚，专门欣赏某种冗长繁赘、错综迷离、朦胧晦涩的诗风——就像伊丽莎白·巴勒特·白朗宁[①]的诗那样的东西。有些人对我引颂她的某些诗篇，以为柯勒·贝尔会为之神魂颠倒，欣喜若狂；由于柯勒·贝尔未能做到这点，他便令人大失所望。

伦敦人给外省人这样一个印象：他们对一些小事津津乐道，

[①] 白朗宁夫人（1806-1861年），英国女诗人，英国诗人罗伯特·白朗宁的妻子。

兴味无穷，这些事除了城里某些特定的小圈子外，谁也不会关心的。他们也喜欢谈论一些人，一些文学界的男男女女，他们的名字在乡下几乎无人知晓，也引不起兴趣。我想我不大愿意在伦敦常住。要是我不得不在那里住下，我一定少与人交游，尤其是要躲开那些文学小圈子。

527．致埃伦·纳西
（1850年2月16日）

霍渥斯的居民争读《谢利》成风，全都成了傻瓜。他们为它掀起一股热潮。当机械学院订购的几本寄到时，所有的成员都抢着要先睹为快。通共只有三册，他们便抽签，谁抽到一本，只许保留两天，如过期不还，每过一天罚款一先令。要是我告诉你他们都说些什么，那只不过是无聊和虚荣。

我很久没有接到伦敦来信了。惭愧的是，现在那一阵刺激已经过去，我却感到离不开它了。我禁不住要怀着期待的兴奋心情盼着来邮件的时刻，而当日复一日毫无所获时，我便无精打采。这种状态真是愚蠢、可耻、毫无意义。我对自己这样仰赖他人、这样傻气深感恼怒。可是一个人的思想那么孤独，身边没有一个人可以跟他谈谈那些小小不言的烦恼和失意，并且笑一场把它们打发掉，真是太苦了。要是我能写作，我敢说一定会好些，可我一行字也写不出呀。不过我要设法跟这种痴愚状态搏斗。

前些天我收到伍勒女士的一封措辞颇为笨拙的信。信中有些话像芒刺一样戳痛了我,特别是有一句不必要的保证。她说:尽管我在写书这种行业里干了那么多的事,我仍旧受到她的尊重。我立刻以强烈的高傲姿态作答。我说,在这个问题上,我绝不为疑虑所苦;我既不冤枉我自己也不冤枉她,我不认为我所写的东西有什么该使我失去别人的尊重。我说,有些人认为应该对《简·爱》持异议,我为这些人自己感到遗憾,因为我一无例外地发现,他们都是些动物性胜过智性的人,是些天生粗鄙的、耽于官感之乐的人,不管他们受过什么教育、奉行什么信条都一样。

几天前,发生了一件小事,使我感动异常。爸爸把一小束信札和文稿交到我手里,告诉我这是我妈妈写的,我可以拿去读读。读后,我的心情实无法形容。那些信的纸张已发黄,全是在我出生前写的。现在,第一次披阅那曾经派生出我的头脑的头脑的记录,显得非常奇怪。而最最奇怪、既忧伤又甜蜜的是,我发现这副头脑属于一种真正优美、纯洁而崇高的类型。这些信是她在婚前写给爸爸的。它们具有一种非言语所能形容的正直、文雅、忠贞、谦逊、理智和温柔。我多么希望她曾经活下来,多么希望认识她啊。

528. 致威·史·威廉斯
（1850年2月22日）

以后你再给我寄书时,请惠寄一两本简·奥斯丁的小说。因为时常有人问我是否读过她的书,而我否定的回答使得对方大为惊讶。除《傲慢与偏见》外,我没有读过她的任何小说。马丁诺女士认为《劝导》是最好的一本。

……刘易斯是一个怪人。在我看来，他似乎是聪明、敏锐而粗野的。我过去总认为他睿智，但现在我觉得他只不过是精明而已，因为有一两次，我发觉他把偶尔拾自他人的牙慧当作自己的伟大发现披露出来。真正的睿智是不屑于玩弄这种小花招的。虽然刘易斯颇多机灵的方面和一些值得称道的方面，他却缺少真正伟大的素质，而且我想，他也不会创作出真正伟大的作品。然而他配享有你所描绘的那种成功——迎合公众口味的、名噪一时的、喧腾鼓噪的胜利。名声大震适合刘易斯。流芳千古的令誉——假如他有可能赢得令誉的话——却是与他格格不入的。令誉的号角悠长而缓慢，其声不绝如缕、渐次响亮。然而他却没有耐心等待那庄严的号角吹响。

…………

我相信，如今在北方，《谢利》和《简·爱》两书都有许多人在读；但我只是偶尔听到阵阵传闻。我也不想去打听。我深居简出的隐遁生活把所有传递消息的人都拒之门外。曾有一两个猎奇者寻访到霍渥斯牧师住宅里来，但我相信，我们这荒凉的群山和坎坷不平的地面形成了一道屏障，使他们无法来得频繁。

心灵的美，本质的真和善，是夏洛蒂用以衡量人的价值的唯一标准。她在作品中不遗余力地宣扬这种价值观，在生活中也将它奉为圭臬。财产、门第固不足道，就是学识、教养，在她看来也不值得羡慕，如果缺乏内在的优秀品质。在她心中的天平上，那些自恃渊博、咄咄逼人的评论家们加在一起，其分量也不抵一个普通的穷工人。

537. 致威·史·威廉斯
（1850年3月19日）

我正盼着哩，你寄来的书昨晚收到了。拆开康希尔的包裹，总是我最感兴趣的事。……我希望愉快中不带有痛苦，但这是不可能的。在我解开绳子，取出书卷时，我不由得想起了另两个人，她们曾经在同样的场合热切地在一旁观望。我耳边失去了那些熟悉的声音，说说笑笑地议论着。房间里显得寂静异常、空洞异常。不过还有一个安慰，那就是想到有些书会使爸爸愉快。无人分享的快乐几乎不叫快乐——没有味道。

我不知道你是怎么选的，选得这样好。我事先绝不会想到选这些书。如果由我自己来挑选，我敢说，一定不如由别人好心地恰当地替我挑选的书那样令人满意。而且，要是我事先知道寄来的是什么，那就显得平淡无奇了。我还是宁愿不知道。其中特别受欢迎的是《骚塞传》、《法国妇女》、赫兹利特的《散文集》、爱默生的《代表人物》……我随手拈起一本小书，司各特的《妇女教育问题随感》[1]，兴味无穷地读下去。这书写得好，立论公正，表

---

[1]《罗伯特·骚塞的生平与书信》，其子查尔斯·C. 骚塞编，1849-1850年；《18世纪法国妇女》，朱莉亚·卡万纳著，1850年；《妇女教育问题随感》，亚历山大·J. 司各特著。

述清晰明确。这一代女孩子们真是生逢良机。我觉得，她们在获得知识和培养智力方面受到了大大的鼓励。今天，妇女们可以有思想，可以博览群书，而不致不分青红皂白被戴上"女学究"和"书呆子"的帽子。男人们开始赞助她们想要变得聪明些的努力，而不是加以嘲笑或阻拦。以我个人而言，我必须说，每当我有幸同一个真正有智慧的男人谈话时，我并不感到我那小小不言的知识被人看成是多余的和越轨的，而是感到我的知识太菲薄，不负所望。我总是不得不解释："你不要指望我有渊博的学识，你以为我所知道的东西是来自阅读和研习，其实，那主要是自发的、直观的。"……某些人（哪怕是聪明人）一味教诲谆谆，那会使人本能地心生反感。那些人也许博古通今，也许自恃世情练达，但如果他们缺乏和不解细腻的感受，缺乏和不解情感的较微妙的方面，那么余者又有何用？相信我，值得考虑的提示，可能来自谦逊的来源，来自教养虽不高但天生优雅纤细的头脑，来自善良、善感、毫无嫉意的心肠；而夸夸其谈莫测高深的辞令则也许纯属空洞无物、愚蠢而可轻蔑的。谁也不能"借助于希腊文登上帕那萨斯山①"，或者教别人学会如何攀登……

附上一张纸条供一阅。有人把这纸条交给了我，而书写的人并不知道。他是本村的一位穷工人——一个爱思考、好读书、重感情的人，他的思想太锐利了，把他的躯壳磨得憔悴消损。我跟他谈话不超过三次，因为他是一个反国教派，很少和我接近。这是他读了《简·爱》以后写的某种读后感；它写得毫不矫饰，诚

---

① 希腊山名，被奉为太阳神和文艺女神的圣地。

恳、真挚、慷慨。阅后务请寄还,因我把它看得比高手的证词更为宝贵。他说,"勃朗特小姐要是知道他写了这字条,定会小看他的";可是说实话,勃朗特小姐并不小看他;她只是感到悲哀:一个能够放射出如此光芒的人,竟被贫困的无情铁掌所摧残,被朝不保夕的健康情况和嗷嗷待哺拖儿带女的家口所累而饱受苦难。

至于《泰晤士报》,正如你说的,事实证明,它的苛刻的批评在一定程度上成了它本身的解毒药。想要发生更大的影响,这家报纸必须更公正些才是。据我看,它在我们北方威望不高。也许是恼人的意见传不到我耳里来吧。但确定无疑的是,我很少听到对《谢利》的责难,却为热情的称许所深深感动。我觉得,这些事想得太多是不聪明的。但我务必容自己说一次:许多约克郡人士在这件事情上所表示的慷慨的自豪感,唤起了并理应受到我的感激,特别是因为它为我父亲在晚年获得一种复苏的快乐提供了源泉。那几位副牧师——可怜的人!——他们本人并没有表示什么恼怒。他们每个人都得意洋洋地拿自己的同伴们开心取乐,借以抚慰自己的伤痛,真是够典型的。唐先生起初不大自在;有一两个星期他显得心神不宁,可现在他心平气和了。就在昨天,我还乐意招待他安安逸逸喝茶来着,我看见他恢复了自满的神态,慢慢啜饮。一个奇怪的现象是,自打他读《谢利》后,他到我家走动得更勤了,他变得特别温顺,急急于讨人喜欢了。有些人的性格真是个谜。我原以为,至少会跟他大吵一架收场的,可直到现在,还没有发生过这类事。

538．致埃伦·纳西

（1850年3月30日）

随函附上一则剪报，供你赏玩。对于我，它既有意思又令人感动——因为它涉及某些不复在世的人。这是从一份美国报纸上剪下来的，是一位霍渥斯的移民写的。你会发现它是真实和不实兼而有之的一个奇特的混合物。另附上一个本村的工人所写的关于《简·爱》的意见供一阅，它可说是这本书在这位可怜的汉子脑中引起的感触。它不是写给我看的，作者也不知道他的这份小小文献通过曲曲折折的道路归我所有了。我硬要那些给我这篇东西的人保证永不告诉他这一情况。他是一个谦逊、爱思考、重感情、好读书的人，我有生以来大概只和他说过三次话。他身体虚弱，不能干重活儿，他和他一家人常过着捉襟见肘的生活。他说"要是勃朗特小姐看到我写的东西，她准会笑话我"，可是勃朗特小姐认为这是她的作品所曾受到的一份最高礼赞，因为它是一份最真挚、纯朴的礼赞。你务必把它也还给我，我让你看，是对你的极大尊敬。

541．致威·史·威廉斯

（1850年4月3日）

收到《都柏林评论》以及附有印度的评论文章的来信。我希望这些评论会起良好作用。它们都是好评，其中的一篇（《都柏林评论》)很有才力。自从《两世界杂志》之后,我还没有读到过如此有眼力的批评。它和刘易斯在《爱丁堡评论》上的文章造成奇特的对照。刘易斯文里,言不由衷的赞词,结结巴巴,显然缺乏诚意和热情,而粗鲁、狂妄、无知的责难,则混杂成堆,构成了一个松松垮垮前后矛盾的整体。

《孟加拉信使》中的那个猜测——说《泰晤士报》上的那篇评论是出自萨克雷之笔——你认为有根据吗?我极欲知道。如情况果真如此(我觉得绝非不可能),那就展现了一个非常特别的性格奇怪的新的一面。你认为这有可能是真的吗?

544. 致威·史·威廉斯
（1850年4月12日）

来信保证加尔各答报纸的猜测是没有根据的,看到后,我承认我很高兴。人们都说,我们**希望**一件事是真的,往往容易信以为真;但我以为(从我自己来判断),对一宗可怕的谣传,我们更容易信以为真。

…………

最近读《骚塞传》,得到很大乐趣。开头的自传部分极有意思,后面的书信也同样有意思,它们展示了一个品格,正直可敬;一个秉性,仁慈可亲;一副头脑,才华可佩。有些人断言,天才与家庭幸福是水火不容的,然而骚塞享有家庭幸福并且使他的家庭幸福;他笃爱他的妻儿,**尽管**他是诗人,而且**正因**他是诗人,才爱得更深。他似乎未染世俗尘埃。伦敦的繁荣和浮华，学识渊深的文人墨客以及他们的冬烘气，与其说吸引着他，倒不如说吓坏了他。他从自己的天才找到主要的荣耀，从天伦之乐找到最大的福祉。我喜欢骚塞。

我又读了奥斯丁女士的一本小说——《爱玛》——读时颇感兴趣，并且是抱着恰如其分的欣赏态度来读的，这种态度就连奥斯丁女士本人也会认为是明智得体的。在评论这些作品时，任何近似热情或热心的情绪，任何强有力的、泼辣的、发自内心的情绪，都是格格不入的；这种种表现，都会受到这位女作家有教养的讥诮，被看作是夸张、过火而受到平静的蔑视。她把她那刻画英国上流社会人士生活外观的行当干得异常出色。她的绘画犹如中国画一般惟妙惟肖、刻意求工。她不用任何强烈的东西来骚扰她的读者，不用任何深刻的东西来使他不宁。她全然不知激情为何物，她甚至拒绝同那些性情暴烈的姐妹有泛泛之交。甚至对于诸般情感，她也保证不同它们发生超乎偶然的文雅的但疏远的相识关系——如果同它们过从太密，就难免打乱她平滑而优雅的步履。她涉及人的心灵，还不及涉及人的眼、口、手、足的一半。凡属敏锐的观察、伶俐的口齿、灵活的动作，都适合她去仔细揣摩；但凡心灵的剧烈而隐晦的悸动，血液的急速流涌，生命的无形的活动场所，以及死亡的有知觉的袭击目标，——这一切，奥斯丁女士无不置若罔闻。正如每个人用自己的肉眼看不见他起伏的胸膛内的那颗心，同样，她用她的心灵之眼，也看不见她的同类的心。简·奥斯丁是一位完美而明智的上等妇女，然而又是一位极不完美颇不明智（不是糊涂）的普通妇女。如果我这是异端邪说,那我也非这样说不可。要是我把这话对有些人(诸如刘易斯)讲,他们会直截了当地指责我主张夸张炫耀的笔墨,但我不担心你会陷入这种庸俗的错误。

在主张妇女独立的思想上,玛丽·泰勒比夏洛蒂走得更远。她认为,不管已婚未婚,妇女都应当出来工作,养活自己。不过她的思想也并不那么彻底,因为她认为,生来富裕的妇女可以不工作。

550. 玛丽·泰勒致夏洛蒂·勃朗特
(1850年4月25日,新西兰,威灵顿)

我看到了选自《谢利》的某些段落,其中你谈到了妇女出来工作的问题。这个首要的职责,这个伟大的需要,你似乎认为只有某些妇女才能享有——假如她们放弃结婚,并且不太招男人讨厌。你是个胆小鬼,叛徒。一个做工作的妇女,单凭她在工作这一点,就比一个不工作的妇女强,而一个生来不富裕至今仍不去挣钱而又不愿去挣钱的妇女,则犯了一个大错,几乎可以说犯了一个大罪——失职,这个错误很快并且必然会导致形形色色的堕落。你为工作妇女求情,理由是她们的情况特殊,人数不多,或性格古怪,这是非常错误的。除了极少数生来就富裕的妇女外,所有妇女的命运只有两条:工作,或堕落。

558．致詹姆斯·泰勒

（1850年5月22日）

〔我的伦敦之行因故不得不延期，〕于是，我再度在霍渥斯牧师住宅的寂静中安下心来。书，是我的家庭良伴，偶尔一封来鸿，是我的嘉宾。这是一个无声的社会，但既无纷争，亦无庸俗气息，更非没有长进。

…………

今晨刚收到来信；谢谢你附寄的那篇评论。5月的阳光在你心头唤起了对自由和闲暇的渴望，这一点引发了我的同情。临到和煦的春夏季节，恐怕康希尔的办公楼对它的居民来说不比一所监狱好多少。想到你们在这种宜人的天气都还在伏案苦干，真怪可怜的。就我来说，我可以自由自在地漫步荒原。不过当我独登荒原时，那儿的种种都使我回忆起那两个同我一道时的情景，于是，荒原就好像成了一片荒芜之地，没有形状，寂寞、凄清。我妹妹艾米莉对荒原怀有特殊的爱，每座石南丛生的小丘，每株蕨薇，每片覆盆子的嫩叶，每只拍着翅膀的云雀或红雀，无不使我回想起她。远景是安妮所喜爱的。每当我环顾四周，就见她伫立在青葱苍翠之间，在淡淡的雾霭里，在波状起伏山影斑驳的天边。在山的国度的寂静里，她们的诗一行行、一段段回到我脑中。我曾一度热爱这些诗，但现在我不忍卒读。我时常巴望能尝到一滴淡忘的甘露，让我保留着思想，但忘掉许多无法忘怀的东西。许多人似乎以一种恬淡的忧思怀念着已故的亲人，但我想，这些人没有看到自己的亲人久病缠身，或目睹他们的最后时刻。正是这种记忆，每夜守候在我床侧，每晨在我枕边抬头。然而，归根结底，还存在着那个伟大的希望。现在，她们得到了永生。

559．致一位年轻人①
（1850年5月23日）

推动你给我写信的是"情感的真挚、精神的真诚无伪的冲动"，为此你无须表示歉意。我现在简复以示谢忱。

我所写的东西能被易感的心和高尚的理性所接受，对我来说当然是"饶有意义"的；我的创造物（正是创造物）能在友好的手里或慷慨的头脑里受到庇护、赏识和宽容，对我来说无疑是十分重要的。非常欢迎你把简、卡罗琳和谢利看成是你的姐妹。我相信，每当她们的结拜兄弟感到孤独时，她们会常来同他谈话；每当他忧愁时，她们会来安慰他。如果她们不能在一个善于思考、富于同情的头脑里安居下来，透过苍茫的暮色，散发出家宅炉火欢快的红光，那就是她们的过失。那样的话，她们就不像她们应有的那么和蔼可亲，那么**真实**。如果她们能够做到这点，能够在人心里找到家宅之神的圣坛，她们就实现了创造她们的最佳蓝图，那就是，燃起一炉融融的火焰，它送温暖，但不灼热；发出光亮，但不耀眼。

如果说，你在这些人物身上得到的愉快，部分是来自你自己

---

① 一位倾慕夏·勃朗特的作品的剑桥青年。

的青春，而不是来自她们的魔力，那又何妨？也许再过十年，你会带笑回忆起你今天的心境，会用另一种眼光看待"柯勒·贝尔"和他的作品，那又何妨？对我来说，这个考虑并抹不掉你现在的感受的价值。青年时代自有其浪漫色彩，而成熟时期却有其智慧，正如早晨和春天有其清新，正午和夏季有其丰茂，夜晚和冬季有其安息。每一种属性在它自己那个季节都是好的。你的信使我愉快，为此我感谢你。

十　名作家生涯

（1850-1851．书信编号565-665）

三进伦敦——给萨克雷提意见——卡万纳女士——苏格兰之游——与史密斯的关系——由里奇蒙画像——游湖区——会见盖斯凯尔夫人——论妇女状况——锡德尼·多贝尔的《柯勒·贝尔》——编辑二妹遗著——论三姐妹的诗——论《呼啸山庄》——论巴尔扎克和乔治·桑——致K.T.——致多贝尔——访马丁诺女士——对史密斯的态度——论《教师》——论马丁诺与无神论——詹姆斯·泰勒访霍渥斯——第三次回绝求婚——批评萨克雷

1850年5月底，夏洛蒂又应史密斯的邀请，第三次访问伦敦。这一次，她过得恬静而愉快。头两周住在史密斯家，余下数日住在她在布鲁塞尔结识的朋友惠尔赖特医生家。他的大女儿拉蒂莎现已长大成人，和夏洛蒂很相投。夏洛蒂与文学界的交往只限于个别的活动：和萨克雷谈过一次话，数落了一通他的缺点，参加他家的一次晚宴；和乔治·亨·刘易斯会见等。

565. 致埃伦·纳西
（1850年6月12日）

当然，关于我在此间的生活，我无法在一封信里给你开列一张日程表。在皇家小教堂瞥见了一眼威灵顿公爵（他果真是一位威风凛凛的老人家）；参观过一次议会平民院（等我见到你时给你面述）；最后，但绝非最不重要，是同萨克雷先生会面。一天上午，他来拜访，大约坐了两小时。整个这段时间只有史密斯先生在场。过后，他形容这次会晤是一个古怪的场面，我也以为确实如此。那位巨人坐在我对面，硬要我谈谈他的缺点（当然是文学上的）。于是那些缺点逐一来到我脑中，我把它们逐一提了出来，请他做解释或辩解。他果然像个土耳其王公或异教徒那样为自己辩解，就是说，辩解常常比罪行本身更恶劣。这场争论以友好和睦而告终。若无变化，今晚我将去他府上赴宴。

我还见到了刘易斯——一个有懈可击的人；但他的天性本质并不坏，除非我完全弄错了。不过即使他的性格坏得如同恶魔一般，我也不能不对他怀有某种半带悲伤、半带柔情的感情。后一个词用得古怪吧，但我使用这个词，是因为刘易斯的长相几乎使我感动得落泪，他长得太像艾米莉了，像得出奇：她的眼睛、她的五官、纯粹是她的鼻子、她那微微噘起的嘴、她的额头，甚至她一瞬间的表情，分毫不差。不管刘易斯干什么说什么，我相信，我对他恨不起来。

还有一个相像的人，使我深感悲戚。你记得我说起过一位卡万纳小姐吗？她是个年轻的女作家，靠写作挣钱赡养母亲。我听威廉斯先生说过，她想见见我，于是我昨天去拜访她。我看到一个矮小的、几乎是侏儒般的小个子，就连**我**看她也得低头。她不是残废人，不是驼背人，但胳臂很长，脑袋很大，乍看上去长着一张奇特的脸。她带着一半坦率、一半战栗的神情迎接我。我们一块儿坐下，我和她谈不上五分钟，那张脸就不复是奇怪的，而是熟悉得叫人哀伤——那是玛莎的脸，不折不扣玛莎的脸。我还要抽空去看望她。她住在一所贫穷但整洁的房子里，她母亲似乎脑子有毛病，不可能给她做伴。她父亲简直就遗弃了妻儿。于是这个可怜的、矮小的、孱弱的、聪明的、热情的人儿就靠绞脑汁来维持活命。她才25岁。

566. 致玛莎·布朗[①]

（1850年6月12日）

……我没有工夫给你详细描述伦敦，因为那要花很多时间，而我只有几分钟的空闲。我只告诉你，这地方就像一个巴比伦，现在正当它格外热闹繁忙的季节，也就是所谓伦敦旺季的高潮，所有的达官贵人都在城里。几天前的一个晚上，我在歌剧院看到了许许多多的贵族老爷太太小姐们，除了穿戴风雅漂亮外，别以为他们和其他人有什么两样。

夏洛蒂与她的出版人乔治·史密斯的关系，也是传记作家们感兴趣的一个题目。从书信来看，最初，她和他只是一个作家和一个友好的出版者的关系，随着她几次在他家做客的密切接触，他们之间发展了一种融洽的私人朋友关系。1850年夏他邀她同游爱丁堡，使这种关系上升到一个带有某种浪漫色彩的高峰。夏洛蒂显然很喜欢这个年轻漂亮又和她合得来的朋友，但她现实地看到，任何进一步的发展都是不可能的。史密斯对她的态度如何，没有直接的证据可循。但双方父母的惊恐，以及夏洛蒂信中提到的种种考虑，表明这种种迹象也许不是事出无因的。自爱丁堡之游后，夏洛蒂写给史密斯的

[①] 在勃朗特家帮工的年轻姑娘，教堂执事约翰·布朗的女儿。

信，从内容到语气都变得轻松了，甚至有时带点轻佻的意味。埃伦坚信，史密斯曾向夏洛蒂求婚，但许多年以后，史密斯断然否认有这回事。

568. 致埃伦·纳西
（1850年6月21日，伦敦）

……此次伦敦之行，比我预想的要好得多。较前次受罪少些，快乐多些。不过我还面临着一个颇为怵头的收尾。史密斯夫人的幼子在苏格兰上学，她的长子乔治即将前去接他回家度假。几天前的一个晚上，他宣称打算带一个妹妹同行，同时提议勃朗特小姐也到爱丁堡去与他们会合，一同观光那座城市及其郊区。我认定他是说着玩的，便笑着谢绝了，不料他竟当起真来。这事在我看来绝无可能，我仍旧坚持不肯。史密斯夫人不赞成，你可想见，她怎样极力支持我的反对意见，可是她那个好儿子却越来越坚决了。他母亲是一家之主，可做母亲的主的是他。今早，她过来求我去。"乔治诚心诚意想让你去"，他恳求母亲对我施加影响，等等。我如今相信，乔治和我彼此十分了解，十分真诚地相互尊重。我们双方都明白，岁月在我们之间造成了多么大的差距。我们在一起时，彼此间从不或很少有什么尴尬而不自然的感觉。我年长他七八岁，更何况我绝不以美貌自居，如此等等，都是最安全的保障。哪怕同他一道去中国，我也无所顾忌。我愿意使他高兴，很不愿意拂他的意，令他失望，因此我准备从命。如一切顺利，我将在与你相聚数日后到爱丁堡去和他碰头。他年富力强、精力充沛，与他结伴同游，定会要求我付出极大的体力和精神，但我相信我好歹能应付下来，然后也许再返回你处小歇数日，再回家。

574．致威·史·威廉斯

（1850年7月20日）

为期六周变换环境和游乐的日子已经过去，但并未消失。每一宗赏心乐事在身历其境时，都被记忆力勾勒了一幅速写，特别是在苏格兰度过的两天，记忆力将它摄取了一帧清晰的写真。这两天实在过得愉快非常。苏格兰作为一个概念，我一直是喜欢的，可现在它成为一个实体时，我加倍喜欢它；它给了我许多个时辰我未曾品味过的快乐。不过请不用担心我用写景来使你厌烦。想必你早已收到一篇关于一切的精彩喜人的报道，我再添枝加叶，实属蛇足。我现在要做的是收拢心思，修剪它的翅膀，对它们进行正当的训练，迫使它们安定下来做一些有益的工作。因为我的思想变得很懒，只一个劲儿搭火车南下跑伦敦，或是在边界一边骚扰，尤其喜欢在最近一次远足的地点捣乱。说实话，不论什么人，只要见过一次爱丁堡，看到它那龙盘虎踞也似的巉岩峭壁，又怎能不醒着梦见它或睡着梦见它呢？亲爱的先生，莫怪我亵渎神圣，我要说的是，你们那个伟大的伦敦比起"我自己的浪漫城池"爱丁堡来，犹如散文之于诗歌，或一部喧腾鼓噪、枝蔓横生、笨重庞大的史诗，之于一首闪电般迅猛、明亮、清丽、生气盎然的抒情诗。类似司各特纪念碑那样的东西，你们没有，即或有，再加上所有辉煌的建筑物，你们也没有亚瑟王宝座①那样的东西，尤其是，你们没有苏格兰民族性格。正是那种庄严高贵的民族性格，赋予了那片土地以真正的魅力和真正的伟大。

579. 致乔治·史密斯
（1850年8月1日）

寄给我的小匣子和寄给爸爸的大匣子同时收到。②当初你告诉我，你已把公爵的画像装框寄给我时，为了你干这样一件分外的工作，我不禁有点儿恼火。可现在我再度看见它，我不能不承认，你这样做，想得真周到。这正是他的形象，爸爸看到画像时说，它一点不像普通的肖像；不但面部的神态，而且连颅部的形状也不一样，气质高贵得多。我把它视为珍品。〔我的〕画像，爸爸似很喜欢，其他看到的人也都喜欢，只有一个例外，就是我们的老女仆。她一口咬定画得不像，说太显老。不过，既然她也同样一口咬定威灵顿公爵的肖像是"老爷"（指爸爸）的画像，我想，她的意见怕是不足为凭吧。无疑，她把对我小时候的记忆和现在的印象混淆起来了。

---

① 爱丁堡城以东临海的一座高耸的狮形的山。
② 夏洛蒂在伦敦时，著名的肖像画家里奇蒙为她画像，即后来成为标准像的那幅炭笔画像。史密斯把它作为礼物送给她的父亲，同时又送给夏洛蒂本人一幅威灵顿的肖像。

584．玛丽·泰勒致夏洛蒂·勃朗特

（1850年8月13日）

我们盼了六个月，才收到《谢利》。……星期三我开始读这书，至今脑子还陷入一片古怪的混乱，主要是想到那个在我们家养伤的英俊的外国佬[①]——那时我还是个小姑娘。附带说说，你把他安置在用人的房间里了。你让我们一家人开口说出的那些话，我想我们多半是会那样说的，如果我们敢说。瞧瞧，你把我写成了一个十全十美的小家伙！读这书时，听到我们大家伙都在说话，有一种奇怪的感觉。五年来，我从来还没有这么清楚地看到那铺着草席地毯的前厅和彩漆的客厅窗户。不过我父亲不像。你把他的憎恶写得相当到家，把他的爱也写得差不离，但他的诚实写得不够。正是从我父亲那儿，我学会了不要为金钱结婚，也不要容忍为金钱结婚的人；他从不劝人这样做，也一贯蔑视这样做的人。《谢利》比《简·爱》有意思得多，《简·爱》根本使你不感兴趣，直到她遭遇到痛苦。而这后一部小说则贯穿着那么许多生活和动荡，使你有多得多的东西可以铭记在心。

1850年8月下旬，夏洛蒂应詹姆斯·凯-沙特沃思爵士邀请，到英格兰西北部著名的湖区他的家里做客。风光旖旎的湖区，曾是湖畔派诗人柯尔律治、华兹华斯、

[①] 指《谢利》中的男主人公罗伯特·穆尔。约克一家的原型是玛丽·泰勒一家。

骚塞遁世息游、乐以忘忧的世外桃源，也是他们的抒情诗歌无尽的灵感源泉。十多年前，骚塞为夏洛蒂求教的诚心所感，请她有朝一日到湖区游玩时去看他。现在，她果然来了，但他和另两位诗人都已作古。否则，当他看到站在他面前的这个极享盛名的女作家正是他曾力诫不要做作家梦的女青年时，不知做何感想。夏洛蒂虽没有见到她景仰的诗人，却得到了更大的收获。她会见了神交已久的盖斯凯尔夫人，并且立刻和她成为知心。下面几封信，记述了她们彼此初面的印象，尽管一些事实不准确。

588．盖斯凯尔夫人致凯瑟琳·温克沃思
（1850年8月25日）

〔马车在一所漂亮的房子跟前停下，我走进一间漂亮的客厅。〕客厅里坐着詹姆斯爵士和夫人，还有一位身着黑色绸衫的个子小小的女士。开头我没有看见她，因为房间里亮得晃眼。她立刻走过来和我握手。我上楼去脱帽子等等，然后下楼喝茶。那位小小的女士不住手地做着活儿，不怎么讲话，但我却有时间细细地观察她，她（像她自己说的）**发育不全**；瘦，比我矮上大半个头，一头柔软的褐发，不像我的头发这么黑；眼睛也是褐色的，很美，表情丰富，诚坦地直视你的脸；面孔有点儿发红；嘴大，缺了不少牙；整个说来**不好看**；天庭饱满，前额有点儿豹头。她嗓音很甜，说话有点儿沉吟、斟词酌句，可是一旦选好了词句，说来就

毫不吃力，表述得极其精当、恰到好处。她说起话来，没有任何牵强的感觉，而是极其简单自然。……早餐后，我们一行四人来到湖上。我说，我认为莫斯利先生是个有点儿傻气的老好人，说我喜欢纽曼先生的《灵魂》，喜欢《现代画家》和七盏明灯①的思想，勃朗特小姐同意我的看法。她还用一种极其宁静、简练、形象化的方式给我描述了纽曼教长的讲道。午餐后，我们乘上马车，出发到康尼斯顿去拜访丁尼生夫妇……可是天公不作美，竟下起雨来，我们只得打道回府。拜访未成，我很懊恼，大为败兴。我不打算给你详细介绍我们逐日的活动，只告诉你有关勃朗特小姐情况的点滴。她在性格和作风方面最像福克斯小姐②，假如你想象福克斯小姐曾经饱经忧患，了无欢乐，由于极度的孤寂养成了羞涩沉默的习惯。像勃朗特小姐过的这样一种生活，是我所从未听说过的。詹姆斯爵士夫人给我描绘了她的家，那似乎是在一个灰色石头房子的村落里，村子坐落在一座荒原山岭的北坡，俯瞰着绵亘无际的荒山野岭。她家有一个野草丛生的院落，石砌的院墙，那里花木不生，一条小径直通牧师住宅门前，大门左右各有一扇窗。自勃小姐的母亲去世后，牧师住宅里30年来不曾挂过一张油画、添置过一件新家具。她母亲是一位"秀丽的年轻女子"，那位

---

① 典出罗斯金的美学论文《建筑上的七盏明灯》(1849年)。七盏明灯喻指七大美学原则，即牺牲、真实、魄力、美、生活、记忆、服从。《现代画家》是罗斯金的另一美学著作。

② 唯一神教派领袖之一、政治家、作家 W. J. 福克斯的女儿，盖斯凯尔夫人的朋友。

爱尔兰牧师就任荒原地区的教职时，把她从康威尔的彭赞斯[1]带到这里来。她娘家人在她结婚时拒不承认她。她连生六个孩子。由于孩子太密，由于当地气候严酷，以及由于她挑上了一个古怪的半疯癫的男人做丈夫，仅仅九年，她就命归黄泉。在她临终前伺候过她的一个伯恩利的老大娘说，她经常在床上哭，口中不住地叨念"上帝啊，我可怜的孩子们！上帝啊！我可怜的孩子们！"勃朗特先生生起气来，不冲着人而冲着**东西**发脾气。好比，有一次他妻子坐月子，不知因为什么不对他的劲，他便拿起一把锯，把她卧室里所有的椅子都锯了，对她的责备不理不睬、对她的眼泪无动于衷。另一次，他发火了，提起炉前地毯，捆成一个紧紧的小卷，扔到壁炉里去烧，自己坐在炉前，两脚各踏在一副炉架上，不停地往里添煤，直到烧光为止。别的人都受不了那呛人的浓烟，跑了出去。这都是詹姆斯夫人告诉我的。牧师住宅的起居室面对着一片挤满了坟墓的墓地。勃先生自妻子死后，从不和孩子们一道吃饭，除非邀她们一道喝茶——但**从不共进正餐**。……五个女儿和一个儿子渐渐长大，父亲从不教姑娘们读书，只有仆人教她们读写。但我想她们一定是私下里商议了对策，因为夏洛蒂12岁[2]时向父亲提出要去上学的要求，于是他把她们送到考文桥去上学（教士女儿学校的原址，后迁至卡斯特顿）。两个大女儿在那儿染上热病死去[3]。勃小姐说，她受饥饿的煎熬，真是一言难

---

[1] 夏洛蒂的母亲是彭赞斯人，但他们来到霍渥斯以前是住在约克郡的桑顿。
[2] 夏洛蒂上考文桥学校时年8岁。
[3] 两个姐姐死于肺结核。

尽。两个妹妹从此坐下了肺结核的病根，后来就死在这上面。她们全都得病回了家。可是家里很穷，（"19岁时，要是我每周能有一便士的零用钱，我就心满意足了。我问父亲要，可他说，女人家要钱有什么用？"）所以19岁上，她就登广告求职①，在一所学校找到了一个教师职位（在哪儿，她没有说，只说比她后来任家庭教师的职务要好些）。她攒够了去布鲁塞尔一家学校读书的路费②。她过去从未出过约克郡，来到伦敦时她很害怕，那是在晚上，她叫了一辆马车，径直来到伦敦塔下的码头，上了奥斯坦德班船。起初人家不让她上船，后来让她上去了③。她在布鲁塞尔这家学校读了两年，没有度过一次假，只有一次和比利时同学一起度过一星期假。她回家时，妹妹们有病，父亲行将失明，因此她认为自己理应留在家里。她自学过绘画，想当一名艺术家，可是不成功，而且，除了家庭职责外，她的健康状况也不允许她再出门去当家庭教师。她一直想写作，并且相信自己能写。16岁④时，她给骚塞寄去几首自己写的诗，收到他"和蔼的但严苛的"回信。她和妹妹们试着写作。她们保留了姓名的字首字母，起了三个男女通用的笔名。每写出一部分，三个人就读给彼此听，她们的父亲竟给蒙在鼓里。他从未听说过《简·爱》，直到书出版了三个月以后。一天，午饭时，她才答应妹妹们，要在喝茶以前把这事

---

① 夏洛蒂在罗海德任教是应她老师伍勒女士的聘请。
② 夏洛蒂和艾米莉去比利时学习费用是从姨母处借的。
③ 第一次去布鲁塞尔是在父亲陪同下旅行，第二次才是她独自一人。
④ 应是19岁。

告诉他。她说（我想我记住了她的原话）："爸爸，我写一本书来着。""是吗，亲爱的？"他继续看他的书。"可爸爸，我想请你看看这本书。""读原稿太费眼力，我没法读呀。""可书已经印出来了。""我希望你别让自己陷进这种花钱的蠢事。""我想我能从这里赚到钱。让我给你念几篇评论听听好吗？"于是她给他念了几篇，然后问他要不要读读这本小说。他说，可以把书留下，他看情况。可是那天晚上，他叫了她们一道用茶，茶后，他说，"孩子们，夏洛蒂写了一本书，我看写得比我预料的要好"。过后他再也不提这事，直到一个月以前才又提起，她们也从不敢把妹妹们写书的事告诉他。就在《简·爱》大获成功的当儿，两个妹妹患急性肺结核死去了，她们**没有看过任何医生**①，为什么这样，我不知道。可是她说，她将来也不看医生，她将在孤独中死去，因为她在世上已经没有可以照料她的亲人，而她父亲最怕进病人的房。她自己无疑也已经染上了肺结核。

591．致埃伦·纳西

（1850年8月26日）

我访问湖区的旅游顺利结束了。现在这事已经过去，我很高兴我去了。景色自是无比绮丽；要是我当时是**独自一人漫步山林水泽之间**，我就能饱餐它的全部秀色；不过即便是生在马车

---

① 艾米莉拒绝就医，安妮尽了一切努力医治无效。

里，和朋友们在一起，也很不坏。……同游有盖斯凯尔夫人（《玛丽·巴顿》的作者），她比我晚一天到达白莱尔里。有她做伴，我真正感到高兴。她是一个具有真才的妇女，风度愉快、喜人而热忱，我相信——还有一颗善良的心。

592．致盖斯凯尔夫人

（1850年8月27日）

……爸爸和我刚用过茶；他安静地坐在他的书房里，我待在我的房间里。暴雨，正横扫着庭院和墓地；那荒原，它隐藏在浓雾里。尽管孤独，我却并非不快乐。有一千种事使我感谢，其中包括今晨收到你的一封信，以及今晚我有荣幸给你回信。

……《威斯敏斯特评论》这份刊物我不常看到，不过有一次我拿到了一份，上面载有一篇题为《妇女的使命》（这个提法太陈旧）的文章，包含不少在我看来是公正而明智的道理。如今男人们也开始用不同于过去的眼光看妇女的处境了。有少数男人怀有细致的同情心和强烈的正义感，他们谈到这个问题时的诚恳坦率，我颇为赞赏。不过，他们说——在一定程度上这也是对的——要改善妇女的处境，全靠我们自己。当然，有一些弊端，我们自己是能够解决的；但同样确凿无疑的是，另有一些弊端，深深扎根于社会制度的土壤，则非我们的努力所能触动；对此我们无法抱怨；关于这些事，还是少想为妙。

…………

我读了丁尼生的《悼念》①,或者说读了它的一部分。读到一半时,我合上了书卷。这诗写得美,写得凄切,写得单调。诗中表露的多种感情带有真情实感的印记。然而,假如亚瑟·哈兰和阿尔弗雷德·丁尼生关系更亲密,是他的兄弟而不是朋友,我就会以怀疑的态度看待他的这座押韵的、有度的、印刷出来的悲伤纪念碑。时光的流逝会造成什么样的变化,我不知道;可是在我看来,记忆犹新的深重悲伤,不会在诗句里涌流出来。

艾米莉在世时,《呼啸山庄》受到的责难和曲解多于赞扬。她死后两年,激进民主派青年诗人锡德尼·多贝尔第一个识别了她的才华。他1850年9月发表在《帕雷狄恩》杂志上的一篇题为《柯勒·贝尔》的文章,称颂《呼啸山庄》是"出自一只巨人之手的尚未成形的笔迹,一个襁褓中的神灵的'大喊大叫'",是"非凡的天才的初试锋芒"。不过他误将姐妹三人的作品都算到了大姐一人名下,以为《呼啸山庄》是柯勒·贝尔的较早的较粗糙的作品。夏洛蒂感动和感激之余,和他开始了一段通信联系。

---

① 英国诗人阿尔弗雷德·丁尼生悼念亡友亚瑟·哈兰的著名哲理诗,发表于1850年。

596.致詹姆斯·泰勒

（1850年9月5日）

我的苏格兰之游愉快非常。这个国度的面貌，我所见不多，它那更为雄伟或秀丽的山川，我无缘观光。不过光是爱丁堡、梅尔罗斯、阿博茨福德这三个地方就足以引人神往、令人思慕，不论当时或过后，我都不因未能涉足更广、扩大游玩的范围而遗憾。已经有足够的地方和变化多端的景物使我感到快乐，正如民谚说的："足够，胜似赴宴。"女王同她的丈夫、孩子曾经登上亚瑟王宝座，他们干得好呀。我登上它的顶峰时的感觉我永不会忘记。我们全都坐下来，俯视全城，远眺大海和利斯港，还有彭特兰山。难怪你要以一个苏格兰土生土长的居民而自豪，以你的国度、她的首都、她的子孙、她的文学而自豪，理当如此。

……《帕雷狄恩》上的那篇文章①，是使一个作者高兴得发抖的评论。他喜不自胜地发现他的作品受到别人细致、充分、热烈的赞赏，他又为这样的赞赏似乎要委诸他的责任而战栗。……

关于这篇评论对《呼啸山庄》的评语，我的感触如何，自不待言。那些话唤起了我最悲痛然而也最感激的心情。它们很真实，很有眼力，充满了迟来的公正，可惜来得迟了——唉！也可以说，来得太迟了。不过，关于这一点，以及关于一盏明灯过早熄灭所引起的苦痛和遗憾，不宜说得过多。不管该文的作者是谁，他的

---

① 即锡德尼·多贝尔的《柯勒·贝尔》一文。《帕雷狄恩》(*Palladium*)，意译为《雅典娜神像》。

厚意，我将永远感念。

不过，你瞧，就是在该文里，在把《谢利》和《简·爱》做比较时，前者也被贬低了。然而我写《谢利》是下了大功夫的。我没有仓促赶工，我尽了最大的努力来写；我自己的印象是它并不比前一部作品差。我委实在那上面投入了更多的时间、思想和心力。但它的一大部分是在灾难临头的阴影下写成的。我不否认，在写最后一卷时，我正焦急不安地同几乎难以忍受的心灵痛苦奋力搏斗。

1850年秋，夏洛蒂和史密斯公司商定，由她重新编辑二妹的旧著并作序，交由他出版。其结果，便是《呼啸山庄》、《艾格妮斯·格雷》的再版和一些增补的诗的出版，以及夏洛蒂追念两个亡妹的《生平纪要》、《呼啸山庄》和诗集的序言等感人至深的名篇。夏洛蒂在编选中遵循她自己的取舍标准，剔除了《怀尔德菲尔府的房客》，从艾米莉的近二百首遗诗中只选出十八首，从安妮的二十几首遗诗中选出七首。至于纽比信中含糊地提到过的艾米莉的"第二部小说"，则未见提及。或者，艾米莉从未写过"第二部小说"，纽比提到的是安妮的第二部小说。或者，艾米莉确曾着手写第二部小说，但在去世前亲自把它销毁了。第三种情况，即夏洛蒂销毁艾米莉遗稿的事似不大可能，因为她保存了她们的诗稿，尽管有些诗篇的思想她并不一定赞同。

597. 致威·史·威廉斯

（1850年9月5日）

我很乐意将你的设想付诸实行，即把《呼啸山庄》和《艾格妮斯·格雷》合卷重印，加上一篇介绍两位作者的序言。但问题来了：纽比会提出版权要求吗？除了史密斯先生，我不能忍受把它们交给任何人去出版。《怀尔德菲尔府的房客》，我感到几乎不值得保留。这本书的主题就选错了：它同那温柔、退隐、涉世不深的作者的性格、情趣和观点简直不协调。她写这本书，是受到一种奇特的、良心上的、半苦行式的意念的驱使，是要完成一件痛苦的赎罪和履行一桩严峻的职责。她的人品是无可指责的，她的思想也几乎是白璧无瑕的，她从小头脑里就带有一点宗教的忧郁色彩。关于这，我一直有所猜测，从她的文稿中，我找到了可悲的证据，说明情况确乎如此。至于其他作品，我不准备再增加了，因为我不愿把我妹妹们必然会反对出版的任何一行字交付出版。

599. 致埃伦·纳西

（1850年9月14日）

亲爱的埃伦，我希望你告诉我，你听到的"关于我的婚事等等的无聊话"究竟是什么。要是我知道细节，也许我能更容易猜到流言来自何方，而像现在这样，我实在丈二和尚摸不着头脑。我要嫁给谁呢？自离开伦敦后，我简直没有见到一个我有可能与之结合的男性。当然，有些男人，如果我有意加以鼓励，我可以和他结婚，可我没有遇到一个真正合心意的婚姻的机会。即使有这样的机会，也是障碍重重。这类事只要稍稍暗示一下，就惹得爸爸老大不高兴。

有一篇题为《柯勒·贝尔》的文章新近发表在《帕雷狄恩》杂志上。这是爱丁堡新出版的一份刊物。这篇文章文采斐然，表现了我意想不到的热切的同情心和高度的鉴赏力。它把作者的身份等等搞错了，不过这些我希望有一天会澄清的。……附上〔詹姆斯·泰勒先生的〕一封信，读后告诉我你对写信人的性格等印象如何。

有的批评家认为夏洛蒂没有一丝一毫的幽默感。下面这封信却充分显示了她的幽默才能和奇想的妙趣。

600．致乔治·史密斯
（1850年9月18日）

萨克雷先生把他的圣诞节礼书①交你出版，他做得很对。我希望这是本好书，比"莉蓓加和罗文娜"好，就是说，更公道，更亲切。如其不然，我只得希望有朝一日他进入天堂乐土时（但愿

---

① 即《莱茵河上的基克伯利一家：新图画书，M. A. 蒂特马什先生绘图并撰文》，1850 年 12 月出版。蒂特马什即萨克雷的化名。

那是很久以后的事!),立即被他自己的罗文娜(不是瓦尔特·司各特的)抓住,强令与她结为夫妻。那才叫"诗的正义"哩。

罗斯金先生的童话①比起那本圣诞节书必定恰恰相反,是一本纤秀精美的书,就像一朵鲜花之于橡树的枝丫。盖斯凯尔夫人似也写了一本圣诞节礼书②,不知由哪家出版。前次见到她时,听口气,她似乎有意把下一部作品交你出版。

你应该谢天谢地,幸好书籍不像它们对读者说话那样,彼此之间不能交谈。如若不然,想想看,你的库房里该成了怎样一个局面。巴别城③的各种语言七嘴八舌一片嘈杂声,或者伊尔文派教徒④充分发挥他们创造奇迹的天赋的集会,相形之下都不过是小巫见大巫。那纷争也会令人胆战心惊。你和泰勒先生以及威廉斯先生将不得不一天几进库房去劝架、排难解纷。光是诺克斯先生一个,以及他那本《种族》⑤(这书我读来既有趣又受益)就会发出震耳欲聋的吼声,如果另一本书胆敢对他宝贵的理论提出异议的话。

不过,我还是很喜欢想到书页之间有一种神秘的耳语。也许在黑夜里,当伦敦业已沉睡,你的全体职工都已离去,康希尔公司空无一人,库房的大门紧闭着;这时候,书籍之间的窃窃私语,

---

① 即《金河王》,1851年出版。
② 即《荒原农舍》,1850年出版。
③ 典出《圣经·创世记》第11章9节:"因为耶和华在那里变乱天下人的言语,使众人分散在全地上,所以那城名叫巴别。"
④ 爱德华·伊尔文(1792—1834年)创始的天主使徒教派的信徒,相信奇迹治病、预言、语言的力量等等。
⑤ 人种学家罗伯特·诺克斯(1791—1862年)的著作,1850年出版。

有耳福的人就能听到。

604. 致盖斯凯尔夫人
（1850年9月26日）

寄上这本韵文小书①，这是为了履行一项轻率地做出的诺言；而做出诺言的目的，则是为了阻止你浪费四先令去买一件不值得买的东西。我自己写的那部分，我不喜欢，也不想让别人读。埃利斯·贝尔的诗，我认为是好的，写得遒劲有力。阿克顿的诗的长处是真诚朴实。我的诗大多是少年时代的产品；一个不肯静止的大脑在不安分地冒着泡。那时节，思想的海洋经常是在"翻腾起伏、波涛汹涌"，水草、沙砾、卵石，统统在骚动中翻了上来。对这个题目来说，这个比喻太夸张了，不过你会见谅的。

605. 致玛格丽特·伍勒
（1850年9月27日）

〔8月间我应詹姆斯·凯·沙特沃思爵士邀请游览了湖区。〕我发觉"湖之国"是一个辉煌的地区，类似的地方，我只是在梦中——醒梦中或睡梦中——才见过。不过亲爱的伍勒女士，我只

---

① 即三姐妹诗集。

有半副心思赏玩，因为我的心情只有一半是舒畅的。我发现，像一辆载客马车去访胜寻幽，根本不合我的心意。一辆货车，甚至一辆邮车都可以，但一辆载客马车却大煞风景。我恨不得人不知鬼不觉地溜了出来，独自个儿跑开，一头钻进深山幽谷。某些怪僻的流浪汉本能折磨着我，我不得不控制它们，或者不如说压制它们，为的是怕自己变得狂热起来，惹得人家对我这个"女文豪"、女作家、女艺术家侧目而视。……

你说，你估计我此时想必结识了一大批友好相识。不，不是这样的。我怀疑我是否有这样做的愿望和力量。少数几个朋友，我情愿结交，而且情愿深交——如能得到对方相应的关顾。我只能把感情集中在少数人身上。在我看来，分散就是稀释的同义语。不过，至今我还没有受到这种考验。春天我在伦敦度过的一个月期间，我过得非常清静，因为我唯恐被人当作名人当面捧场。我只出去赴过一次宴请，出席过一次晚会，我唯一拜访过的人是詹姆斯爵士一家和我的出版人。我不想抛开这样一种生活方式。就我所见，不加选择的应酬来往，只会导致时间的浪费和心性的庸俗化。再说，时常离开爸爸也是不对的。他已届75岁高龄，年老人的衰竭日渐显露出来了。

606．致威·史·威廉斯

（1850年9月29日）

……我打算写几句论《呼啸山庄》的话，不过我建议把它单独作为一篇简短的序言,附在故事前面。我同样也强迫自己把这书重读了一遍,自我妹妹去世以来,我还是第一次翻开它。它的磅礴的气势,重新令我惊叹不已。然而我有一种压抑感。它几乎不让读者尝到一点纯净的不掺杂质的愉快;每一缕阳光照射下来,都要透过阴霾的云层的障壁;每一页都过重地负荷着某种道德上的雷电;而作者本人并未觉察到这一点——什么也不能使她觉察到这一点。

这使我不由得想到,也许我对我自己的文体的毛病和特征也同样看不清吧。

611. 致哈丽特·马丁诺

(1850年10月)

请不用费心给我寄《帕雷狄恩》杂志,因为载有评"柯勒·贝尔"一文的一期我已经有了。我一方面全心全意欣赏文章的华彩和似火的热情,同时又心情略感沉重地默默思忖,那被评论的作者究竟有什么资格,受到以如许光辉的词章表述出来的厚望。倘若多贝尔先生拥有一只阿里王子的象牙管[①],能够借它的魔力看到,柯勒·贝尔有时在约克郡一座最穷酸的村落中一所古老的牧师住宅里补破袜子或下厨做馅儿饼,只怕这位诗人会"收拢他的银翅",蒙住他不悦的双眼,意欲收回他慷慨激昂的语言吧。不过我还是很高兴得知那篇文章是谁写的,因为其中的一段触动

---

① 典出《天方夜谭》。

了一根低沉的弦音。我指的是提到我妹妹艾米莉的作品《呼啸山庄》的那段话。公道诚然来得迟了，献上的花环落在了一丘青冢上。不过这也没关系，我是感激的……

说到我现在在干什么，我无善可述。……多贝尔先生嘱我等待，我正是在等待。假如我要靠自己的力气挣口饭吃，我想我宁可再一次把自己雇出去当家庭教师，而不愿违背本性或心境去写东西。我不像你，你没有不愉快的日子。我有不愉快的日子、不愉快的星期，唉，甚至不愉快的月份。

马丁诺女士将上信给多贝尔看，后者于11月22日致友人信中说："柯勒·贝尔拥有更大的才情和'久经烈火煅烧的金属'。你若看到她的朋友马丁诺女士目前转给我的一封信，定会为之陶醉。那是一封高尚的信，写得朴实而浓郁，但从头至尾充满柔情，如同湖面轻泛的涟漪。她戏谑地推测：'假如多贝尔先生看到柯勒·贝尔……做馅儿饼'，他也许要收回他的话。看到这里，我不禁笑起来。要是多贝尔先生不因此而更加肯定了他的话，那么他的眼力未免太不值钱了。"

613. 致乔·亨·刘易斯

（1850年10月17日）

……巴尔扎克对我来说是个相当新的作家；……起初，我觉得他烦琐得叫人难受，沉闷得叫人害怕。他把他的人物集合在舞台上时，做了大量的细节描写，他不慌不忙地揭示那些无关紧要的环境，这些使你感到不耐烦；可是渐渐地，我仿佛窥入了他的技巧的奥秘，高兴地发现了他的力量究在何处。难道不就在于对主题的分析、对幽深隐晦的思想活动的洞烛幽微的理解吗？不过我想，我们尽管钦佩巴尔扎克，却不喜爱他。他好比一个不友善的老相识，总是把我们的缺点举得高高地放在强光下曝照，而很少提出我们较好的品质。

　　说实话，我更喜欢乔治·桑。虽然她时常是一个耽于幻想的、不切实际的狂热家——她对生活的许多观点都绝不是如实的——她很容易被情感引入歧途——然而乔治·桑却比巴尔扎克天性更好；她的头脑更开阔，她的心灵更温暖。《一个旅行者的书信》里充满了作者本人。我读此书时，再强烈不过地感到：她的缺点本身多半是由于她的良好素质过了头而产生的；正是这种过头，常常把她匆匆推入困境，造成她永久的遗憾。但我相信，她的头脑是属于这样一种类型的：不幸的经验教育了它，却没有使它变得软弱或灰心丧气；因此，在这种情况下，她活得越长，就变得越好。在她所有的作品中，大有希望的一点是，很少看到虚伪的法国式的感伤情调；我恨不能说它根本不存在，可是这种野草到处都在茂盛地蔓生，甚至在《一个旅行者的书信》里也不例外。

一位未署全名的青年读者，通过出版者给夏洛蒂寄

来一封热情洋溢的信。"……我从未见过你，也没有遇到见过你的人。……我揣摩你个子不高。我揣摩你并不年轻。我也不发誓说我认为你漂亮。……但我要发誓说，你有一张富于思想和表情的脸；我要发誓说，哪怕你又矮又老又丑，我仍将一如此时此刻这样敬你爱你……"夏洛蒂一面表示感谢、鼓励，一面不得不压抑这个年轻人流露的过多的热情。

620．致K.T.

来信读后甚感兴趣。它在我脑中留下的印象是愉快和感激。你做的这件工作很繁重，做得很出色。这正是我所需要而任何一个职业评论家都不能或不肯给我的，而你的非专业的批评却做到了——举起一面不走样的镜子，让我看到它反映出来的心灵的面貌。这是我自己无法审视到的。我时常感到茫然，不知《谢利》是什么样子，如今我在脑中看清了这本书的形象，看得清清楚楚，就像别人看到它一样。

在你的话里，我发现了非止一处高明的鉴赏力的笔触，尤其好就好在你用朴实无华的方式把它表述出来。你不熟悉写作的艺术，不大讲究标点的用法等等，这算不上什么缺点，或者说是我特别愿意谅解的一个缺点，因为这使你摆脱了雇佣文人的陈腔滥调。你读过，有感受，能理解，——这就足够了。

621．致K.T.

你最近的一封信，我必须作复，尽管很短。在你所有的来信中，我仿佛看到一颗善良忠诚的心和聪颖的头脑的语言。你对《谢利》的批评，我衷心感谢。你的批评明辨是非，绝对的诚恳坦率，对我具有真正的价值。我也感谢你愿进一步为我效劳的友好表示，不管我是否有机会接受你的帮助。

…………

从来函的语气，我猜想你一定还很年轻，而且我怀疑你的生活迄今是否总是充满阳光。勇敢些吧。你有才能、有真情，又有超乎常人的敏锐细致的理解力。工作吧、希望吧，把你所有良好的决心坚持下去，那样，你的前途将会是成功和幸福。我诚恳地祝愿。

又及——你看，对你信中焕发的某种热情，我从不予注意。并非我低估它或对它无动于衷。我只是如实地看待它——它是一副热烈的头脑中涌现出来的香槟似的泡沫，是一层乳脂、一星火花，虽然昙花一现，但可喜可爱，除了极端庸俗的人，谁也不会视为有害；除了乐天派，谁也不会过于当真。

625．致锡德尼·多贝尔

（1850年12月8日）

这本小书①，我把它赠给《帕雷狄恩》上我的批评家，并请相信，随同它寄去我最真诚的感激。我感激，主要不是为着他关于我本人说过的话，而更多是为着他对一个于我亲如己身——或许胜似己身——的人所做的崇高的公论。也许，替她美言一句，较之倾注在我自己身上的大量赞词，唤起了我更深切更温暖的谢忱。当你读过生平纪要之后，你会看到，我妹妹不复能亲自向你致谢；她已远离你我的天地，人间的褒贬于她已无足轻重。但对于我，为了她的缘故，它们仍有着相当的意义。许多天来，我精神重新为之一振，因为我发现，她虽已作古，她的天才之作终于获得了应有的鉴赏。

请告诉我，在你读过前言之后，关于谁是《呼啸山庄》、《艾格妮斯·格雷》等书的作者的疑问，是否仍残存你脑中。你不相信②，这对我多少有些不公；它证明了一般人对我的品格存有某种看法，这是令我感到遗憾的。不过，当人们仅仅根据作品来论说作者时，产生这种错误观念，在所难免。说句公道话，我也必须否认那幅画像过奖的一面。我绝不是"千军万马中的潘忒西莱

---

① 指1850年12月初出版的《呼啸山庄》再版，前面加了锡德尼·多贝尔《柯勒·贝尔》一文中对该书的赞词。

② 指不相信《生平纪要》中关于三个作者的声明。

亚"①，而是一个普通乡村牧师的女儿。

627．致埃伦·纳西
（1850年12月18日）

眼下我正在马丁诺女士家小住一周。她的房舍里外都惬意之至，处处布置得整洁而舒适。她让客人享有绝对的自由；但凡她自己要求的，她都让客人享受到。我按我自己的时间起床，单独用早餐（她五时起床，冷水洗浴，在星光下散步，用过早餐，七点钟就开始工作）。整个上午我都在客厅度过，她则坐在她的书房里。两点钟时，我们碰头，一起做针线，聊天，散步，直到五点——她用正餐的时间。然后我们一道度过晚间。这时，她侃侃而谈，话又多又极其坦率。十点一过，我就回房，她坐下写信直到十二点。她仿佛有使不尽的体力和精神，干起活儿来不知疲倦。她是一位伟大善良的妇女。当然不是没有怪癖，不过我还没有看到什么令我心烦的方面。她既强悍又热心，既鲁莽又多情，既慷慨又专断。我想她大概并未完全意识到她的专断。我告诉她这一点时，她激烈地矢口否认，于是我笑她。据我看来，她几乎统治着整个安伯赛德。有些乡绅不喜欢她，可是下层老百姓却深深敬重她。

---

① 原文是拉丁文，典出希腊神话。潘忒西莱亚是特洛亚战争中率领一队女兵与希腊人作战的女英雄。

这时，史密斯和夏洛蒂的关系进入了一个更微妙的阶段。继爱丁堡之游后，他又向她提出这年夏天同游莱茵河的建议。这个建议的诱惑力那么大，不能不使她动心，但理智终于使她拒绝了他。她对他的态度，在这封信里表现得再明确不过了。

638．致埃伦·纳西
（1851年1月20日）

亲爱的耐儿，你的上一封信使我不禁哑然失笑。我想，你必是从微小的推断得出了偌大的结论。你设想的那些"确定的打算"全是想象出来的，而那个"潜流"则只不过是这么一回事——一种自然而然的欢喜和志趣相投的感觉。假如不存在年龄、财产等方面的重大障碍，个人间的关怀也许足以使某些事情成为可能，可现在是绝无可能的。如果男女之间只要彼此喜欢对方的脾性、模样、谈吐、个性等等就可以结婚，此外，如果年龄不太悬殊，那么你提到的那种机缘也许还算得上是一个机缘。但是制约着婚姻的还有许多别的因素——利害得失的因素、亲属的因素、金钱的因素。同时，我满足于把他当作一个朋友，愿上帝让我继续保持这种常识，不用另一种眼光来看待一个如此年轻、如此有为的前途远大的人。

至于拟议的莱茵之行，使我深感不安。人非木石，在他仅仅是一桩赏心乐事，在我却是热狂。不过这是将来的事，现在考虑为时尚早。据我现在看来，这次旅游绝无实现的可能。原因多得很。我都奇怪他是怎么想起来的。我想,他的母亲和妹妹们不会乐意,而整个伦敦城都会像一大群鹅似的嘎嘎起哄。

再见,亲爱的耐儿,愿上天赐予我俩宁静的智慧和力量,不仅能经受住痛苦的考验,而且当快乐以我们的良知所不赞助的形式出现时,能够抵抗快乐的诱惑。

640. 致盖斯凯尔夫人
（1851年1月22日）

我要向你致以三重的感谢。首先,感谢你的《荒原农舍》给了我真正的乐趣。我对你说过,这本书的开端有如一株鹚菊。现在我还要对你说,它的结尾宛若一株药草——芳香袭人的药草,它的叶片含有治病救人的功效。这卷小书一开始就很美,越读下去越感气势磅礴,到收尾时则悲怆感人。布朗太太对她儿子的那种执着的、非理性的但动人哀怜的偏爱,其思想再真实不过了。这个小故事是清新的、自然的、虔信的。更多的话不必说了。……

641. 致埃伦·纳西
（1851年1月30日）

你说什么"朱庇特"和"维纳斯"云云,以后不许你再提了。你胡扯这些鬼话,居心何在?事实上,没有比这更荒诞不经的了,我不允许做这种暗示,哪怕只是开个玩笑,因为它为我的常识所不齿所嘲笑。想到那个"小汉子"①,我现在不大怕他了。若谈到"婚配",那倒是一宗更有可能的婚配,可**这样的事压根儿不存在**。前几天,寄来一封厚厚的信,信中充满了精辟的见解、判断和学识,堪称一件巨人之作。你尽可随心所欲不怀好意地取笑吧,但事实是,这个朋友,我的这位五短身材的红头发的朋友,有一种默默的忠贞,使他的身量增高了一尺,使他的头发变黑了,使他在我心目中整个变得崇高了许多。不过,我不去为什么猛烈的热情操心,如今我们之间保持着极为有利的距离和尊重,因而诸事顺心。

643. 致乔治·史密斯

(1851年2月5日)

……威廉斯先生想必已经告诉你,在事关《教师》的问题上,我卑躬屈节地做了让步。不过也许我还应该试图给这个屈服的举动贴贴金,表明一下它是"在抗议之下"做出的。

《教师》已经荣幸地承蒙"行业"拒绝了九次(其中三次乃经阁下之手);你可以坚持说,最后这一次你接受了它,但这一点我不能承认。哪怕是为了对称和效果,我也得认为这殉难的稿子已第九次被拒绝或至少是被收回!我恭维自己说,很少有稿子赢

---

① 指詹姆斯·泰勒。

得同样的荣耀。当然，我对它的感情只能比作一个溺爱的父母对一个白痴孩子的感情。我看得很清楚，它的价值永不会为人所识，除了威廉斯先生和我。我们想必是慧眼独具，因而我对我们两个估计颇高。你可以声称，那种价值非肉眼所能见。我同意；但商品越小，它的价值也越无法估量。

你好心地建议，把"教师"置于你的监护之下。啊，不！以他卑微的身价，他一想到要孤身一人无亲无故地到一位生气勃勃的出版人那里去，未免畏缩不前。也许你可以将他裁成一条条，偶尔用来点燃一支雪茄，或者哪一天你起意把他处理掉，于是康希尔的一位职工就把它捆巴捆巴，塞到废纸库里去，他就未老先衰地落到了卖黄油的小贩和制箱子的匠人手里。不，我已经把它束之高阁，锁将起来；不是锁在我的写字匣里，因为他那副古板的教友派面孔太单调乏味，叫我受不了；而是把它单独锁在一只橱里。

你提到什么到伦敦去的话；可这话听来像梦一般朦胧，幸亏我不必听信它或答复它。伦敦和夏季远在数月之后；此刻我们的荒原还是白雪皑皑，小小的红胸知更鸟每晨飞到窗前乞讨面包屑。谁也无法早在三四个月以前做出什么计划。况且，我没有资格到伦敦去；没有人比我更不配享受变换环境或受款待的清福了。我暗自思忖，相反，我应该蹲监狱，单独囚禁，只供面包和清水，甚至收不到康希尔的一封信，直到我写出一本书为止。如此处理，十二个月下来，肯定是两种后果必居其一：或者我服刑期满，捧着一部三卷集手稿出来；或者我的智力落到那种可悲的地步，我将永远被排除在文学创作和文学前途之外。

……………

报道伦敦贫民的那些报纸特别有意思；它们在我眼前展现了一个奇异的新世界，它的某些幽晦隐蔽的角落显得十分阴暗、十分阴郁、十分恶浊。这个世界孕育着那样一种可怕的前景，我连想都不敢想；它唤起了我的浮想联翩，在这封傻气的信里是无法触及的。这篇报道文字细节的翔实与质朴，配上铜板插图，相得益彰。

马丁诺女士是个彻底的无神论者，而夏洛蒂·勃朗特尽管抨击教会，批判抹杀人性的教义，却仍是一个相信上帝和来生的基督徒。她要求改善和净化宗教，不是否定宗教。但她的宗教观念与其说是出于自觉的理性的认识，不如说是出身环境养成的思想习惯和感情上的需要。今生的苦痛，迫使她向来世寻求寄托和慰藉。即使她明知来世是虚幻的，她也得不顾一切地依附着这个概念，像抓住一根漂浮的稻草。即使她明知宗教是鸦片，她也不得不用来麻醉自己痛苦的灵魂。信仰的分歧，是她和马丁诺终于决裂的一个重要因素。

644．致詹姆斯·泰勒

（1851年2月11日）

马丁诺女士与艾特金森先生的新著《关于自然界和人类的发

展的通信》，你读过吗？如尚未读过，那么这书颇值得一读。这本书给我的印象如何，我不想多谈。这是我所曾读过的第一个直言不讳的无神论和唯物主义的表白，我所曾见过的第一个宣称不相信上帝或来生之存在的毫不含糊的宣言。要对这样一种表白和宣言做出判断，一个人需要把它们所引起的本能的恐怖感完全撇在一边，用一种不偏不倚的精神和泰然自若的心情来考虑。我感到这是难以做到的。最最奇怪的是，两位作者竟号召我们欢呼这种渺无希望的虚空，把这种痛苦的丧失当作一个伟大的收获来接受，把这种无以名状的忧伤当作一种愉快的自由状态来欢迎。即使一个人愿意这样做，他又如何做得到？即使他做得到，他又怎能心甘情愿这样做？

就我自己来说，我竭诚希望找到真理；但倘若这就是真理，那她最好还是用神秘把自己包裹起来，用面纱把自己蒙盖起来。倘若这就是真理，那么凡是看到这真理的男人或女人，只能诅咒他或她呱呱坠地的那个日子。不过我说过，我不打算死死抱住我的想法；我宁愿多听听别人的想法，听听某个判断不为情感所左右的人的想法。因此，请以不带偏见的精神读一读此书，坦率地告诉我你怎样想。当然，我是说，如你有时间的话，**否则不要谈**。

651. 致乔治·史密斯

（1851年3月31日）

……既然你的做法是对的，而且是在职责范围内忠实勇敢地服务，你**必定**在某种程度上是幸福的，比你有暇意识到的**更为**幸福。福布斯医生会告诉你，为着一个良好的目标而饶有成效地工作，是上天赐给人类的最好礼物之一。他说得对。目前主宰着你的女皇——职责，虽然板着一副严峻的面孔，却也有一颗感恩知报的心，总有一天会用高贵的补偿来酬劳你忠诚的服役。

你说你打算取消拟议中的旅游欧陆计划，这一点在我心中引起了一点微弱的效尤意念。为了在较小范围内学你的榜样，我也很想放弃今春或今夏去伦敦或其他地方的打算。假如我像你，坚信自己能做些有益的工作，我会心甘情愿地做出这个牺牲，其实，那根本算不得是一个牺牲。我以前也曾从专注的工作中找到治愈创伤的慰藉力量，这种力量，不是休息所能产生的。

…………

你对泰勒先生评价甚高，我想他是当之无愧的。我相信他是个好人，有坚定的道德原则，思想纯正，可信可赖。他的人品属那种较优秀的类型，相识之初往往不易充分赏识。要赏识他，需要了解他。在他身上，那核仁是带皮壳的；你得有时间有机会才能深入表层；你得先熟悉他的**风貌**，才能了解他**本人**。至少这是我的想法。

652．锡德尼·多贝尔致夏洛蒂·勃朗特

（1851年3月）

〔你寄给我的信延误了三个月才到我手。〕你我总有一天会晤

面握手，对此我深信不疑。我告诉你，在当今崛起的天才当中，没有人比你更能令我热烈地伸出同情的友谊之手或更乐意接受同情的友谊之手。你也许会平静地不大欣赏地回忆起这话来。但我不愿在事关友谊的问题上拔苗助长。水到渠成，瓜熟蒂落，万事总以顺乎自然为佳。由于我坚信我们的命运总有一天会交叉，我不愿加速机会的到来而使我们的会晤减色。再说，闯入一位作家私生活的清静，原是或应是一件需审慎处理的事；更何况妇女的身份神圣不可侵犯，贸然而来的友谊即使是诚实的，也难以弥补这种冒犯的情趣低劣。因此，每逢某种新的机会诱使我提起笔来，想写下"让我们做朋友吧"这句话，却又不止一次将笔搁下。可是现在我发现，是我误读了神谕，原来，三个月以前你就向我伸出了慷慨的手——命运真作弄人啊！

…………

我们确乎注定要成为朋友。我们同时走进文学的两个相邻的省份，我们都年轻，都默默无闻，都大走红运（而且都在第一部作品中），都成为许多意外的期望和预言的对象，都有目标、精力和决心，使我们不依赖世人的赞扬并超越于世人的冷落；——这一切难道还不足以说明我们的基本面貌之相似，使得我们的缘分更深？……不管我们各自的才能和责任如何，应该感谢上帝的是，我们生逢其时，在这样一个时代，我们的才能和责任不致太小，小到失去创建英雄业绩的材料，或者太大，大到没有可供降服的世界。……因此，在有着同样的禀赋和责任、面临着同样的危险的人们之间，友谊几乎成为一种保全自我的需要。诚然，我们必须倾听极少数人的意见；但天才所能听取的劝告，其价值在于它的稀少，而诗人群中的一位诗人，确实应该是卑微的。因此，我至为谦卑地请求你做我的朋友。

……我们将一起谈论《呼啸山庄》，我将请你告诉我你所记得的关于它的那位了不起的作者的每一件事。我知道，我可以不揣冒昧地向你表示我对她的天才的景仰。亲爱的勃朗特女士，如果我过于冒昧地向你谈到了其他的事，如果我的话与一封第一次写的信不相称，那么请记住，在思想上我早就是你的一个兄弟，我的这些发自内心的话乃是无意的真情流露。

653．致锡德尼·多贝尔

（1851年4月？）

……你的信至为友好，你提出愿意和我做朋友，我欢迎之至。不过首先你必须知道我。你说我年轻。不对。我想人们仍旧说我年轻，是出于礼貌，其实我并不年轻，我也不再自认为年轻。我敢说你一定比我小几岁，因为你显然还站在一个点上看待生活，而我则在人生的旅程中早已走过了这个点。我相信，对于你，世界还披着朝霞，你对力量、事业心和勇气还具有一种清晨感。我是一个行至午时的旅客，已经想停下来歇口气；瞻望前路，看到的是午后昏黄宁静的时光。你想到的主要是在生活中要建树什么、赢得什么；我呢——是要忍受什么。人生的丰盈、绵长和愉悦使你心中充满欢乐；而人生的短暂和莫测却深深印入我的脑海。

但我想，这些相异之处并不妨碍我们成为朋友，而且成为非常真诚的朋友。如我们有朝一日相逢，你应把我看成一个比较严肃的大姐。

詹姆斯·泰勒被公司派往印度开展业务，一去五年。临行前他去霍渥斯拜访夏洛蒂，希望明确关系。夏洛蒂尽管理智上认为和他结合是现实的，但感情上无法克服对他的厌恶和畏惧。因此会晤毫无结果。

654. 致埃伦·纳西

（1851年4月5日）

泰勒先生来而复去，一切依旧。除了我过去知道的一点点情况外，我只多知道一点：他即将去印度担任的业务，对维持史密斯-埃尔德公司的繁荣兴旺是必要的，而他，泰勒先生，只有他才被认为有才能有办法成功地完成这项任务；商务上的荣誉，加上他自己的责任感，迫使他接受了这个光荣而危险的岗位；他个人是十分不愿意去的；他估计这遭一去，五年之内不用想回来。

他显得瘦多了，老多了。我逼近地审视了他，有一次还戴上眼镜看他。他长得特像勃兰威尔，这一点给我印象极深。他长得并不丑，只是很特别；他脸上的线条显示出性格上的一种执拗，我不得不说，一种不招人喜欢的强硬。当他站在我身边，用他那锐利的目光逼视我时，我所能做到的只是平静而镇定地站在原地不动，而不是像以前那样往后退缩。用不着说我是否诚实——我承认，尽管我有心让自己对他抱好感，可是他的神态和仪容并不能使我比见第一面时更喜欢他。临离去时，他给了我一本书，用他那简捷的方式要求我为了他的缘故保存这书，又匆匆地说："希望在印度收到你的信——你的信过去是、将来也会是令我精神振奋的，较你所能设想的和我所能表达的要大得多。"

就这样，他走了。尽管他是个古板而唐突的矮小汉子，尽管他的态度时常使我感到不自在，可他一走，要把他从我脑中排除出去，当然会给我留下一种比过去更加无依无靠、更加孤孤凄凄的感觉。

你瞧，亲爱的耐儿，我俩的处境仍然相同——**你**并不孤立。我总觉得这件事里有某种奥秘，有朝一日是否会明朗化，我不知道。然而，我该做的是中止我对这个题目的思考，可能的话，避而不去想它。……我感到，他以他特有的方式对我表示关怀；我无法投桃报李，还报他的关怀，然而这种关怀一旦撤去，却留下一片痛苦的空白。

655．致埃伦·纳西

（1851年4月9日）

你用柔婉的声调安慰我，亲爱的耐儿，我却要用严厉得多的语气对自己说话。一去五载，远隔三重洋，一个男人积极有为的事业同一个女人消极无为的生存之间的巨大差距，——这一切几乎就等于是永久的诀别。可是还有另一件事，造成了更难逾越的障碍。T先生和我究竟合得来吗？我终究对他有无足够的爱，使我能接受他做我的丈夫？友谊、感激、尊重，这些我都有的，可是每当他走近我，他的眼睛紧紧地盯住我时，我浑身的血液就冻结了。如今他离开了，我却对他感到亲切得多。仅仅是由于贴近，我才变得严峻起来，被一种恐惧兼气恼的奇怪混合弄得硬生生的，什么也不能使我软化，除非他退下去，态度松弛下来。我不想表现得骄傲，也无意表现得骄傲，可我不得不如此。

千真万确，我们都永远受天上的上帝主宰，我们的意志捏在他的手里，有如捏在陶工手里的黏土。

659．锡德尼·多贝尔致夏洛蒂·勃朗特
（1851年4月17日）

你诚坦的姐妹般的信，满足了我最大的希望；我如何珍惜它，很难向你表述。……但我可以告诉你——你也会相信——我怀着庄严而甜美的满意心情，看到我们之间不明确的关系终于有了一个清晰可见的形式。

……你说你不"年轻"，这我无法相信，即使是出自你本人之口。简·爱的心是永不会衰老的。

你认为我年事尚浅，这是对的（我还只能自诩二十有七）。不过我素不大相信算术。《罗马人》中关于**年岁**的说法是有一定道理

的[1]。我想，按照某种计算法，死亡应被看成是一个整体。试试用我的标准来看，那么，有一天我会让你把我看成是一个白发苍苍的老人，让你看到，我曾多次在坟墓的边沿徘徊，感到自己已下到坟墓的阴影中去。现在，为了证明我对忧患并非一无所知，附上一篇不太愉快的东西给你看[2]。

不过，你认为我满怀希望地瞻望一个"早晨的世界"，你说对了。

我相信，我们人类过去几千年的历史只不过是黎明。我认为，东方正呈现曙光，预示着不可阻扼的白昼的来临。但我预言将有一个雷霆万钧的日出——地球上最辉煌灿烂然又最惊心动魄的时节——在这之后，将是一派"前所未见"的景象。既然我们不得不同人类搅和在一起，那么，在这样一个时代度过短暂的一生，在我看来胜过碌碌无为的漫长的一生。

你会认为，我这番话是青春年少自恃有"力量"而发的欢声；但我相信，当我们彼此了解更深时，你会免除我的"僭越之罪"。

660．致乔治・史密斯

（1851年4月19日）

我取消旅游的计划似已全盘失败，大概令堂已经告诉了你吧。

---

[1] 《罗马人》是多贝尔的一首长诗，其中关于年龄的说法是："年岁是死亡的影子，投在每个人通往不朽的光辉道路上。"——原编者注

[2] 《狂人》，首次发表在1850年11月23日的《雅典尼思》上。——原编者注

毫无办法，一个人不能自认为是大理石做的。

你的计划也取消了，请相信，此乃天意。你当真认为我今夏原该游莱茵吗？你认为我原该参与那些并非由自己挣得的享乐吗？

请听我说句正经话。你兴许有可能劝使我去……但即使我去了，我也不会真正快乐。自疚会啃咬享乐的根。只有雄蜂和黄蜂才乐意吃那非由它们采集来的蜜，而我反对被归入这些昆虫一类。故此，你和你妹妹的莱茵古堡成了空中楼阁，我虽为你们感到遗憾，却不为自己感到遗憾。

661．致埃伦·纳西
（1851年4月23日）

〔在泰勒先生的问题上，〕仍旧缺乏开诚布公的相互了解；而且在好些方面是令人忧愁痛苦的。老实说，我**现在**不再因对泰勒先生不公或不善而受到良心的谴责。过去我在这方面有错，现在我竭力弥补过失，不管是当面对他还是对别人谈到他的时候，例如对史密斯先生，虽然我怀疑我的好话会不会传到他耳中。我坚信他人品可靠，值得尊重，可是他上次来访时，不管我多么愿意，甚至多么想要怀着最大的好感看待他，可是在内心深处我却不可能把他当作一个有朝一日成为我的丈夫的人。若要我说出我对他形成的看法，哪怕只对**你**说，也太令人难堪了。亲爱的耐儿，我寻求的是一种绅士气质——我指的是**先天**的绅士。你知道的，我不在乎后天的教养，至于长相，我有自知之明，知道在这方面我无权苛求对方。但我找不到、看不到一星半点真正的良好教养的痕迹。这样说，真是太难堪了，可这是实话。就智力来说也如此，他虽聪明，却是属二流的，纯属二流的。我不想说这些，可一个人最好还是诚实。若要我嫁给他，我的心会因痛苦和屈辱而流血。我不能，**做不到**尊重他。不——如果泰勒先生是我命中唯一的丈夫，那我只好永抱独身了。不过，有时候我为他难过，也许这是多余的，因为我想他不会有很深的痛苦。一个强硬的性格，工作和变换环境对他会有好处。

662. 致锡德尼·多贝尔

（1851年5月1日）

你的信随时随地都受我欢迎。无论什么时候，只要你有兴致写，我就会愉快地读。就我来说，我知道，假如我有话想跟你说，总能通过书信与你相通，这一点实令我满意。

你说，要静候事情自然发展，让我们进一步相互了解；你说这话时的宁静态度，也使我欣喜。我相信那句老话，"欲速不达"，在友谊方面也同其他方面一样适用。像橡树般一寸寸成长起来的友情，要比像瓜蔓般突然蹿起来的友情更为可靠。

你附寄的那首诗，你把它形容为"不太愉快的诗"，这是恰当的，这是一篇需要留存常读的诗。它并非"只是声音与愤怒，毫无意义"；它包含有许多意义。我初读时就看出许多内容，再读时看到较多的内容,而三读时又复看到更多的内容。如蒙惠允,我想把它留下。

665. 致乔治·史密斯
（1851年5月12日）

萨克雷先生果真写了一首诗,这大概是无可否认的事实。《五月颂》**整个说来不是诗——这一点我要坚持**。它一开始是不坏的散文,可是到第四节"我感到爱与敬畏的战栗",它开始膨胀;到了中间部分,它逐渐增强、升高,发出了一种绵延不绝的甜美的音调,使耳内充盈着乐声,心中洋溢着光辉和广袤,一句话,它变成了**诗**。一个人**有能力**写出这样的佳品,却很少动笔,实在可耻,罪过啊!

他怎可闲坐半生,为贝尔格拉维亚[①]的贵妇们执鞭效力?懒惰的智力巨人啊!他是尼布甲尼撒梦中的那个大像[②]——是用铁和泥做的——一半刚强,一半软弱。

罗斯金先生却全然不同。(我已读完了《威尼斯的石头》。)萨克雷不爱惜自己的艺术或作品;他嘲弄它;他戏耍它。罗斯金对自己的艺术和作品怀有深切执着的激情。罗斯金对待一些东西的

---

① 伦敦海德公园附近上流社会居住区。
② 尼布甲尼撒是公元前6世纪的巴比伦王,曾征服耶路撒冷。据《圣经·但以理书》第2章31—35节,他梦见一个大像,"头是金的,胸臂是银的,腹腰是铜的,腿是铁的,脚是半铁半泥的"。

强烈认真的感情,有时叫我们感到好笑,因为这些东西**不能**用丝毫感情回报他;譬如,他冲着一座陵墓高呼:"啊,纯洁可爱的纪念碑——意大利这悼念之乡所有的纪念碑中我最心爱的一座!"萨克雷罪恶地玩忽他的巨大才华——上帝的赐予,对此我们常常想哭;只是没有人会做这样一个傻瓜,把眼泪白白糟蹋在这里,比白白糟蹋还不如。

有那么一两次,我私下里念叨,不知有没有机会听到他的讲演。毫无疑问,他的讲演一定是通篇塞满了讥诮挖苦,成心说来怄人的。不过,哪怕只出于好奇,我们也愿听听他说些什么。

十一 《维莱特》

（1851-1852. 书信编号673-803）

四进伦敦——萨克雷文学讲座——"水晶宫"博览会——萨克雷逢迎权贵——名演员拉歇尔——访盖斯凯尔夫人——《维莱特》的难产——评《亨利·埃斯蒙德》——评菲尔丁、《巴黎随笔》、《荒凉山庄》——讨论《维莱特》手稿

1851年5月底，夏洛蒂接受史密斯的邀请第四次访问伦敦，去听萨克雷的文学讲演。讲演共分六次，每周一次，夏洛蒂参加了四次。她对萨克雷曲意逢迎权贵的行为极为不满，当面批评了他，并且谢绝了他想把她引进贵胄之家的"好意"。她洁身自好，如出泥不染的白莲。

673. 致埃伦·纳西

（1851年6月2日，伦敦）

我星期三到此——比预期的日子早一天，为的是赶上听星期四下午的萨克雷讲演。你可想见，他的讲演对我是一次真正的款待，我很高兴没有错过听讲的机会。讲演会在威斯利厅举行，这里曾经是阿尔马克开舞会的地方①。一间金碧辉煌的沙龙，听众席上摆的不是长凳而是长沙发，在座据说荟萃了伦敦社会的菁华，看来确乎如此。在这样一个场合，面对着一排排啧啧称道赞口不绝的公爵夫人们和伯爵夫人们，这位伟大的讲演者竟还认得我或注意到我，是我始料未及。我走进去时，他迎着我过来，和我握手，领我到他母亲跟前（我以前没有见过她），把我介绍给她。②

---

① 18世纪时由威廉·阿尔马克建立的豪华厅堂，上流社会群集作乐的地方，19世纪中期以后改作会堂。

② 夏洛蒂没有提到萨克雷惹她气恼的行为——他大声对母亲说："让我给你介绍，这位是简·爱。"招来满座惊羡的目光一齐转向夏洛蒂。她惊慌失措，被萨克雷夫人赶紧领开。

她是一位优雅、俊美、不显老的老夫人;她待我非常亲切,第二天带着一个孙女来看我。萨克雷也来拜访过,是单独来的。我同他做过一次长谈。我想,他现在比以前稍许了解我了,不过我还不敢肯定。他是个伟大的怪人。他的讲演大受欢迎,轰动了伦敦。他的讲稿是一篇篇的论文,其特点是他所独具的独创精神和宏伟气势,讲演时表现出一种只可意会不可言传的绝妙的情趣和从容不迫的风度。讲演开始以前,有个人从背后俯身对我说:"请允许我,一个约克郡人,向你做自我介绍。"我回过头来,只见一张奇特而不漂亮的脸,我迷惑了半分钟,然后说:"你是卡莱尔勋爵吧。"他点头微笑。随后,又走过来一个人,同样声称他是约克郡人,原来是蒙克顿·米尔恩斯先生。然后福布斯医生来了,见到他我满心高兴。星期五,我参观了水晶宫①。那景象确实堪称奇观,动人心魂,令人眼花缭乱——一种魔宫与巨型商场的混合物;不过它不太合我的口味,我更欢喜讲演会。星期六,我参观了萨默塞特厅的画展。大约有五六幅是好画,很有意思,其余的价值不大。昨天,星期天,是值得怀念的一天,大部分时间我过得非常快乐,既不奔波劳累,也不过度兴奋紧张。下午,我听了伟大的法国新教传道者多比尼讲道。再一次听到法语,深感愉快,它引起一阵又甜蜜、又忧郁的思绪,奇特的浮想联翩。

---

① 1851年夏在伦敦举行的第一届国际工业博览会,会址设在海德公园内一座钢材和玻璃结构的建筑物内,故称"水晶宫"。

674. 致帕·勃朗特牧师

（1851年6月7日，伦敦）

……昨天，我再度参观了水晶宫。我们在那里流连了约三小时。我要说，这一次它给我的印象比第一次深得多。这是个奇妙的地方，庞大、奇特、新颖，非笔墨所能形容。它的宏伟壮观并不在于某一件东西，而在于所有**一切**的一种罕见的配合。凡是人类的勤劳所创造的一切，都可以在那里找到。从摆满那些巨大的展厅里的铁路机车和锅炉，全套运转的工厂机器，各种式样的华丽的车厢，形形色色的马具，直到覆盖着玻璃板和丝绒台布的展台上堆满的金碧辉煌璀璨夺目的金银器皿，以及严加防守的成箱的价值数十万英镑的钻石和珠宝。这地方，你可以叫作一个商场或集市，然而是只有东方神话中的妖魔才变得出来的那种商场或集市。仿佛只有魔法才能把这样巨大的财富从天涯海角聚敛到这里来，仿佛除了一只超自然的手，没有人能够把它安排成这个样子，显示出如此炫目的光辉和强烈的色彩对比，产生出如此巧夺天工的神奇效果。宽阔的通道里挤满了参观的人群，他们像被某种无形的力量制服和震慑住了。我去的那一天，在场的三万人中，听不到一点喧闹声，看不到一个不轨的动作，活的人潮静悄悄地向前滚滚流动，发出低沉的嗡嗡声，如同遥远的海涛。

萨克雷先生为了他讲演的成功而春风得意。这次的成功看来使他名利双收。不过，他把本周的讲演推迟到下星期四了，这样做，是应公爵夫人和侯爵夫人们的殷切请求，因为在原定举行讲演会的那一天，她们必须陪同女王和满朝文武百官莅临爱斯科特赛马会①。我对他说，我认为，他为着她们的缘故推迟讲演是错误的，我现在依然这样看。业余演员们为文学会演出的布尔沃的剧，也因赛马而推迟了。

675. 致爱米莉亚·泰勒
（1851年6月7日，伦敦）

……我最喜欢的还是萨克雷先生的讲演。本周他原该讲一次的，可是公爵夫人和侯爵夫人们求他推迟，因为她们要去看赛马。一帮讨厌的自私的豪门显贵，她们全都是。我真不明白她们为什么那样赏识他，她们全都赏识他。他呢，尽管伟大，却一半是她们的奴仆。他母亲是海伦·潘登尼斯的原型，前几天来看望过我。我倒蛮喜欢她，我以为我原不该那么喜欢她的。

今晚（如一切顺利）我将观看拉歇尔②的演出——在法国剧院。我不知道她是否会令我满意。至今我还没有机会看到一出差强人意的严肃认真的戏。

---

① 英国一年一度于6月中在爱斯科特荒郊举行的盛大赛马会。
② 拉歇尔夫人（1821-1858年），当时最著名的法国女演员，出身于贫苦犹太家庭，在里昂和巴黎街头卖唱为生，直到天才被发现。主演拉辛和高乃依等的剧作。夏洛蒂在《维莱特》里用《瓦实提》一章专门描写了她的表演。

676．致爱米莉亚·泰勒

（1851年6月11日）

我看了拉歇尔的演出——她的表演不同于我所看过的任何其他表演。她把她的整个灵魂投了进去，而那是一个古怪的灵魂。我不打算在此讨论这个问题。我希望再一次看她演出。她和萨克雷是伟大的伦敦城里对我具有魔力的两个活物——一个已经把自己出卖给了贵夫人们，另一个——我担心——把自己出卖给了魔鬼。

678．致帕·勃朗特牧师

（1851年6月14日）

……我在此间身体尚好，只是有时犯头痛，想是由于空气憋闷所致。天气不像我上次来此时那么晴好，而在阴霾的雨天，这座伟大的巴比伦是不大宜人的。所有其他的观光都让位给了大博览会，每天继续有成千上万的人涌进去。昨天下午我又去了一次，看到退位的法国王族——老后奥尔良公爵夫人和她的两个儿子等等——走过袖廊。我真不明白，伦敦人为什么把这个大虚荣市场百看不厌。不过，最近又有一桩新鲜事，多少引开了显贵们的注意，那就是女王昨夜举办的化装舞会。贵人贵妇们一心一意为这个重大事件做着准备。他们的宠儿和宝贝萨克雷先生，当然与他们气味相投。他昨天来我们这里用饭，晚间早早就离开了，为的是分别拜会诺福克公爵夫人、伦敦德里侯爵夫人，好趁她们进宫以前欣赏她们的化装服装！他的讲演大获成功。他说，这笔收入帮助他安排好了几个女儿的生活。史密斯夫人相信他的收益不下 4000 英镑。……首相参加了他最后一次讲演，萨克雷先生说，他正等着首相赏给他一官半职哩；不过我想他是在说笑话。当然啰，萨克雷被这一切弄得飘飘然，确实，事情不可能不是这样的。有两三次他主动提出，要把我引见给他的一些大人物朋友，并且说，他知道许多贵夫人会张开双臂欢迎我，如果我愿意光临她们的家。可是说实在的，我看这类交游对他起不到什么好影响。因此毫不为之动心，不步他的后尘。我依旧闭门不出。

685．致锡德尼·多贝尔

（1851年6月28日）

……萨克雷和拉歇尔是伦敦城里对我有吸引力的两个方面。一个是人，伟大、有趣，**有时**和蔼可亲；另一个，不知怎地，我觉得那是个魔鬼。我看过她演阿德里安纳·勒古弗勒和加米叶①。后一角色我**永远**也忘不了，她会在我不眠之夜一再出现在我眼前。不光是男人和女人，妖魔鬼魅也能像她那样仇恨、轻蔑、发狂，能缠磨和**折磨人**。这个怪物，我既不爱慕，也不钦佩，可是（如

---

① 阿德里安纳·勒古弗勒是 M. M. 勒古维和斯克里伯的同名喜剧中的女主人公；加米叶是高乃依的悲剧《贺拉斯》中的女主人公。

果我受得了那强烈的精神刺激的话），我会一连三个月夜夜去观看研究它的表演。

687．致史密斯夫人
（1851年7月1日）

我又回家了，看到我父亲身体很好，我感谢上天。赴曼彻斯特的旅途有点儿闷热，尘土飞扬，除此之外还是够愉快的。……

旅途中一次愉快的歇脚，是访问盖斯凯尔夫人的家。她是个拥有许多优秀品质的妇女，当得起人们普遍赠送她的形容词——迷人。她家共有四个小女孩，全都相当漂亮、聪明。她们在一所宽敞的房子的各个房间里跑出跑进，使得这房子充满生机、充满欢笑。相形之下，霍渥斯适成鲜明对照——不过在这晴朗的夏季，就连霍渥斯牧师住宅也并不显得阴郁！这里是静悄悄的，可是窗户洞开，不时可以听到一两只鸟雀栖息在园中一株荆树上啾唧鸣唱。

688．致乔治·史密斯
（1851年7月1日）

一个月的航行之后，我再度抛锚碇泊——当然是停泊在一个孤独的小岩洞里，不过仍然十分安全。途中对盖斯凯尔夫人的访问，使我紧张的神经很快松弛下来。和她一起虽只度过两天，这两天却愉快异常。她住在一座宽敞、爽快、通风良好的房子里，远离曼彻斯特的烟尘；房子周围是一座花园，在这炎热的季节，窗子经常洞开，房间里总是充满树叶的低语和馥郁的花香。盖斯凯尔夫人是这样一位妇女，和她谈话，有她做伴，我不会很快就感到厌倦。在我看来，她和善、聪明、生气勃勃，毫不装腔作势。她丈夫也是个好人。

礼拜天，我独自上教堂做礼拜（她们是唯一神教派）。回来时，……仆人说有我的一封信。我纳闷这信是谁寄来的，因为我知道父亲不会来信，而我又没有把地址告诉其他的人。当仆人把信交给我，解决了这个小小疑团时，当然，我一点也不高兴。你的信的主旨，不必评说了。我很高兴，但不能允许我自感庆幸，除非等稿子老老实实写了出来，并且无愧于写它的手、笔和脑。你答应送我到乡间去写作，这敢情好，可是我倒希望，康希尔可以备置一间"墙内隔室"，除了床、小几、凳子和烛台……外，备有一张书桌，以及笔墨纸张；可以接待那位先知在那厢住下，让他遵守一种仁慈的但严格的生活制度。每晨六时正，那张没有自动装置的床把那个贪睡懒觉的人推了出来；穿着停当，吃一顿有茶和烤面包的**分量不大**的早餐；然后，除了在一点钟给一口吃的，直到下午七点钟，再也不用任何美食来打扰他。七点钟，当代最伟大、最勤奋的一位作家将被当代最精力充沛、废寝忘食的一位出版家叫了去，心满意足地吃上一顿舒适的正餐——简言之，一顿美餐，精致、丰盛、其乐也融融（当然是有节度的）。他们将以极其亲切友好的精神共享这顿正餐。九点钟分手，在那个有益健康的时辰回房就寝。遵循着这样一种生活制度，六个月下来，成果一定辉煌。

697．致盖斯凯尔夫人
（1851年8月6日）

你关于萨克雷讲演的意见，我确实感到那是公正的。你撇开了令人讨厌的比较，对人们所谓的"毫不新鲜"的陈腔滥调表示愤慨，你说得对呀。所谓"毫不新鲜"是一种套话，只不过证明那惯用此语的人鉴赏力之粗鄙低劣。他们不辨**独创**和**新颖**的相对价值，缺乏纤细的感受力，这种感受力能够从处理方法的新颖独到中获得充分的乐趣，而无须不断更新题材的刺激。对于这一类批评家，夏日清晨欣欣向荣的景象不会给他们带来快感；他们一味嘲骂厨子没有给他们做来一份新颖开胃的早餐，而对日出、朝露、微风中包含的感染力无动于衷，因为那都是"毫不新鲜"的。

709．致乔治·史密斯
（1851年9月22日）

我现在享受的大多数好时光，都应直接或间接归功于你，我怎能不祝愿你诸事顺心？当机会到来，我可以通过努力实现我的宿愿时，却由于缺乏体力和精力或不知什么东西，让机会白白滑走，我怎能不感到难过、沮丧？噢，那个"连载"！你料想不到，你的这个建议在柯勒·贝尔的茶杯里掀起了多么大的风波，引起了他多么激烈的思想斗争。你不知道，**不可能**知道，依他的天性，他是多么强烈地渴望接受如此友好的方面的建议；多么愿意采纳这个建议，珍惜它，使它成形，使它取得成功；而当他掉转脸去，从心底感到这项工作、这份快乐不是属于他的，他又是多么悲伤。

虽然柯勒·贝尔无力做到这一点，你仍该把他看成是你的朋友，而且你仍是他的朋友。你还得把你自己的一部分保留给他——哪怕只是一根小指。那一部分，他既不容许任何男士或女士、作家或艺术家……占有，甚至也不容许他们染指。他把他对你的要求缩小到一个点，而那个点，他却要独占。

…………

你说什么，要我利用现在和圣诞节之间的空当离家一周？不行；即使没有别的障碍（障碍多得很），也还有那分手时的告别、渺无希望的握手的痛苦，至今余痛未消、不曾淡忘。我不喜欢那种痛苦。我不能忍受它一再重演。不要再提这个计划了。去一趟伦敦，只不过得到一时的缓解和刺激，随之而来的是反作用。

再说，我确实过得很好；不是总那么好，我一阵阵地感到意气消沉；但天意是仁慈的，每当抑郁感超过一定限度时，总有什么事情逆转流势，减缓负担。一个恐怖的不眠之夜之后，总会看到一个振奋人心的黎明。希望是一株植物，在我们北方的气候条件下，确实不是一株枝繁叶茂鲜花盛开的植物，但时不时它还能萌生新叶几片，绽开花蕾数朵，证明它绝非已经枯死。至于说到坚忍，麦克克罗迪女士本人就会告诉你，那株灌木会用多么强韧的根须，固附在一片多石的荒原土地上。

711. 致威·史·威廉斯

（1851年9月26日）

你信中描绘了一个给人以深刻印象的景象，读后深感兴趣。我不由得再次强烈地体会到一个真理，尽管是老生常谈，却总是使人铭记不忘，即：我们最好忘记自己，深切地关注他人的疾苦、损失、奋斗和困难。假如我们自己生活得称心如意，那就要时时记住，我们的千千万万同类在遭遇着不同的命运；最好让我们沉睡的同情心受到激发，我们麻木的自私心受到震撼。倘若情况正相反，我们需要对付特殊的忧患、内心的考验、上帝有意掺入我们生活之杯的特有的悲苦，那么最好是懂得，我们并非命途独舛。这样想，会平息我们的哀怨和忧思，唤起我们萎靡不振的精神，使我们清醒地看到世上存在着无数的苦难，每一种都与我们自嗟自怜的个人痛苦不相上下，甚而有过之。

那些拥拥挤挤的移民全都有他们的困苦，他们离乡背井流徙异域，各有其惨痛的缘由。你，一位旁观者，也有你的"希求和恨事"，你的种种忧虑，冲淡了你的家庭幸福和天伦之乐。这样的对比还可以列举下去，结果总是一样。人各有其肉中之刺；人人都有某种负担、某种矛盾。

社会机制的变革，民族习惯的更改，对于改善这种状况会起到多大的作用，是可以而且应该认真加以考虑的，但这个问题是不易解决的。你所指出的那些弊病既深广、真实又显而易见，而救治良方却隐晦不明。不过，对于过度的竞争所造成的困难，移民想必是个良策。在一个新的国家里开始新的生活，定会带来新的希望。天地广阔,人烟稀少,定能为创业开辟新的途径。不过我总觉得,走这步路,必须具备能吃大苦耐大劳的强健体魄才行。……听说你遇到了一个**有独创性**的作家,深为你庆幸。独创性是文学中的无价之宝——要求一个作家拥有的最难能可贵的素质。在新的一季里,你们的出版业务前景不是相当丰硕而令人满意么?你问起"柯勒·贝尔"。他的名字不出现在你们的新书预告中,我看不会留下一个空白。当他确实没有露面的份儿时,至少他可以免得自以为人家需要他而感到惶恐不安。

关于这些事,柯勒·贝尔也许在暗中呻吟,但果真如此,他也严守秘密。对这件事,我不必在此多费唇舌,因为多说也无济于事。这是一个关系到他的境况、他的能力和他的命运的问题。

《谢利》完成并出版后,夏洛蒂驻笔达两年之久。如果说,《谢利》的创作暂时转移了她亡妹之痛,度过了心灵危机,那么,编辑亡妹遗著引起的创痛复苏,则使她脑手麻木,无法提笔。但她终于战胜了苦痛,奋起精神,从1851年11月开始创作一部新的小说《维莱特》。

726. 致乔治·史密斯
（1851年11月28日）

我看到了《领袖》杂志上关于《美丽的卡鲁》的评论,还读了你寄来的《旁观者》杂志。前者我认为是一篇给刘易斯先生丢脸的文章（那显然是他那支老练的笔的产物）。此君有很好的批评才具，如果他愿善加使用；哪怕他武断轻率，却仍不乏一种本能的公正感，以及一种慷慨的素质。可是在这篇评论里，他却不知羞耻地甩掉了所有这些良好品质。不过我相信他大概根本不曾读过这本书。他想必是睡眼惺忪地拿起书，翻过三四页，然后坐下来便动手写评论；其实他原该戴上睡帽上床去的。

《旁观者》上的评论却老实得多，虽说奇蠢无比。这位可怜的先生倾其所有地动用了他的全部才能，可惜的是，他不具备评判一部小说的才能。这位可敬的批评家根本不懂得什么叫思想的独创或刻画的佳妙；他像蝙蝠一样盲目，却以盲目而沾沾自喜。不过，若要给比格女士一点安慰，那就不妨告诉她，《旁观者》对待《美丽的卡鲁》比对待《简·爱》还要客气得多。关于《简·爱》，它最突出的评语是，书中的概念和人物只让他（批评家）想起某座古老天主堂里雕塑的奇形怪状的猿猴、豺狼和猩猩的头像。在他看来，它是一个病态心理的修士脑中的幻想，一个长着枭首狐尾鹰爪的怪物。

正如你说的，《弗洛伦丝·萨克维尔》是一本睿智的书，也是一本有趣的书；它在格调上稍逊于《美丽的卡鲁》，然而值得受到赞扬和获得成功。《美丽的卡鲁》缺少的是惊人的、有力的、震慑人心的因素——也正是萨克雷先生所缺少的。萨克雷先生有一次略带苦涩地对柯勒·贝尔说，"我苦干了十载，才赢得真正的成功"，言外之意，你"柯勒·贝尔"只凭你那本小小的处女作就一鸣惊人，胜利来得太易啊。这话倒也可能不假，只是柯勒·贝尔也和萨克雷先生一样，苦干了同样长的时间，只不过没有发表过什么罢了。

顺便说说,萨克雷先生活该受到《泰晤士报》的批评。他老是喜欢巧妙地给人家布下天罗地网,这回轮到他自己干净利落地掉进他自己布下的网里去了。现在他在网里像头巨鲸似的翻腾蹦跶,让英国瞧他的热闹。他向你母亲编造了一套关于狄文夏公爵的海外奇谈,这是对他的惩罚;他那种做法,我感到很差劲。他偌大块头,偌大年纪,该长大了,不该再胡编瞎话了。普兰普特先生罚他站墙角;他活该站在那里,直到他答应做个好孩子,"再不那样干了"。

....

同时,如果我可以向你提出一个请求,那就是:在我手头这本书[①]写完并交到你手里之前,请不要向人提起。你也许不喜欢它。就已写下的部分而言,我自己也不甚满意;而你当然清楚,作者们对自己的作品总是宽容溺爱,甚至盲目袒护的。即使写出来的还过得去,我仍感到,像一部小说这样的昙花一现的作品,如果事先被人们大谈特谈,仿佛它是什么伟大的东西,那么对于它的成功,将带来毁灭性的后果。人们会对它怀着或至少表示过高的期望,这种期望是不可能实现的。于是,继之而来的便是失望和应得的报复——诽谤和失败。若是我在写作时,不得不想到那些正等着柯勒·贝尔,准备"在他落到洞底之前将他一棍打死"的批评家,那我的手就将瘫痪在书桌上。不过,我只能尽力而为,然后把脑袋藏在忍耐女神的披风里,坐在她脚下静候发落。

---

① 指《维莱特》。

749. 致乔治·史密斯

（1852年2月14日）

读萨克雷先生的作品[1]，对我来说是一大乐趣。我现在很少向你表示善意，至少这一次请允许我向你道谢，感谢你给了我如此难得的雅趣，不要因此而责怪我吧。不过我不打算赞扬萨克雷或他的这本书。我读着，欣赏着，颇感兴趣，可是我仍然非常恼火和难过，就像我的感激和钦佩一样。不论他的哪一本书，也不论书中写的是什么，你读后，这两种感情总是同时出现。这本书的前半部给我的主要印象是，作者整个置身于他所处理的那个时代的精神和文学环境之中。掌故、事例、文体，在我看来全都运用得炉火纯青、天衣无缝；它们和谐一致、首尾一贯，具有优美的自然真实，全然免除了夸张不实之词。任何一个二流的模仿者都做不到这种写法；任何一个粗俗的景物画匠都做不到用如此精美的掌故令我们神往。可是，他的讽刺又是何等刻毒，对病态的题材的剖析又是何等无情啊！好吧，就算这也是正确的，或者会是正确的，如果那个野蛮的外科医生不是那么凶残地醉心于他的手术。萨克雷喜好解剖一个肿瘤或一个动脉瘤；他把他那残忍的刀或探针戳进颤抖着的活生生的肉，并以此为乐。萨克雷不愿意整个世界变得美好；没有一个大讽刺家愿意社会变得完善。

照例，他对妇女不公道，很不公道。他让卡斯尔伍德夫人

---

[1] 指萨克雷的《亨利·埃斯蒙德》手稿第一卷。史密斯把原稿寄给夏洛蒂征求意见。

从锁眼里偷窥，从门外窃听，吃一个小伙子和挤奶姑娘的醋；为了这一点，怎样惩罚他也不为过分。我还注意到许多别的东西，叫我读了难过和气愤。不过话又说回来，有些段落写得那么真实，思想那么深刻，感情那么柔和，使你无法不原谅他、佩服他。

但愿有一个能让萨克雷听他的话的人，催他赶快写，勇敢地写下去；很可能，他会把此书写成他的最佳作。

可是我又盼望有人告诉他，不要过多地写那个时代的政治阴谋或宗教阴谋。萨克雷内心里并不重视任何时代的政治阴谋或宗教阴谋。他宁愿给我们描绘家常生活中的人性，就像他自己每天看到的那样；他一心想运用他那奇妙的观察才能。在他身上，这种才能是一个首领或领袖；倘若他的作品中有哪一段缺少趣味，那就是因为这种才能暂时退居到从属地位。我认为这一卷的前半部情况就是如此。到了中间，他甩脱了拘束，恢复了他的本来面目，而到结尾时则变得气势磅礴。现在一切都要看第二卷和第三卷如何而定。若是在力量和趣味上次于第一卷，就不会获得真正的成功。若是续篇比开端有所改进，若是江河滚滚向前时流势逐渐增长，萨克雷就会赢得胜利。有些人习惯于称他为当今第二大家；就看他自己是否证实这些批评家给他的称号。他不必名列第二。上帝把他造就得不亚于任何人。假如我是他，我就显示出我的本来面目，而不是批评家们把我说成的那个样子；至少，我要尽我最大的努力这样做。萨克雷先生是马马虎虎、懒懒散散的，他不大关心尽他最大的努力去做。

751．致乔治·史密斯
（1852年2月17日）

我想我的信不见得会对萨克雷先生有什么好处，不过，既然（就我所记得的）信中不包含任何我反对他看的东西，你可以酌情处理。那封信里谈到的意见，我愿意、如有胆量也能够毫不犹豫地像个傻子似的面对面向他讲，当然，要准备他用任何分量的讽刺来回报，也要准备接受最有损人的自尊心的曲解。这些曲解，我们看到了，收下了，泰然一笑置之，悲伤地放在一边。要是我没有弄错，萨克雷先生是擅长于耍弄这种小聪明的，尽管他伟大。

757．致乔治·史密斯
（1852年3月11日）

欣阅萨克雷先生正在如他说的"前进"，并希望刺激因素不是暂时的。把他的讲演印刷出版，加上"无穷无尽的插图"，不是一个极可取的好主意吗？我想，每一个听过讲演的人都愿意在暇时重读它们。就我来说，我想象不出比这更大的赏心乐事了，哪怕只为了有机会从中挑毛病找碴儿，冲着那些惹人恼怒的段落从容不迫地发火、烦躁、沉思默想一番也好。在听讲演时，你没有时间好好地生气。萨克雷先生对他的那位魔王——他的伪神菲尔丁——的顶礼膜拜，是我极欲从容地思考的一个问题。在你的那本红皮书（我早就寄还了）里，有一幅《乔纳森·怀尔德》①的作者的肖像。从那个冷嘲的突出的下巴颏儿，人们可以看出此人的性格。这是一个标志，表明此君从不**如实地**看他的邻人（尤其是女邻人），而是按照他们在最坏的情况下**可能**表现的样子来看他们。萨克雷先生本人的性格里也洒上了一点这种品质的佐料，但这并不（但愿如此）贯穿他的整个为人。

我读了《巴黎随笔》②，细嚼慢咽，每次按照规定的分量有节制地享用。我真怕太快就吃光了这份珍贵的食粮。在这里你可以看到作者当时经历的那种多少有些狂放不羁的、有规律的③、无所顾忌的生活留下的古怪痕迹（至少给我这样一个印象）。可是有许多文章——例如涉及到政治的，特别是那些批评文章——又写得多么好，多么真实、睿智啊！而且，不管萨克雷的书里可能包含着多少酸醋和胆汁，多少无用的浮沫，它却不带糟粕。你放下他的书时，从来不必洗手或漱口，以便涮掉一个腐朽的灵魂的浊气。他或许是偏执的，可说句公道话，他**不**是腐朽的；不，绝对不是。

《荒凉山庄》④第一期是否受到普遍欢迎？我喜欢有关法院诉讼的那部分；可是当它转入自传体，而那个自称不"聪明"的青年女子开始讲述她的历史时，我觉得它时常显得软弱无力和烦琐冗

---

① 菲尔丁的小说（1743年）。
② 萨克雷的一本文集，包含六篇短篇小说以及散文和批评（1840年）。
③ 原文为 regular，疑为 irregular（不规律的）的笔误。
④ 狄更斯的小说，于1852-1853年连载发表。

赘。在埃丝特·塞默森小姐身上，一个柔婉的性格受到了漫画式的嘲讽，处理得不真实。

777．致埃伦·纳西
（1852年7月1日）

你问起印度方面的事。这个题目，让我们用三言两语打发掉，以后不要再提了。一切都像坟墓般沉寂。康希尔方面也杳无音讯。由于我本季度没有完成一本书，他们深为不满。我们切莫依靠我们的同类，只能依靠自己，依靠在我们和他们之上的上帝。你所说的我的劳作暂时搁下了，我无法赶工。我必须遵循自己的进度，不管需要多长的时间。

783．致埃伦·纳西
（1852年8月25日）

也许你认为我写信一般有所保留，你这样想是应该的。不过，**我**的保留，不是出于预谋，而是出于必要。我保持沉默，因为我实在**无善可述**。诚然，我也可以一再重复说，我的生活是一片惨淡的空白，时常是一个非常令人厌倦的负担，未来有时使我望而生畏；可是这样翻来覆去地说，除了使你厌烦，使我自己软弱无力外，又有什么结果呢？

那不时从我心中挤出一声呻吟的不幸,是在于我的处境——并非因为我是一个**单身**妇女,而且很可能始终是个**单身**妇女,而是因为我是一个**孤独**的妇女,并且很可能一直**孤独**下去。但这是无可奈何的事,因而**绝对必须忍受**,而且要默默地忍受,说得越少越好。

792. 致乔治·史密斯

（1852年10月30日）

你务必如实告诉我,你读《维莱特》的时候是怎样想的。我很难向你说明,我多么渴望听到我自己以外的人的意见;我有时感到十分沮丧,几乎心灰意冷,因为没有一个人能听我念一行,或与他商量一下。《简·爱》不是在这种情况下写成的,《谢利》的三分之二也不是这样的。我为此深感苦恼,简直不愿提到这本书。它还没有完成,但现在可望把它完成。说到匿名发表的问题,我想说的是:如果取消作者的名字会给出版者的物质利益带来损失,影响到书店的征订数量等等,我就不坚持匿名;但如无妨,那我宁愿躲在一个化名的庇荫下。我颇害怕那广告——大字号的"柯勒·贝尔的新小说"或"《简·爱》作者的一部新作"。不过我很清楚,这只是一个隐退的可怜虫先验的想法罢了。因此,务请实话实说。

…………

你将看到,《维莱特》不涉及公众感兴趣的事情。处理当前一些重大主题的书我写不出,尝试也没有用。我也不能为了一本书的道德意义而写作，亦无法着手实行一项悲天悯人的计划，虽然我尊重慈善事业。面对着比彻·斯托夫人的作品《汤姆叔叔的小屋》中所处理的那样一个宏伟的题材，我甘拜下风。要正确处理这些重大事件，人们必须对它们进行长时间的脚踏实地的研究，周密地考察它们的各个方面，深切地体会它们的弊端，而不能把它们视为一种企业活动和商业投机。我毫不怀疑，斯托夫人必是从幼年起，在她想到著书立说很久以前，就感到奴隶制的烙印深深打进了她的心田。贯穿着她的全部作品的感情是诚挚的，不是生造的。记住，请你给《维莱特》做一个诚实的批评家，并请告诉威廉斯先生不要手下留情。这倒不是说，我可能做什么改动，而是因为我需要知道他和你的印象。

《维莱特》的第一、二卷手稿于1852年10月底寄给出版人。这部小说是在独自摸索、无人商讨的情况下写成的，夏洛蒂感到没有把握。史密斯的称许使她稍感宽慰。史密斯在信中显然提到，他认为露西·斯诺应该嫁给约翰医生。夏洛蒂的回答似带隐喻意味，后人常援引作为她曾拒绝史密斯求婚的证据。

795．致乔治·史密斯

（1852年11月3日）

非常感激你的来信；它使我甚感宽慰，因为我曾经忧心忡忡，疑虑重重，不知《维莱特》在别人眼里是个什么样子。我感到，在一定程度上，完全可以信赖你对它的好印象，因为你所提到的不赞同之点都是十分中肯的。至少你提到的两点，我过去也意识到是缺陷——格雷厄姆的少年时期和成年时期存在着脱节现象，缺乏完全的协调一致；他对范肖小姐态度的转变来得太突兀。可是你务必注意，他曾一度以某种降低了的标准暗中欣赏那位小姐——把她看得比天使略低一点。不过，还是应该让读者对情绪的转变有所准备才对。……第三卷的大部分是用来写那位"脾气乖张的教师"的性格发展。露西不该嫁给约翰医生；他太年轻，英俊、开朗、和蔼；他是大自然和命运的"卷发的宠儿"，应该从生活的彩票中抽得一张奖券。他的妻子应该年轻、富有而漂亮；他应该得到莫大的幸福。如果露西要嫁人，她应该嫁给那位教师——一个需要多加谅解、多加"包涵"的人。但我并不怜惜弗罗斯特小姐[①]，从一开始我就不打算把她安放在一个愉快的位置上。第三卷的结尾仍是一个令我发愁的问题，不过，我只得尽力而为。

796．致乔治·史密斯

（1852年？）

《亨利·埃斯蒙德》的第三卷，在我看来拥有最多的火花、力

[①] 在《维莱特》的初稿中，露西·斯诺的名字曾被改为露西·弗洛斯特，以后又改回来。斯诺（Snowe，雪）和弗洛斯特（Frost，霜）都含有"冷"的意思。

量和趣味。我以为，第一、二卷有些部分写得令人钦佩，但缺点是其中包含历史太多，故事太少。我主张，一部虚构作品应是一部创造性作品，**实况**应吝惜地加以使用，把它们掺进以写**理想**为主的篇页中去。平淡的家制面包固然比蛋糕更有益健康，更必不可少；可是谁又愿意看到棕色的面包卷端上餐桌，以代替饭后甜点心？在第二卷里，作者给我们送来大量的上好黑面包；在第三卷里，他只给了我们一部分黑面包，用作填充材料，就像在一块精美的、不太油腻的葡萄干布丁里掺进了一些面包渣。

797. 致威·史·威廉斯

（1852年11月6日）

来信对《维莱特》提出了坦率而中肯的评论，我必须毫不迟延地表示感谢。你的许多严厉的批评，我都同意。第三卷也许能消除一部分反对意见，其他的反对意见仍然有效。我想兴趣的高潮不会在任何地方达到你所希望的那种程度。若有高潮，那也只会出现在临近结尾的地方。即便如此，我也怀疑一般小说读者是否会认为它"痛苦堆积得够高"（如美国人说的），或者甩在画布上的颜料用得够大胆。不过，恐怕他们只好满足于我拿出来的东西了。我的调色板调不出更鲜艳的色彩；要是我试图把红色加深，或把黄色加亮，那只会搞得一团糟。

除非我错了，这本书的情调将从头到尾是比较低沉的。说到女主人公的姓名，我几乎无法解释，是怎样一种微妙的意念使我决定给她起一个冷的姓氏；……她必须有一个冷的姓氏，部分是出于"Lucas a non Lucendo"[①]，部分是出于"顺情合理"的原则，因为她有一副冷冰冰的外表。

你说，她也许会被看成是病态的、软弱的，除非她的生活史得到更充分的展开。我考虑，她**的确**有时是既病态又软弱的；她的性格并没有打算表现出一贯的坚强，而任何人如果过着她那种生活，都必然会变得病态的。例如，驱使她去向神父忏悔的绝不是健康的感情，而是孤独的忧郁和厌倦造成的半疯狂状态。不过，如果这一切没有在书中得到表达，那必是在哪里有着重大的缺陷。其他一些问题我可以进行解释，不过那就好似画一幅画，然后在要表现的东西下面标明它的名称。我们都知道，需要一支写字笔来帮忙的画笔，是多么拙劣的画笔。

799．致乔治·史密斯
（1852年11月20日）

寄上《维莱特》第三卷。最后几章写得比我预期的要快些。过目后，请像以前那样坦率地表示意见。

我担心威廉斯先生对第一、二卷的风平浪静有点儿感到泄气。第三卷的前半部，他也不一定赞同，不过结尾部分也许较合他的

[①] 拉丁文成语，字面意思是："树丛"一词源出"不透光"，引申意思是：名实相符。

心意。作者们无法选择自己的情绪,因为他们的天空并不总是风和日丽,也并不——谢天谢地!——总是暴风骤雨。不过,公众是必须得到"兴奋"的,我们当中最高明的人也只能说:"只把我所有的给你。"①

....

现在,《维莱特》既已脱手,我打算静候结果。我不会受到良心——如果她是公正的——的责备,因为我尽了最大的努力。

803. 致乔治·史密斯

(1852年12月6日)

你埋怨在第三卷里,兴趣从一组人物转向了另一组人物,我得承认你又看对了。这是令人不快的,而且很可能读者不欢迎。从某种意义上说,作者这样写也是出于不得已。如果遵照浪漫传奇精神的指示去做,可以采用另一种远为绚丽多彩引人入胜的途径;可以塑造一个凌驾一切的男主人公,始终守定他,把他写得十全十美,值得崇拜;他应该有一个爱慕的偶像,而且也不是一个缄默不语、毫无反应的偶像。可是这样写法,不像真实生活,不符合现实,背离可能性。不过我很担心,书中最薄弱的一个人物也许正是我意欲塑造成最优美的一个人物。如果情况确乎如此,那毛病一定出在缺少**真实**的胚芽,出在纯属想象。我感到这个人

---

① 典出《圣经·使徒行传》第3章6节。

物缺少实质；我担心读者会有同感。与这个人物相结合，恰似伊克赛恩①的命运——他和一片浮云结为配偶。不过我以为，波琳娜的童年还是构想得颇好的，但她……②

---

① 希腊神话中的贴萨利国王，由于企图勾引天后赫拉，被天神宙斯打下地狱，绑在永远旋转的轮子上。

② 原信残缺，这句话未完。——原编者注

十二　婚事

（1852-1854．书信编号807-907）

亚瑟·尼科尔斯求婚——父亲的阻挠——五进伦敦——为《露丝》让路——《维莱特》出版——参观监狱、弃儿医院——同马丁诺女士决裂——萨克雷的肖像——尼科尔斯离去——评《克兰福德》——《基督教醒世报》的攻击——致《基督教醒世报》——盖斯凯尔夫人来访——转机,宣布订婚——婚前的思虑——婚礼和蜜月旅行

1852年12月，亚瑟·尼科尔斯正式向夏洛蒂求婚。时夏洛蒂36岁，尼科尔斯比她小两岁。他是爱尔兰人，毕业于都柏林的三一学院，1845年来霍渥斯教区担任勃朗特先生的副牧师。八年来，他似乎一直在默默地爱着夏洛蒂。但他爱的不是著名的女作家柯勒·贝尔，而是好女儿、好姐姐、好姑娘夏洛蒂。相反，夏洛蒂的成名对他的希望是一个打击，因为，以他100英镑的年薪，他自认配不上她。而这也正是勃朗特先生激烈反对这宗婚姻的根本原因所在。夏洛蒂本不爱他，同时为照顾父亲的感情，拒绝了他。但后来为他的至情所感，逐渐回心转意，说服了父亲同意他们结婚。但真正的情爱是在婚后产生的。

807．致埃伦·纳西

（1852年12月15日）

……附上另一封信……尼科尔斯先生的信。

我不知道你在这里的时候可曾专门注意观察过他。你的感觉一般是相当敏锐的，我觉得有时敏锐得过头了。不过你既从未提到什么，我也就把自己那模糊的疑惧压了下去，因为那不能说明我看出了什么问题。爸爸是否看到或猜到什么，我不问，尽管我可以揣摩。他点滴不漏地注意到尼科尔斯先生如何情绪消沉，如何一再提到他要远走他乡，注意到他身体欠佳的种种迹象。他目击了这一切，却很少表示同情，倒绕着弯子说了许多的讽刺话。

星期一晚上，尼科尔斯先生来我家用茶。一段时间以来，我虽没有看到什么，却有种预感。这次也一样，我虽没有清楚地看到，却隐隐约约地感到他的目光频频向我射来，带有一种奇怪的狂热的压抑感。用过茶，我照例回到饭厅里去。尼科尔斯先生照例和爸爸一起坐到八九点钟。然后，我听到客厅的门响了，像是他要离去。我等着听大门哐啷一声。可是他却在走廊里停下了步子，轻扣我的房门。霎时间，如同电光一闪，我明白了将要发生什么。他走进房来，站在我面前。他说些什么，你可以猜到；可他的那种神态，你却万难想到，那是我怎么也忘不了的。他从头到脚都瑟瑟发抖，脸色煞白，语声低哑、急切，却异常吃力——那模样使我第一次看到，一个男人想吐露感情，却对对方的反应疑虑重重时，要付出多大的代价啊。

看到一个平时活像一尊雕像的人这样战栗、这样激动、这样软弱无力，不禁感到一种异样的震惊。他说到他许久以来忍受的痛苦，说他再也忍受不下去，请求我给他一线希望。我只得求他当下离开我，答应次日一早给他回话。我仿佛半领半推地把他送出了房门。他走后，我立刻到爸爸那儿，告诉他刚才发生的事。跟着便掀起了一场小题大做的激动和震怒。倘若我爱尼科尔斯先生，听到加在他身上的那样一些形容词，我定会忍无可忍。即便我不爱他，我也因这种不公道而血液沸腾。可是爸爸的脾气一上来，真个非同小可。他额角青筋像鞭子一样暴起，眼睛一下子布满血丝，变得通红。我连忙答应他，第二天一早对尼科尔斯先生表示断然拒绝。

昨天我给他写了一封信，并收到他的回信。对这份申述，无须再做评论。爸爸只要一想到什么人想娶我为妻，就激烈反对；他的反感和尼科尔斯先生的苦恼，都使我痛苦。我对尼科尔斯先生从未怀有眷恋之情，这你是知道的，可是星期一晚上他那个样子，以及他急忙吐露许多个月以来忍受的痛苦，引起我深切的怜悯，这种感觉是苦涩的，很不是滋味。他关怀我，并希望我也关怀他，这我早就料到，可是他的感情竟炽烈到如此地步，却是我始料未及。

808．致埃伦·纳西
（1852年12月18日）

你问我这究竟是怎么一回事？我只能告诉你，我不知道。这事对我来说不啻一场梦，若不是理性告诉我，它早就在酝酿之中了。爸爸这股邪火是打哪儿来的，我简直莫名其妙。

你问爸爸对尼科尔斯先生态度如何，我巴不得你在这儿，亲眼看到爸爸目前的情绪状态，那你对他就多少有些了解了。他对他态度的强硬是毫不留情的，对他的轻蔑是不容劝解的。这两个人至今不见面，一切都通过书信来传达。爸爸星期三给尼科尔斯先生写了一封信，一封应该说是十分冷酷的信。看到尼科尔斯的心情和健康状态（这可怜人根本拒绝进食，把他的房东太太即玛莎的妈妈吓坏了），我感到有必要缓冲一下打击，便随着那封无情的信寄去了几行字，大意是，虽然尼科尔斯先生绝不要指望我回报他对我表示的感情，但我却要表明，那有意使他痛苦的情绪与我无关；我劝勉他保持勇气和精神。他收到这两封信后，就离家外出了。昨天寄来了附上的这封短简。

你务必理解，爸爸的愤怒是出自这样一个想法：尼科尔斯先生的行为不光明正大，他很久以来掩藏了自己的真实目的，编造一套关于爱尔兰的神话等等，这个想法倒也不是毫无根据。我恐怕，爸爸对他钱少似有点儿考虑得过多了；他说，这宗婚配是降格屈辱的；说我若是嫁给他，等于白白糟蹋自己；说如果我终归要结婚的话，希望我另做打算。简言之，他看待这个问题的观点，总的说来绝不是我所能同情的。我自己无意于此，则是基于感到我们两人在情感、情趣、原则上不协调，不相投。

811．致埃伦·纳西

（1853年1月2日）

新年除夕，我思念着你，祝愿你顺利完成准备茶点的艰巨任务。……我这里也小忙了一阵——准备本周赴伦敦——需要稍动针黹。我看到我必须亲自去监督印书，因为史密斯先生似乎执意不让付印，除非我去。从布鲁克罗伊德[①]回来后，我只改了三印张校样。爸爸也要我去——我想大概是要我暂避一时——可我为一个人难过，除了我，谁也不可怜他。玛莎起劲地反对他。约翰·布朗说**他恨不得一枪打死他**。他们不理解他的感情的性质，我现在

[①] 埃伦的家。

却明白那是怎样一种感情了。尼先生属于这样一种人，这种人专情于极少数人，他的感情狭而且深——如同一条地下河道，汩汩流涌，然而被锁闭在一个狭窄的河床里。他仍旧心神不宁，闹着病；他一丝不苟地执行临时的职责，不过不近教堂，每逢礼拜日找一个人代替他。

几天前他给爸爸写信，请求撤回他的辞职申请。爸爸回答说，他必须书面承诺永不对他或对我重提那令人不悦的话题，只有在这样的条件下，才可同意他复职。他规避了这一点，因而问题悬而未决。

我相信，结局将是他离开英国去澳大利亚。亲爱的耐儿，尽管不爱他，我却不愿想到他孤孤单单忍受痛苦，希望他在任何地方可以生活得快乐一些。他和爸爸至今仍未见面说话。

1853年1月，夏洛蒂第五次也是最后一次访问伦敦，主要目的是修改《维莱特》校样以备付印。由于盖斯凯尔夫人的《露丝》也出版在即，夏洛蒂应她的请求将《维莱特》的出版推迟半个月。当时夏洛蒂名声在盖斯凯尔夫人之上，一个请求"让路"，一个同意"让路"，表现了两位女作家的谦虚、朴实、高风格和纯洁的友谊。这里何曾嗅到半点文人相轻、排挤、倾轧的气味！

此次访问和前几次有个很大的不同：夏洛蒂避开了堂皇的浮面生活场景，试图进入伦敦生活阴暗的底层，去观察、了解、体验。她自选的参观目标是监狱和弃儿医院等。她在有意识地扩大自己的视野和生活面，接触被社会遗弃的人们。在纽格特监狱，她走到一个犯有杀死私生子罪的年轻女犯跟前，和她握手说话，但被狱吏拦阻。如果她得以活下去，她的创作有可能进入一个新的境界。例如，她开了一个头的《爱玛》，就有可能是涉及弃儿和罪犯世界的。尽管她的性别和环境形成了一道难以逾越的鸿沟，使她的创作天地无法和男作家相衡，但她的这种求索精神，把她与那些满足于描写家庭和身边琐事的女作家区分开来。在评判夏洛蒂的局限性时，这一点是需要考虑到的。

813. 致盖斯凯尔夫人
（1853年1月12日，伦敦）

从发信地址你可以看到，我现正在伦敦，安安静静地待在我的出版人家里，修改校样等等。收到来信之前，我就向史密斯先生表示过，不想挡《露丝》的道。并非因为我认为她（祝福她那可爱的脸儿。我已狼吞虎咽地读完了第一卷）同《维莱特》相比会逊色——我们明明晓得，受害的毋宁会是另一方；不过我向来讨厌比较，宁愿我或我的朋友都避免被人拿来做比较的题目。史密斯先生据此建议，把我的书推迟到本月24日出版；他说那样就可以让"露丝"先见报，日报和周报，也让她畅行无阻地进入2月份所有的杂志。要是你认为推迟的时间还太短，请说话！可以再延长。

我敢说，即使我们这样安排，也不能完全避免被人拿来做比较。有些批评家天生招人讨嫌。不过我们不必管它。我们可以向他们挑战。他们想把我们变成劲敌，**办不到**；他们想在我们相互的感情中掺进一滴妒意的污泥浊水，**办不到**。为此我伸出我的手，我知道你会以紧握还报紧握。

《维莱特》委实无权抢在《露丝》前面。《露丝》包含着一种仁爱心，一个悲天悯人的目的，一种社会功用，这一点，《维莱特》是望尘莫及的；就非同寻常的气势而言，《维莱特》也不敢自诩居上风。我觉得它比《简·爱》宁静得多。《露丝》就我已读过的部分，我觉得它的美胜过《玛丽·巴顿》，不管在力量方面是否超过那本书。说到风格，它正是我心灵所欢迎的。关于人物刻画，我想要等读毕才能更好地判断，不过半路上也可以说一句：老女仆萨莉似是一只"金苹果"，很值得"镶嵌在一副银画框里"。

814．致埃伦·纳西

（1853年1月19日）

我仍在伦敦，静悄悄地惬意地过日子，按照我喜欢的方式生活：多观物，少见人。这次由我自己挑选参观的项目。我选择的多是生活的真实面而不是文饰面——参观了两所监狱，一所老式的，一所现代的——纽格特监狱和潘顿维尔监狱；参观了弃儿医院。今天，如若顺利，我要跟福布斯医生一道去看伯利恒医院。史密斯夫人和她的女儿们对我这种阴暗的兴趣想必有点儿吃惊，可我不管那些。

....

我的书月底出版。盖斯凯尔夫人怪可怜地央求我不要和她的《露丝》撞车,无法拒绝她,只得把我的书推迟两周出版。

《维莱特》出版后,夏洛蒂急于知道马丁诺女士对它的看法,写信请她实话相告。马丁诺说了实话,夏洛蒂却受不住了。她不能原谅她,一封信断了绝。夏洛蒂和马丁诺的矛盾不仅是思想上观点上的矛盾,也是两种截然不同的气质的矛盾,尽管她们都善良、正直。在两人的关系上,夏洛蒂显得有些气量狭小。马丁诺对她并不存芥蒂,一再寻求恢复友谊。夏洛蒂死后,她为她写了一篇深情的悼文。

815. 致哈丽特·马丁诺

(1853年1月21日)

……我知道,你会坦率地告诉我你对我这本书的想法,就像对一个至亲那样直言不讳,宁为她好而不是为了让她快意。我像任何一个软弱的血肉之躯,在受责难的痛楚下缩着头颈;但我爱真理,尊重真理,拜倒在真理脚下。让真理打我的一边脸颊——打得好!眼泪也许涌上眼眶;可是放勇敢些!这儿是我的另一边脸颊;再打一下,打在正中,狠狠地打。

819. 哈丽特·马丁诺致夏·勃朗特

（未注明日期）

……至于问题的另一面，既然你那么渴望知道，我只有一件事要说；不过这不是一件小事。我不喜欢那种爱，不管是它的类型还是它的程度，都不喜欢；这种爱充斥着全书，影响所及，可以解释为什么会出现你同我商讨的那些评论中的有关段落，同时也似乎为它们提出的批评提供**某些**证据。

820. 致哈丽特·马丁诺

（未注明日期）

我想最好还是立即满足你的愿望，给你写信，把我对你上次来信的情调和情绪的感受告诉你。我附还你的信，并且用红墨水标出了那使我震惊得目瞪口呆的一段话。所有其余的部分都是公正的、正确的，不愧出自你的手笔，但这一段话我要抗议。假如我被押到英国全体批评家的法庭上受审，面对这样一个指控，我的回答将是："无罪"。

我知道按照我所理解的**爱**是什么；如果男人或女人对怀有这样的爱感到羞耻，那么按照我对正直、高尚、忠诚、真挚、无私的理解，世上就没有什么正直、高尚、忠诚、真挚、无私的事物可言了。

与你发生分歧，我感到剧烈的痛苦。

821. 致乔治·史密斯

（1853年2月7日）

……《每日新闻》上的评论无疑是马丁诺女士写的（她的爱尔兰书简就是发表在这份报纸上的）。我收到过她的一封信，内容大意与此完全一样，提到了同样的问题，力陈同样的反对意见，也同样暗示我的写法与巴尔扎克相似，虽则我并没有读过巴尔扎克的书①。她的信与那些评论不同之处，只在于苛厉到了不公允的地步；她的褒奖也更加精炼。总的说，如果康希尔对各家评论迄今尚感满意，我也满意。

828. 致乔治·史密斯

（1853年2月26日）

昨晚，在霍渥斯牧师住宅，我荣幸地接待了一位贵宾，不是别人，正是威·梅·萨克雷大人阁下②。我权守殷勤待客的礼节，今早隆重地将他吊挂起来。他在他的那副精美雅致的镀金绞台上显得华美壮观。给他做伴的，有威灵顿公爵（你记得你曾送给我那幅画像吗？）；给他做对照和陪衬的，则有里奇蒙为一个微不

---

① 参见致乔·亨·刘易斯的信（1850.10.17），信中感谢他借给她两本巴尔扎克的作品，并对它们做了评论。——原编者注
② 谐指史密斯送给她的一幅萨克雷肖像。

足道的人作的画像[1]，这人在这些贵宾面前是个上不得台盘的无名小辈。萨克雷面带大人物的鄙夷神情，撇过脸去看也不看那个小人物一眼。那模样真叫人深受教益。这些礼品的馈赠者不知是否会看到它们挂在现正挂着的墙上；我喜欢幻想他有朝一日会看到。我父亲今早在这位大人物的画像前站立了一刻钟，细细观看他。他观察得出的结论是，他认为这是一个令人迷惑不解的头；如果他原先不了解画中人本人的性格，那么从画像的五官轮廓是看不出来的。我不知是否如此。在我看来，那宽大饱满的前额仿佛说明了智慧。鼻子和面部的某些线条流露出一个讽刺家和愤世嫉俗者的痕迹；那张嘴显示了赤子般的单纯——也许还加上一定程度的优柔寡断、缺乏主见——简言之，是一种弱点，可这种弱点并非不和蔼可亲。木刻的工艺我认为非常好。有种不大合乎基督教精神的神情……一种怨尤的神情，在他本人身上表现得极其明显，在画像上却被冲淡了，也许在这样改善的时候，使原有的魅力失却了一点——很少一点。它是否给你这样一个印象？

834．致埃伦·纳西

（1853年3月22日）

关于一般人对《维莱特》的态度，你似乎倾向于抱有暗淡的看法。亲爱的埃伦，你的这种想法并不令我吃惊，因为你所看到

---

[1] 谑指夏·勃朗特本人的画像。

的只是一些较不利的评论。我得到的一些消息却有着不同的倾向；但这不打紧，时间会说明问题的。说到"露西·斯诺"的性格问题，我的意图从一开始就是，她不应占据"简·爱"所曾占有的高位，而简·爱是被一些不慎的倾慕者硬捧上这个高位的。露西·斯诺所处的位置是我特意给她安排的，在那儿，她不致被指责为自我标榜。

837. 致乔治·史密斯
（1853年3月26日）

……你奇怪马丁诺女士怎么会向**你**打听**我**的消息吧。事实是，大约八星期以前，她刚读完《维莱特》，我收到她的一封信，打那以后，我再也没有给她写过信。而且我也不知道什么时候才能促使自己再写信。马丁诺女士同我之间情感的差距很大，十分明显，不可调和。加之，我恐怕她所理解的语言的含义，和我所理解的不同。简言之，她大大刺伤了我的心，眼下我看得一清二楚，她和我最好不要试图做亲密朋友；确实，我希望她悄悄地把我忘掉。她认为是正确的和重要的几点意见，在我看来是荒谬绝伦的；可是告诉她这一点没有用处。我不想跟她争吵，但我希望不受干涉。……

关于那个事关重大的问题——保罗先生的命运，若是将来有人要求澄清，可以告诉他，原来的设想就是让每一个读者根据他自己的情性，是心慈的还是心狠的，来决定那场灾难的结局；反正总得在淹死和终成眷属之间进行可怕的抉择。那些慈悲为怀的读者——如默洛克女士、威廉斯先生、哈丽特·圣克莱尔夫人和亚历山大·弗雷泽先生——当然会选择前一种较温和的命运——让他淹死,以便解除他的痛苦。相反,那些狠心肠的读者,就会毫不留情地把他拴在难题的第二只角上,即残忍地冷漠地让他同那个人——那个家伙——"露西·斯诺"——结婚。

838．致埃伦·纳西

（1853年4月6日）

你问尼科尔斯先生近况如何。听说他觅到了一个副牧师职务,但不知在哪里。他和爸爸从不说话。他的生活似乎过得孤寂凄凉。最近发生的事,使他变得冷若冰霜,不仅对直接当事人,而且对所有的人都阴沉着脸。他闷闷不乐地坐在自己的房间里。要是克罗斯顿先生或格兰特先生或其他教士去拜访他,并且试图安慰鼓舞他,他就无言以对。我看得出,他什么也没有告诉他们,不跟任何人推心置腹,对别人想刺探他的心思的企图一概加以抗拒。我承认,为此我尊敬他。他仍旧让"弗洛西"[①]进他的房,并且带着它一道散步。他有时仍去看望索登先生,可怜人,这就是他的全部活动。他看上去身体有病,郁郁寡欢。我想,我相信上天,一旦他离开了霍渥斯,就会好些的。我对他有说不出的怜悯。我

[①] 安妮的一只哈巴狗。

们从不见面或说话,我连正眼瞅他都不敢,我能给他的只是无言的怜悯,可是既然他毫无所知,这也不会给他什么安慰。他现在变得这样阴郁,这样沉默寡言,似乎没有人喜欢他。他的副牧师同僚们躲开这类麻烦事,下层的人们不喜欢这种事。爸爸对他深恶痛绝,他对爸爸恐怕也一样。玛莎憎恶他。我感到,哪怕他当下倒地**死去**,他们也不会对他说半句友好的话,或为他说句好话。他该不该受这种对待,我不知道,当然他向来都不招人喜欢,不可亲近,现在尤其如此。可是唉!我对他了解太少,弄不清这究竟是出自真心和真实感情,抑或仅仅是发自委屈情绪深处的怨愤和失望。面对这种情况,我必须**完全保持消极被动**,而我正是这样做的。我也许会失去最纯净的宝物,生活可能给予我的最珍贵的宝物——真挚的情谊——或者,我也许会逃脱一个乖张的脾性的羁约。抱着这样的怀疑,良心不允许我采取违抗爸爸的意志的步骤,尽管他的意志混有特苛厉而不近情理的偏见。因此我只好把这事搁下,就像我们不得不搁下一切重大的事情。

840. 致玛格丽特·伍勒

(1853年4月13日)

我的出版人对《维莱特》受到的接待表示十分满意。说实话,大多数评论都是善意的;但你可以注意到有一个少数派——人数虽少但就其性质来说影响颇大——对此书不抱好感。柯勒·贝尔对罗马天主教的批评,引起了英国高教会理所当然的不悦,这种态度，通过他们的主要机关报刊《卫报》、《英国教会人士》和《基督教醒世报》毫不含糊地表达出来。我完全明白，这些刊物对我大举攻讦，它们提出的某些责难，将在多数读者心目中造成对我十分不利的偏见——然而这是不得不忍受的；至于我，任何责难，只要不受我的良心和理性的内在支持，对我都没有多大的压力。

俗话说，"两极相通"；要证明这话有理，我可以举出一个例子：马丁诺女士在《维莱特》里发现的谬误，和普西派人士[①]所发现的几乎一样。她谴责我"恶毒"攻击教皇制度，谴责我越轨地"狂热地"攻击它。在其他方面，她对这本书表现出那样一种古怪的出人意料的刻毒情绪，我已经鼓足勇气告诉她，她和我之间的分歧的鸿沟是太宽太深了，沟通的桥梁是太薄弱太不稳当了，因而我得出结论，认为我们之间经常通信交往将是极危险而不妥的，并且请求无限期中止我早已打算对她的访问。当然，她现在非常生气，而且我知道，她的愤怒不会是短暂的，但这也无可奈何。

846．致埃伦·纳西

（1853年5月16日）

你问东风对我影响如何，东风这一次倒是奇迹般地饶过了我，直到今天为止。今天我感到身体有些不适，心情也不大痛快。我

[①] 1833年由英国神学家爱德华·B.普西创建的教派，主张英国国教归向天主教教义，反对新教教义，亦称牛津运动。

不舒服，倒也不全怪东风。昨天在教堂里发生的事，真够奇特的。仿佛因为我怀疑尼科尔斯先生对我的真情，我该当受到惩罚似的。昨天是圣神降临节的礼拜日，我贸然走进教堂去参加圣礼，却不料领受了一次永不能重复的教训。他苦苦挣扎了一番，结结巴巴语不成声，然后失去了自制，站在我和全体会众面前，脸色苍白，浑身战栗，一句话也说不出。幸亏爸爸不在场，谢天谢地！约瑟夫·莱德曼对他说了几句话。他做了很大的努力，可是直到礼拜做完，都只能困难地断断续续地嗫嚅着。我揣摩，他大概想到这是他最后一次主持礼拜了；不是本周就是下周，他就要走了。我听见周围的妇女们都在唏嘘啜泣，我也忍不住眼泪。不知是约瑟夫·莱德曼还是约翰·布朗把发生的事告诉了爸爸，却只惹起他的愤怒，说什么"笨蛋，没有一点丈夫气"。从爸爸那里别想勾起一丝同情或懊悔，就像从劈柴里别想榨出一滴树汁。

尼科尔斯先生同自己的感情做着斗争，比这更严酷的恶战，我从未见过。而当他一时向感情屈服，他的那种压抑感，简直叫人受不了。他要走了，可我不能跟他说上一句话，或看他一眼，或给他一点安慰，我不得不从命。天意在上，主宰着一切，这是唯一的慰藉。

847. 致埃伦·纳西
（1853年5月19日）

此间人们正在募款，准备在尼科尔斯先生离去时赠送他一件纪念品以表敬意。[①] 对此，我不能不感到某种满意。许多人都对他表示同情和尊重。教会委员们最近开诚布公向他提出问题。你为什么要走？是勃朗特先生的过还是你自己的过？"是我自己的过。"他回答。你责怪勃朗特先生吗？"不，不怪他；要是有谁错了，那就是我自己错了。"你愿意走吗？"不！我深感痛苦。"不过我得说句公道话，他也并不总是正确的。他表现出一种自尊和执拗、温情和愠怒交混的古怪情绪。爸爸在学校茶会上找他说话，虽是出于**勉强的**礼貌，但毕竟还是**有礼貌**。他却以非礼相待，他猝然打断了爸爸的话。这种当众使他下不了台的做法，爸爸再也忘不了，再也不能原谅；这激起了他无声的难以言表的愤懑。我觉得，恐怕双方在相互的情绪上都不符合基督教精神。他们当中究竟哪一个更不近情理或更不肯宽恕，我也说不上来。事情真够晦气的。

848. 致威·史·威廉斯

（1853年5月）

《讲演》[②] 收到无误，我已读过两遍。要欣赏这些讲话，必须深入研究它们。在听讲时我就认为讲得好，可现在我才看到它们的真正力量，这力量是巨大的。关于斯威夫特的讲话我还是第一次

---

① 纪念品是一只金表，上面镌刻有如下的词句："赠给亚·贝·尼科尔斯先生，约克郡霍渥斯圣迈克尔教堂教区师生及会众敬赠，1853年5月25日。"——原编者注

② 萨克雷的《关于18世纪英国幽默作家的讲演》。

读到；我认为几乎可说是无与伦比的。倒不是说我总同意萨克雷先生的见解，而是他的气魄、他的深透、他的朴素天成、他侃侃善谈的辞令，令人不得不全心拜服。我否认并且必须否认萨克雷先生是十分善良的，或十分和蔼可亲的，但此人是伟大的——伟大，但常不免失误，充满了谬见——他的谬见，我要反对，哪怕这样做是大逆不道。他关于菲尔丁的讲演我听过；听讲的那一小时真是痛苦。良心告诉我，萨克雷对待菲尔丁的人品和恶习的态度是错误的。读了讲词之后，我更三倍地感到他是错误的——错得十分危险。假如萨克雷有个儿子，一个已成年或正在成长的儿子，一个天资聪颖但不懂事的孩子，难道他会如此轻描淡写地对待那导致他走向耻辱和坟墓的行径吗？他谈论着这一切，仿佛是在大发空论，仿佛他一生从未目睹这种过失的实际后果；仿佛他从未站在一旁目击这一切的下场和终极结果。一个大有希望的人生前程一开始就被荒唐行径所毁，如果这事就发生在他眼皮底下，哪怕只见到一次，我相信他绝不能用这样轻松的口吻谈到那导致悲惨的毁灭的行径。假如我有一个健在的兄弟，我就会对他读萨克雷论菲尔丁的讲话感到惶惶不安。我一定把讲话藏起来不让他看到。假如做了防范之后，讲话仍然落在他手里，我就会恳求他不要被那妖言惑众者的声音引入歧途，不管他的妖言多么巧妙动听。这绝不是说，我希望萨克雷痛斥菲尔丁一通，或者哪怕只是走走过场地谴责他的生活；可我确实深感难过，他竟从来不想设身处地忧心忡忡地体察这样一种生活道路的危害，从来不想想，他原本可以把他的巨大才力部分用来有效地告诫哪个年轻人，劝他不要走上这条路。我相信，诱惑时常袭击那美好而豪爽的天性，正如好啄的麻雀或破坏成性的黄蜂专好进攻那最甜熟的果子，却避开生涩的酸果。一个真正热爱人类的人，应该献出毕生的精力来保护和捍卫人类；应该荡涤每一种诱惑，横眉怒对它的鬼蜮伎俩。你也许以为这太严肃认真了；可是这个题目原是个严肃的题目，不能不认真对待。

849．致埃伦·纳西

（1853年5月27日）

〔尼科尔斯先生〕今晨六时离开了霍渥斯。昨晚他来我家，把国民学校的单据交给爸爸，并告别。用人们正在饭厅里忙着打扫、擦洗油画等等，因此他没有在饭厅找到我。我又不愿到客厅去当着爸爸的面和他说话。他离去的时候，以为见不到我了；确实，直到最后一刻，我感到还是不见面为好。可是看到他耽留了好半晌才走出园门，又念及他长久的悲苦，我鼓起勇气，发着抖，苦恼地走了出去。我发现他倚着园门，似乎突然被一阵剧烈痛苦攫住，比女人还厉害地抽泣起来。当然，我径直走到他跟前。我们只谈了很少几句话，就是这几句也没有说清楚。有几件事我原想问他的，可是竟忘得干干净净。可怜人！可是他所需要的希望和鼓励是我**不能**给予的。不过我还是相信，他现在必定知道，对他的忠贞和忧伤，我不是冷酷地麻木不仁，无动于衷。他先去英国南部，几星期后到约克郡的某地就任副牧师职务，什么地方我不知道。

爸爸最近身体绝非健旺。我不敢向他提及尼科尔斯先生的名字。他跟别人提起他时，语气平和而不加非难，可是对我，他在这事上仍是一腔怒火难平。不管怎样，他去了——去了，一切都结束了。我看将来不会有机会收到他的片言只字，除非通过索登先生或其他第二手来源获悉一点小道消息。在这整个事情上，该受怜悯的毕竟不是我，当然也没有人可怜我。霍渥斯的人们都以为是我傲慢地拒绝了他，诸如此类。如果怜悯对尼科尔斯先生有什么好处，那他理应受到怜悯，而且我相信确已受到了怜悯。他们愿意的话，尽可责骂我；至于他们是否在骂我，我说不准。

859. 致盖斯凯尔夫人

（1853年7月9日）

感谢你的来信——它像一席恬静的娓娓清谈般令人心旷神怡，像春雨般备受欢迎，像友朋来访般振奋人心；总之，它很像《克兰福德》①里的一页。

这本书及时来到我手，恰好在你原该亲自光临——若天从人愿——的那天早晨寄到。我读了两遍，一遍自己读，一遍读给爸爸听。读起来真叫人愉快——生动、有力、精辟、敏锐，然而和善而宽容。

一个想法出现在我脑中。你，亲友如云，交游广泛，当你坐

---

① 盖斯凯尔夫人的小说，1853年出版。

下来写作时，能否做到使自己超脱于这一切关系及其亲密的维系之上，**做自己的女主人**？能否不念及你的作品如何影响他们的思想，引起何种非难、何种同情，而左右你的文思？可曾有过一团闪光的云，横在你和严酷的**真实**中间，这真实，是你在自己清明的内心深处认识清楚的？一句话，你可曾情不自禁要把你的人物写得比**生活**更和婉可亲，为的是使你的思想迎合那些**居心**虽善但**所见**不公的人的思想？不要回答我的问题；我提出这问题，目的不是要得到回答。……你关于斯托夫人的报道有趣得紧，叫人听了奋兴不已。我渴望见到你，以便听你把这件事和别的许多事复述一遍。

有关《维莱特》的评论中，最令夏洛蒂伤心的是《基督教醒世报》1853年4月号上的一篇评论。文中提到，《维莱特》的作者"自初次面世以来，在和蔼与得体方面都有所长进。而她初次面世时则是乖戾、粗野、牢骚满腹的；看来，她是一个远离社会并根本不依从社会法则行事的人"。这篇评论和里格比的那篇异曲同工，都刻毒地影射柯勒·贝尔是个为社会所弃的化外之徒。对此，她在这封信里予以驳斥。

861．致《基督教醒世报》编者
（1853年7月18日）

我要奉告阁下，有关我的深居简出闭门谢游，阁下所暗示的原因，与我的思想、行为或生活实乃风马牛不相及。它不属我的经验范围，亦绝非我观察所及。

由于天意的安排，我生长在一个地处偏远的乡村牧师之家。我从未拥有足够的资财以步入上流社会，分享其荣华逸乐，然而我很早就负有责任，需要离家外出就业，以部分缓和有限的家庭收入的多种负担。如今，家庭负担从另一意义上说是减轻了，因为在全家六名子女当中，我是唯一的幸存者。

我父现年七十有七；他头脑清晰如常，无残疾，但他饱经丧妻失子之痛，并有双目失明之虞；且他体质素弱，不能时常或长久无人照顾。因此，我理当常住家中。此乃我之出于责任而深居简出闭门谢游的原因所在。但即令此种原因不存在，即令我孑然一身了无牵挂，我也很可能仍然感到，深居谢游总的来说较之出头露面更合乎心意。因为，我所曾目睹的上流社会社交生活的一鳞半爪，并未能引发我谋求置身其间的殷切愿望。而且我认为，我不愿参与上流社会社交生活，亦构不成受谴责的正当理由。

事情的真相就是如此。一些批评家漫不经心的但并非居心不良的揣测，似乎广为散布了另一种印象。解释是无力的，但我以为，摆出事实以对抗不实，只能说是正确的。

可否请将此信示我的评论者？或许他现在找不到一种消毒剂，足以消除他射向"柯勒·贝尔"的箭毒。但当他再次试图将箭头指向另一牺牲者时，请他抑制一下自己的手，先考虑一下对受创者造成的后果，顾及一下"中庸之道"吧。

1853年9月，盖斯凯尔夫人到霍渥斯做了为期四天的访问。夏洛蒂悲惨的经历和奇特的家庭生活给她的印象如此之深，她写了几封长信记述她的观感。其中一封信，后来她在《夏洛蒂·勃朗特传》里全文引用。下面这封未经引用的信，看来更真实地表达了她当时的印象。

868．盖斯凯尔夫人致友人
（1853年9月）

……我们沿着教堂附近一条狭窄的小路走上去，经过副牧师的住处，经过学校和那片传播疫疠的墓地，来到通向牧师住宅庭院的门前。我走了进去，顺着窄窄的沙砾甬道迎面猛扫过来一阵狂风，把我刮得几乎倒退回去。转过屋角，就来到一个矮石墙围着的小小庭院，院墙外，四周高耸的墓碑林立。正门两侧各有两扇窗，门前有几步台阶。走上台阶，……进了门，来到一条无比清洁的过道，进入左边一间四方的客厅，从窗口望出去，可以看到那块草坪，墙外矗立的墓碑，教堂的塔尖，村镇的房屋和褐色的荒原。

勃朗特小姐极其亲切地欢迎我。房间里显得异常温暖、熨帖和舒适。家具的基本色调是深红，与室外荒凉的冷色适成喜人的对照。她房里的每一件东西都是近几年添置的；每件东西，家具或其他物件，都显得极其协调。一切都简单而优美，足够满足合理的用途，而且拾掇得仔仔细细，一尘不染。她本人也那么清爽利落，相比之下，我不由得自愧不大整洁。比如，一张椅子摆得不是地方，或者针线活儿丢在桌上没有收，如此等等，我看得出，都会打乱她井井有条的习惯。但绝不是扰得她心烦意乱，二者的区别你是懂得的。墙上挂着里奇蒙为她作的画像，那是史密斯－埃尔德公司送给她的；萨克雷最近的一帧版画肖像，还有威灵顿公爵的一幅很好的肖像。我的房间就在这间房的楼上，望出去，也看到同样的景色，在某种光线下，特别是在月光下，确实很美。勃朗特先生几乎整天待在对面（右手）的房间里；他的房间后面是厨房，客厅后面则是一间储藏室模样的后房。勃朗特先生的卧室在他的起居室上面，勃朗特小姐的卧室则在厨房上面。女用人的房间在储藏室上面。我想象不出他们家人丁兴旺时其他的人都睡在哪里。风，围绕着这座四四方方没遮拦的房子，鬼怪般地尖叫、哀号、啜泣。

我们——她和我——一道吃午饭。勃朗特先生在他的起居室里用饭，他总是墨守他一成不变的习惯，让人把他的午餐送到他房里去（想想看，他们只剩下两个人了！）……

勃朗特先生进来同我们一道用茶——我想是出于对我表示敬意吧。用茶之前，我们顶着风，在潘尼斯通荒原上做了一次长时间的美妙的散步。那石南荒原从牧师住宅屋后开始，往上伸展，爬上紫褐色的山坡，翻过山顶，降落到一道小小的丘陵峡谷，其间奔流着一条山涧；再远，是另一座波状隆起的大山，从山梁低凹处望去，隐约可见另一座更远的山，山的那边，就是兰开夏郡管界。但那蜿蜒起伏的山脉就像诺曼神话中那条巨蟒，仿佛把整个世界圈在它的身躯中间，我纳闷，不知它们是否一直伸向北极。荒原上，阒无人迹。她指着零星散落在远处山坳里的暗灰色房舍——房子四周长有几株苏格兰枞树——告诉我关于住在那里的或曾经住在那里的刁悍不化的人家狂野的故事；相形之下，甚至呼啸山庄都显得温文尔雅了。那是一些强横无忌之徒，尤其是男人，女人们情感变化无常，有时心如铁石，冷若冰霜，有时爱得发狂。真个是一些怪人。小土地所有主，从伊丽莎白女王时代就定居在一个地点，近五十年中，利用山涧的水力办起毛纺业，大发横财。他们没有教养，不受公众舆论的约束，因为与他们社会地位相当的人也都和他们一样顽劣。至于穷人，不但极端愚昧无知，而且全都依附于他们的雇主。勃朗特小姐从不拜访他们任何人。她只探望穷人，仁爱地持之以恒地在学校教课。可是那帮阔佬却因为她穷而瞧她不起。他们和她即使见面，也没有共同语言。这些人造起华屋，却住在厨房里；家产数十万镑，却让他们的子嗣只受很少的教育，好让他们在父辈活着时替他当监工，父辈死去后变成贪婪地搜刮钱财的人。从荒原山巅高处望去，我们看到这里那里有一些新盖的教堂，由她书中描写的那些爱尔兰副牧师们主持着。书中每个副牧师都是邻近一带某个副牧师的真实写照。打那以后，他们彼此间就用她在《谢利》里给他们的命名相称，借以取笑开心。

晚上，勃朗特先生回房吸烟斗——一支陶制烟斗，我们坐在炉边向火闲谈，谈到很久以前的事，那时节，这间房里挤满了孩子，他们又怎样一个接一个躺进了窗外不远的墓地里。八点半，我们进去做晚祷，九点一过，其他的人都就寝了，只剩我们两个。通常她总是独坐回忆往事；因为她视力不济，不能在烛光下读书写字，编织毛线又很机械，无法防止思想开小差。我在她家住了四天。从表面的日程来看,天天一个样——九点在勃朗特先生房里早餐,早餐后我们立刻离开。他自个儿整天都干什么,我简直无法想象!他是一位个头高高仪表堂堂的老人,满头短短的银发,双目几近失明,说话带浓重的苏格兰口音(他老家在爱尔兰北部)。他由一个贫穷农夫的儿子上升到现在的地位,和剑桥的帕麦斯通爵士颇为熟识,如今他过着与世隔绝的生活,这段回忆是个愉快的慰藉。房间里除一张书桌外,版画、地图、书写用具等都不见踪影;除了两扇窗之间悬架上摆着的书,也没有别的书籍;此外还有他的两只烟斗,一只痰盂——如果你懂得那是什么玩意儿。他待我非常客气亲切,对我讲了许多繁缛的老式恭维话,可是我打心眼儿里怕他;因为有一两次,我瞥见他那严峻的目光从眼镜上面瞪着勃朗特小姐,这使我看出来他是怎样一个人;……他这人根本不该结婚的。他不喜欢孩子;可是他们两口子六年内生了六个孩子,于是随之而来的经济拮据和家中杂乱喧闹(这是不可避免的),就驱使他把自己关在房里,不愿和人相处,甚至讨厌和人相处。他不让勃朗特小姐陪他散步,尽管他几乎瞎了;由于她体贴地想劝止他独自出门,他便挑战般地偏要自己出去,说她仿佛认为他越老越小了;可是他回来时,又哼哼喊累,因为迷了路。"我的气力都上哪儿去啦?"他嚷嚷,"早先,我一天走40英里,不当回事。"唠叨些诸如此类的话。有时他也流露出点滴动人的情感,如对他的老狗。几年前他病得很重,到曼彻斯特做白内障摘除手术,他哀叹说:"我再也不会感到'看守'的爪子搭在我膝上了。"我怕他,还有另一个原因,其实是一种又畏又敬的感觉:虽然我喜欢乌亮的纯钢那美丽的寒光,可我对火器素不感兴趣，半点也不感兴趣。勃朗特小姐说，她想不起她父亲哪一天早起穿衣时不往衣袋里揣一支上膛的手枪，就像揣上他的怀表那样习以为常。于是乎，这支致命的小手枪就伴着我们一道坐下吃早餐，晚间一道跪下做祷告；更不消说，另有一支上了镗的长枪高高挂在墙头，随时准备应急，发射出子弹。勃朗特先生对各式各样的武器怀有特殊的爱好。他要求勃朗特小姐（噢，我没法压缩这封信了，然而这已经是第四页！）到温莎去参观阿尔伯特亲王的武器库。逢到他情绪不佳的时候，她就给他讲那儿各种各样的武器，讲了一遍又一遍。不过我扯远了，离开了我们一天的日程。早点后，来信了；信不多，有时一连许多天没有信。十二点钟，我们出去散步。两点午餐，大约四点又出去散步。九点钟时，其他的人都就寝了，只剩我们两个。听起来够单调的，其实一点不单调。有些人腹内的真事和故事很快就讲完了，勃朗特小姐可不是这样。她腹内有她自己和姐妹们生活中的奇异事儿，此外，她还有她自己那极为独到而发人深省的思想。因而，直到最后一天，我还感到我们的谈话像那远至天边的荒原一样，可以伸向任何方向，哪个题目都谈不完。她家有两个女仆，一个叫塔比，快90岁了[①]，成天坐在厨房炉灶旁一张扶手椅上；一个叫玛莎，她是个手勤脚快真正干活儿的姑娘，同他们一道已经生活了十年。有一天，我要她领我去教堂看勃朗特一家人的埋葬处。于是趁勃朗特小姐有事，我们偷偷溜了出去。……玛莎说："埋葬勃兰威尔先生的时候，她们几个全都好好儿的；可是才过一星期，艾米莉小姐就病

[①] 此时82岁。——原编者注

倒了。我们都看出她有病，可她从来不承认有病，不让大夫碰她，不在床上吃早点。临到最后一个早晨，她照常起床，这时她已经快死了。穿衣时，她嗓子眼儿里呼噜呼噜直响，不管是勃朗特小姐还是我，都不敢过去帮她一手。她是在圣诞节前死的……我们都去参加她的葬仪。老爷和她的狗'看守'并排走在头里，随后是勃朗特小姐和安妮小姐，末了是塔比和我。第二天，安妮小姐也病了，和她一样的病。她叨念着，'唉，要是现在是春天就好了，我可以到海边去'，'唉，要是春天该多好呀'。赶春天来了，勃朗特小姐带她到斯卡博罗去，她们星期六到，星期一她就死了。她给埋在斯卡博罗的老教堂里。"塔比说，自打她们还是小娃娃的时候，勃朗特小姐和艾米莉小姐和安妮小姐做过晚祷，老是放下手里的针线活儿，姐儿仨在饭厅里一个跟一个绕着餐桌踱步，一直踱到将近十一点钟。艾米莉小姐病中照常踱步，直到走不动为止。她死后，安妮小姐和勃朗特小姐接着这样做。"如今，我听见勃朗特小姐独自一个踱着，踱着，我的心那个疼呀。"经我询问，才知道勃朗特小姐每晚照拂我回房以后，果真下楼去，开始她那缓慢的单调的没完没了的踱步；橐橐声中，我恍惚听到死者的脚步声跟随在我身后。她说，不踱步就睡不着觉，又说，她和妹妹们曾经在这种时候谈论着她们一生的打算和前景。

关于勃兰威尔·勃朗特，说得越少越好——可怜人。他从来不知道写出了一本《简·爱》，虽说书出版后他还活了一年。不过那一年是在死亡临近的阴影下，意识到他虚度了一生。可是艾米莉——可怜的艾米莉，当《呼啸山庄》的评论一篇篇寄来时，她失望的痛苦是可怕的。勃朗特小姐说，她想不起自己曾为

《简·爱》的成功感到过欢欣喜悦，一看到艾米莉那顽强坚忍的神情，知道她心中的感受是怎样的，一切欢欣喜悦的情绪都烟消了。……

879．玛丽·泰勒致埃伦·纳西
（1854年2月24日）

你信中谈到夏洛蒂·勃朗特的事时，纯粹是在胡说八道。你说"她忍受她的处境已经忍受了这样久，应该忍受到底才是"，这话怎么讲？你还说什么"要忍受我们的命运，不管那是怎样一种命运"。如果夏洛蒂的命运是要结婚，她不是也该忍受这种命运吗？或者依你那奇怪的道德观，当她有可能改善自己的处境时，她应该予以拒绝？要是她结婚，怎么就是出尔反尔自相矛盾？是因为她考虑到自己的幸福吗？如果说，这样做在她是件新鲜事，那么现在该是把它变成一件寻常事的时候了。要求她在这样一件重大事情上放弃自己的选择，是蛮横无理、强加于人。我认为这要怪她过去一直过分忍让，以致亲友们竟然对她提出如此无理的要求。

886．致埃伦·纳西
（1854年4月11日）

尼科尔斯先生星期一来了，上周整周他都在这里。从7月起，事情有了进展。他去年9月重访霍渥斯,可是那一次我很少见到他。他不断给我写信。我们的通信对我思想压力很大。因为这样做是瞒着爸爸的,我深感苦恼。最后,我受不了这种痛苦,鼓起勇气和盘端了出来,把一切都告诉了爸爸。那时节,做他的工作可真难啊。不过几天后,我获得了爸爸的允许,继续和他通信。尼先生1月间来过;他在附近一带住了十天,我见过他许多次。我向爸爸提出,让我有机会更多地了解他。我得到了这机会,而我所了解到的一切都使我尊重他,即便不是爱——至少有了感情。爸爸仍旧满怀敌意,极端不公平。

我告诉过尼科尔斯先生,他面临的障碍很严重。他丝毫不动摇,坚持到底。上一次他访问的结果,征得了爸爸的同意,我想他大概赢得了爸爸的尊重,因为尼科尔斯先生在一切方面都表现出毫不自私的忍让精神。他也表现出,虽然他极度敏感,却能宽宏大量地原谅一切。当然我不能不对他怀着敬意,也不光是冷淡的敬意。准确地说吧,埃伦,我订婚了。

尼科尔斯先生数月后将重返霍渥斯任副牧师。我和他约定,我不离开爸爸,对爸爸本人,我提出一种居住的方案,即维持他独居的习惯不受干扰,并在钱财方面使他有所得而不是有所失。一度似乎绝无可能的事,现在安排妥帖了,爸爸也开始真的为这个前景感到高兴了。

至于我自己,埃伦,我一方面感谢上帝指引我度过了重重困难,克服了思想上的许多严重的纷扰和苦恼,另方面,我仍旧十分平静,对未来不抱多大盼头。我将尝到的快乐是十分平淡的。我相信我会爱我的丈夫,我感激他对我温存体贴的爱。我相信他会是个重感情的、有良心的、有高度原则性的人；有了这一切，如果我还感到遗憾，还嫌他缺少才华、情趣和思想不相投，那我就太狂妄自大、太不知好歹了。

天意为我安排了这个命运。因此，它无疑对我是最好的命运。我也毫不犹豫地祝愿我最亲爱的人们享有同样幸福的命运。

我们的婚礼可能在夏天举行。尼科尔斯先生希望在7月举行。他极其友善地谈到你，并希望你来参加我们的婚礼。我说，除了你，我不想要任何人做我的伴娘。我说对了吗？我意，婚事尽可能**不事张扬**地办。

这事目前还不要声张出去。我打算马上就给伍勒女士写信。再见。我是带着奇怪的半忧伤的情绪向你宣布我的婚事。整个事情全然不像事先想象的那样；忧虑，恐惧，同希望交织在一起。我还惦着和你讨论一下这事。上星期我希望你来，并对尼科尔斯先生这样表示——现在我管他叫亚瑟。可是他说，此时此刻，是唯一的一次，他不希望见到你。

888．致埃伦·纳西
（1854年4月15日）

爸爸对这事的想法似乎全变了，他对着我也背着我说，自从他下定决心之后，他觉得快乐多了。看到他顺情合理心平气和地对待这事，这个过去碰也不敢碰的题目，现在可以和他谈了，我感到无限宽慰。现在倒是他一心急着要赶快把事情办了，对婚前的准备兴味颇浓。他身体一天好似一天,虽然这场东风仍刺激得他嗓子和胸腔发燥。

爸爸失望,是由于雄心未遂,是出于做父亲的骄傲——我们都知道,这种感情总是骚动不宁的。如今这种不宁的情绪既已祛除,那一度被忘却的公正心又恢复了说服力,同时,我希望,感情也恢复了某些力量。

我的希望是,这个安排到头来会对爸爸真正有利。尼科尔斯先生在他最后一封信里感人地提到,他殷切地希望证明他对爸爸的感激之情,他要在爸爸垂暮之年给他以支持和安慰。这话在他绝不是**说说**而已;他不是那种光说漂亮话的人,不是那种信誓旦旦言而无信的人。

889. 致盖斯凯尔夫人

(1854年4月18日)

你在霍渥斯时我告诉你的那件事,你还记得吧——也许你不记得了。到去年秋末,这事又变得突出了。有许多的不情愿和许多的困难需要克服。我不否认,我自己也经历了一番斗争。至今我还不敢说内心的某些矛盾是否解决了。不管怎样,1月间,爸爸批准了我和他重新来往。事情不知怎地向前进展了。细节就不必说了吧。经过几次来访,由于一方面的坚持不懈和其他方面感情的逐渐转变,结果,就像人们说的,我"订婚"了。尼科尔斯先生回到了霍渥斯。人们都非常高兴,特别是穷人、老人和幼小的孩子，因为他待他们很好——他的和善起初并不露光芒，可是给人留下经久不衰的印象。他将常住我家。……在我一生中这个重要的行动上，我不能更好地满足爸爸天然的骄傲，想到这一点，我有时几乎要哭。我的命运当然不会是光辉灿烂的，不过尼科尔斯先生有良心、重感情，在思想上和生活上都是纯洁的。他奉献给我一颗极为忠贞的久经考验的爱心，我非常感激他。我打算努力使他幸福，也使爸爸幸福……

890．盖斯凯尔夫人致约翰·福斯特
（1854年4月23日）

……不错！她要结婚了！嫁给尼科尔斯先生，他回霍渥斯了。……尼科尔斯先生回霍渥斯给她父亲当副牧师，而她父亲本人也只是布拉德福教区牧师手下的一名常任副牧师，年薪250镑，他从这笔款项中付给尼科尔斯先生薪金。父亲、女儿和丈夫，他们三个将生活在一起。……我想象他大概是个了不起的好人，可是**非常**严厉、偏执；不过这只是部分凭猜想罢了。然而，这种想法是来自她告诉我的情况。看来他爱她爱得厉害。我高兴的是，他完全了解她死去的弟妹，以及她遭受的种种家庭磨难，他不是那种人，由于迷上了她的才气便幻想自己爱上了她。尼先生根本不知道她写书。直到《谢利》出版很久以后，有一天他走来，冷冷地颇不以为然地问她，他在基思利听到的消息是否属实，等等。想想看，一个爱尔兰副牧师，读了《谢利》的开头部分，仍

然爱她！不过，尽管他偏执、严峻，却掏出整个心来爱她。被一个人这样爱着，想必是十分动人的。肖恩先生老是责怪我"太女人气"，总是愿意服从某个人——可我敢肯定，勃朗特小姐绝不能忍受不被人统治和指示。……我的意思是，除非跟一个一味苛求、一丝不苟、专爱发号施令、脾气倔犟的男人一道生活，她永不会感到幸福。但有一宗，你知道，我担心他的禁令会把我们全都关在大门外。所以，为此我不由得发出一声自私的叹息，对于六个月以来我一直为她祈求的那件事，感到有点儿心烦意乱。

892．致乔治·史密斯

（1854年4月25日）

感谢你的祝贺和良好意愿；你的意愿哪怕只部分实现，我也就心满意足了。获悉你的幸福的消息，我也由衷感到高兴，尽管我从不怀疑你会得到幸福的。……有关她的详情，你不曾告诉过我，我很愿意知道，但不想向你提问，因为我知道你的思想和时间都占得满满的。至于**我**要说的，几句话就说完了。

采取这一步骤，不是仓促间做出的决定。至少在男方，已经经过许多年的深思熟虑。我最终答应了，我希望我这样做是对的；我殷切地希望我做对了。我未来的丈夫是位教士。他在我父亲手下当了八年副牧师。他离去是因为他的求婚未如他所愿地受到考虑。他的离去，被教区视为一件重大的不幸，因为他曾以非同寻常的勤奋献身于他的职责。多种情况导致我父同意他回来；我也不能否认，他在长期关怀眷顾我时所表现的人格的品质和力量，也对我个人的感情产生深刻的印象并促其起变化。我恐怕，为了过去我曾对他有失公正，我理当引以自咎。但他现在要回来了。他放弃了许多优惠的就职机会，回到偏僻的霍渥斯村来了。我相信我嫁给他是做对了。我决意努力做他的好妻子。我曾有过沉重的忧虑，但我开始希望一切终归都会好转。然而我对未来的期待甚低，想必和你在婚前所怀的期望大不一样。忧虑和恐惧紧贴着希望并立，前者投下的阴影有时使我几乎看不见后者。不过我也感恩知足，对于莫测的未来，我们必须听命于天意。

考虑到这宗婚姻，有一个方面我是百分之百地满意，**确定无疑**地感到我做对了。它不要求我减少对父亲的关怀。我不必离开他，我未来的丈夫同意到我家来。这样，爸爸就通过这一步骤确保在老年获得了一个忠实可靠的助手。

……过去一年，康希尔和伦敦从我身边退去，离我很远了。沟通的网络变得既稀且薄了。世事必然如此。思前想后，我不希望它是别样的。

895．盖斯凯尔夫人致约翰·福斯特
（1854年5月）

……亲爱的福斯特先生，上次我用我的叹息烦扰了你，现在你瞧，我要给你送去宽心释念的消息了。我不相信勃朗特小姐会**很快**变得偏执，或者**任何时候**会丧失她对我的真诚的爱。不过我

为她的幸福确有**一点点**担忧,正因为他思想褊狭而她不褊狭。虽则他善良、真挚、纯洁、深情,可他同时也褊狭,而她却永不会变得褊狭。

896. 凯瑟琳·温克沃思致埃玛·肖恩

……〔勃朗特小姐再过几星期就要结婚了〕天呀!天呀!我为勃朗特小姐高兴之至,可是为我们感到遗憾,因为一旦她成了已婚妇女,我们就不能指望时常见到她了。……〔我到盖斯凯尔夫人家去看望她〕①我开始说:"盖斯凯尔夫人把你的事告诉了我,我听了很高兴。""什么事?""说你不再是独自一人了。"她一手托着头,快快地说:"对,6月间我就要结婚了。""你有一个人让你关怀照顾,使他幸福,对你来说,这将是很大的乐事。""是呀,成为一个人生活中占第一位的事物,这是件大事。""对尼科尔斯先生来说,这一点你一定有绝对的把握;我听说,他认识你很久,盼望很久了。""是啊,他离开我父亲后,有好几次谢绝了更好的职位,因为他知道,除非回到霍渥斯,他不可能和我结婚。他知道我离不开父亲。"她停了一会儿,接着又说:"不过,凯蒂,我走这步路付出了很大的代价。""你得关心他的事业,而不是他关心你的事业,对吗?""对,这一点我可以预见到。""不过

---

① 此时夏洛蒂正在曼彻斯特盖斯凯尔夫人家。艾米莉是凯瑟琳的姐妹。丽莉是盖斯凯尔夫人的小名。

你们相处已经这样久,他的那些事务你很熟悉了。他非常忠于自己的职守,是不是?你能够而且愿意帮助他,是不是?""我一向都熟悉他的那些事务,特别让我高兴的是,教区人民都那么爱戴他,知道他要回来,大伙儿都欢天喜地。可这并不是一切。我不能对自己隐瞒一点,他天分**不高**;有许多地方,他在理解方面跟不上我。""不过,当然每个人都有自己的情趣。就我来说,要是一个男人秉性坚定、忠实、深情、可靠,有一副相当实际的头脑,我对他就感到满意,较之对那种天资大大高过我,才气横溢但不可靠的人要满意得多。我最关心的是家庭里有一种安宁稳定的气氛。""我确实相信尼科尔斯先生像你所说的那样可靠,否则我也不会嫁给他。""你有充分的时间证明这一点;你不是匆匆忙忙结婚的。""这话不假;确实,我毕竟还是满意自己的决定。"说到这里,丽莉过来了,勃朗特小姐把我刚才的话重复了一遍,最后说:"不过,这样的一种性格,远不如一种较易冲动而缺乏常性的性格来得有趣;这种性格可能是枯燥乏味的!""这倒也是实话。"丽莉说。"做一天的伴侣,是如此,"我说,"做一辈子的伴侣,却不然。一个人的家应该是一个固定不变的点,是他命中一个不受干扰的区域。在家里,一个人需要的是安定、坚贞不渝的爱和信赖,不是风暴、变化和刺激。况且,这样一种性格还有一宗好处,它允许你自己来点儿朝三暮四,有时这也是一种调剂呀。""噢,凯蒂,这种坏话**我**可说不出!"丽莉嚷道。接着勃朗特小姐说:"噢,凯蒂,真想不到**你**会说出这种话来!""你不同意?""噢,这话倒也有一定的真理,正因为它真实,这么坦白地说出来,**我**可办不到。"勃朗特小姐说,"而且还有危险性,说不定会走过头的。""我想不至于,"我说,"对方的沉着坚定和宽宏大量总是在遏制着你,使你不致走得太远。"可是她们两个却老是一个劲儿拿我的话逗趣,大笑不止。然后,丽莉又给叫走了,勃朗特小姐接着说:"他是个普西派,非常顽固;我担心这会妨碍我跟一些朋友交往。可我在心里待他们仍旧一样。我绝不会让他把我变成一个偏执狂。我认为见解不同不应该影响友谊,你说呢?""不应该。"我们就这个问题谈了一会儿,我又说:"也许你能帮助他看到,他认为不好的教派也有好的一面。""这正是我希望做到的;不管在哪里,他只要看到善良,就真诚地热爱它。我想如果他认识了盖斯凯尔夫人,他的感情会变的。"然后,她突然话锋一转:"给我谈谈你姐姐吧。她婚后生活过得快乐吗?""确实很快乐。""真心的?""真心的,她不但那么说,而且在每件事上都表现出来,她比过去任何时候都快乐。""那么你姐夫是个什么样的人?"于是我把威尔描绘了一番,心下暗想,像他这样一个好丈夫,尼科尔斯先生大概一半也不及,不过我没有说,只告诉她许多有关他们订婚的事。她打听威尔的情况,最关心的是他在小事上是否自私,是否另立小账户,或者他对于艾米莉的尽心和小小的自我牺牲是否领情,等等。……谈到艾米莉,她想知道她在婚前情绪上有什么变化,有什么疑惧。她怀有疑惧心理,还是始终轻松愉快?于是我说,当一个人已经不太年轻、不那么轻率的时候,她不可能老是轻松愉快的。……然后我们又谈到,任何一个深思熟虑的女子,临到这种时候,自然会感到某些疑虑,又谈到我母亲早年的婚后生活。当丽莉回来时,她说她感到宽心多了。……要是〔尼科尔斯先生〕不那么狭隘就好了,那我们可以想见,她同这样一个男人在一起，比同一个更使她爱上的男人在一起，要真正幸福得多，我敢肯定，她定会真正待他好。不过我猜想，真正的爱人毕竟是保罗·埃曼纽尔①，不过那爱情已经死去了；但那究竟是怎么一回事，我不清楚，我想丽莉大概也不清楚……

1854年6月29日，38岁的夏洛蒂和亚瑟·尼科尔斯在霍渥斯教堂举行了简单的婚礼。她的老师伍勒女士应邀来参加婚礼，并代替勃朗特先生做她的主婚人；埃伦·纳西做嫔相。然后，她和丈夫到爱尔兰他的老家做蜜月旅行。她在旅行期间写的信，说明她对丈夫的尊敬和爱与日俱增。

905．致玛格丽特·伍勒

（1854年7月10日）

……我亲爱的丈夫在他的老家面貌焕然一新。非止一次，我听到各方面对他交口称赞，深感愉快。他家的一些老用人和从人对我说，我是一个最有福气的女人，因为我得到了国内最好的绅士之一。他的舅母②谈到他时，带着一种疼爱和尊敬交织的感情，叫人听了着实心满意足。我刚来时身体不适，疲劳和兴奋几乎把

---

① 《维莱特》里心地纯真脾气古怪的教师，露西·斯诺的情人。
② 尼科尔斯自幼过继给舅父母，由他们抚养成人。

我搞垮了,我咳得很厉害。可是经贝尔太太悉心能干的护理,现在好多了。

我感谢上帝,因为他使我做出了一个看来是正确的选择,我祈求我能够报答一个忠厚、诚实、不事夸耀的人奉献给我的一片情意。

907. 致凯瑟琳·温克沃思

（1854年7月27日）

你的信收到时,我正在爱尔兰西南海岸上一个荒凉的小地方。……

是的——我结婚了——一个月前的今天,我改换了姓氏。同一天,我们去康威,在威尔斯游玩了数日,然后由霍利海德渡海来到都柏林。在首府逗留数日后,来到了海边。这是一带铜墙铁壁似的荒凉海岸,这般海景是我有生以来从未见过的,海浪和岩石的恶战,非我所能想象得出。

我丈夫不是一位诗人,也不是富有诗意的人。我婚前最大的疑虑之一就是关于"趣味相投"之类的担心。第一天早晨,我们爬上峭壁,但见大西洋白浪翻滚奔腾而至。我不知道是否可以有点儿自由和时间,依我的性子行事。我不想说话,但想默默观看。我稍稍暗示了一下我的这个愿望,得到了特许。他给我披上一条毯子,以便挡住飞沫,让我坐在我选定的一块地方。只是在他觉得我爬得太近悬崖边沿的时候,才加以制止。迄今为止,他一直待我这样好。这种给以保护却不加干涉或僭越的做法,我相信,要比那虚情假意的表同情好上一千倍。将来,但凡需要我迁就的时候,我一定在上帝的帮助下尽力迁就他。

我们去过基拉尔尼——我不打算描写那个地方。我们观赏了并且穿过了邓洛山隘。过山隘的时候,一个非常阴森可怖的魅影突然在我们眼前闪过①。向导告诫我们下马步行,因为山隘小道现已十分残破,非常危险。我不觉得害怕,没有下马。我们走过了危险的一段路,那匹马的四条腿打着颤,有一次踩滑了蹄,可是没有摔倒。跟着,她(那是匹牝马)忽然惊跳起来,一时不听控制,可我还是坐住了。我丈夫走到她头前,牵着马——突然间,无缘无故,那马好像发了狂,用后腿直立起来,猛地向前蹿去,把我甩了下来,摔到她脚下的石头上。我丈夫没看见我摔下来,仍旧牵着马。我看见并且感到她在我身子周围又踢又蹬又踹。顿时我想到了许许多多,想到了后果——我的丈夫——我的父亲。他终于看到我的险境,立即撒手放开那匹乱蹦乱跳挣扎着的牲口,她从我身上一跃而过。他把我从石头上抱起,我既没有摔伤,也没有被马蹄子踢着。当然,唯一剩下的感觉是感谢,不光为我自己,也为别人。

---

① 大概喻指死亡的阴影。

十三　最后的时日

（1854-1855．书信编号910-950）

教士之妻——评《北与南》——尼科尔斯要求烧信——观瀑遇雨——患病——逝世

夏洛蒂婚后的生活发生了巨大的变化。在私生活上，她是幸福的。但她为了丈夫的事业，放弃了自己的事业，由一位作家变成了一位忙碌的主妇和乡村牧师的贤内助。她的思想的主体不再是"我"，而是"我们"。这种新的身份固有它的新鲜和甜蜜，然而在内心深处，她并不甘丧失她艺术家的独立的自我。她已在酝酿把开了头的新小说《爱玛》写下去。然而，那曾对她的家族屡施无情打击的病魔，最后也没有饶过她。1854年11月间，她和丈夫同游瀑布归途遇雨，患了重感冒。不久又开始了妊娠初期的严重反应。在长久的病痛折磨中，她真正悟到，这个她曾不十分满意的丈夫待她的一片赤诚，是任何才智和趣味换取不来的无价之宝。但她似乎命定没有福分享有这迟来的爱情的美果。受尽痛苦后，她于1855年3月31日与世长辞。在神志昏迷中，她对丈夫吐露了最后一句无限留恋的话："噢，我该不是要死了吧？上帝不能分开我俩，我们是多么幸福啊！"

910. 致埃伦·纳西

（1854年8月9日）

回家后，我没有片刻的空闲。我的生活现在真正发生了变化——不断需要我干这干那。经常被召唤，时间都给占得满满的，这似乎很奇怪，然而是件大好事。我至今不明白，有些做妻子的为什么会变得那么自私。就我的婚姻生活经验来说，我感到，它把一个人从自我中拔了出来，使人离开自我。

……………

亲爱的耐儿，过去的六星期当中，我的思想的色调改变了许多。我比过去懂得了更多的生活现实。我想，有很多错误观念也许是在无意之中传播开来的。我想，那些不问情由一味怂恿自己的熟人结婚的已婚妇女，是负有罪责的。就我而言，我只能以更深的诚意和更丰富的含义重申我过去在理论上常说的话："听命于上帝的意志。"真的，耐儿，真的，一个女人变成一个妻子，是一件庄严、奇异而又冒险的事情。男人的命运可大不一样。

913. 致玛格丽特·伍勒
（1854年8月22日）

……婚姻确乎改变了某些情况，其中包括时间的支配和使用。自从那个日色淡白的宁静的早晨，你、埃伦·纳西和我自己一同走下霍渥斯教堂以来，我真的好像再也没有片刻的闲暇了。倒不是说有谁撵着我或逼着我干什么。然而事实是，我的时间不再属于我自己了。另一个人需要我的一大部分时间，他说，咱们得干什么什么。于是咱们就"干什么什么"，所干的事，在我看来一般都是正确的——只不过，我有时希望能写封信，就像去散散步一样。

我们有许多来访的客人——远道来的，最近又为准备举行一次小小的本村招待会而忙碌。

……………

尼科尔斯先生回来时，教区的人们对他表示了热烈的欢迎和普遍的善意。尼科尔斯先生和我自己都非常希望对此略表答谢。因此邀请了主日学教师们、日校教师们、教堂敲钟人、唱诗班成员等等共五百人之众，到学校里来吃茶点和晚餐。他们看来个个欢天喜地，看到他们快乐，真令人高兴。一位村民在祝我丈夫健康时称他为"忠诚不渝的基督徒和好绅士"。我承认，这话感动了我。我想（我知道如果你在场，也一定会这样想），一个人当得起并且赢得了这样一个称号，比赢得财富或名望或权力更好。**现在**，我也打算响应那个崇高而朴素的赞词。

今后七年——哪怕一年——倘若我能诚心诚意充满信心地这样去做，我就自认为是一个幸福的女人。我丈夫当然不是完美无疵的——没有人是完美无疵的。可是你很清楚，我不要求完美。

917. 致玛格丽特·伍勒

（1854年9月19日）

你问我们都有过哪些来访的客人？有许多邻近一带的教士等等，但没有远道来的知名人士。正如你说的，霍渥斯是个非常僻静的地方。这里交通也不便利，除非出于必要或出于强烈的好奇心，除非出于真诚的久经考验的友谊，很少有人会有勇气钻进这个偏远的角落里来。更何况，我现已结婚，不希望成为众所瞩目的目标。女士们在单身时赢得了某些名声（管它叫**臭名**也好，美名也好），一旦改换姓氏，往往隐入背景。但如果真正的家庭幸福代替了名誉，那么这种改变其实更好。

……………

我个人的生活比以往更忙碌了，我没有许多时间来思考。我不得不变得更加实际，因为我亲爱的亚瑟是个非常实际的人，也是个严格守时的、有条不紊的人。……

他的性格倾向于完全注重实际生活和积极有益的活动，不大倾向于文学和思考，我想这对我并非坏事。至于他继续对我爱护和关怀，我不宜多说，但他的感情至今未改变或减退。

918. 致盖斯凯尔夫人

（1854年9月30日）

对于你"已经做过的既往的事"，请不要让自己为它烦恼或沮丧。

我们都知道，一本真正的好书被分割得支离破碎在刊物上发表，不是十分有利的。不过这种做法也有它好的一面。这样一来，《北与南》[①] 就可以被许多本来看不到的人读到。

已发表过的部分我颇喜欢，一期比一期更喜欢。最好的是最近一期（今天的）。这个主题在我看来似是难以处理的。起初，我为它感到遗憾。如果你对英国国教会或其教会人士怀有褊狭的观

---

① 盖斯凯尔夫人的工业题材小说，1854—1855年在《闲话》杂志上连载。

点或愤懑的情绪，我仍会感到遗憾。不过就国教会而言，我想我能理解你采取的立场；你不是要攻击它，而是要捍卫那些真心实意与它持不同见解并认为有责任摆脱它的控制的人们。

那么这个立场是好的，不过对于小说创作来说，仍然是崎岖不平举步艰难的，有时还有乱石挡道，甚至荆棘丛生——我担心会如此。我以为，你很理解北方人的气质。你把那位南方女士和北方机械师放到一起进行对比，我认为做到了合乎自然。我感到最后一期写得纯朴、真实、优美，在风格和思想上摆脱了人工斧凿的痕迹。

921．致埃伦·纳西
（1854年10月31日）

亲爱的埃伦，亚瑟抱怨说，你没有明确地表示许诺烧我的信。他说，你一定要给他一个直截了当的保证，否则他就要读我所写的每一行字，他要把自己选为我们的通信的检查官。

他说，妇女们写起信来都太轻率，她们只想到直接通信的朋友如何可靠，而不考虑可能发生的偶然情况。一封信有可能落到任何人的手里。我想，你必须做出保证，至少他是出于最大的关怀这样说了。要不然，你就会收到诸如他写给索登先生那样的信，平铺直叙，就事论事，不加半点文饰和花絮，不对任何人的性格或特征进行评说，要是有那么一句略带感情的或情意绵绵的话偷偷溜了进去，那它也仿佛是在蹑足而行，仿佛自惭形秽，臊得面呈"豆绿"色，两手羞答答地捂着脸。请另纸写下他所要的保证，字迹要清晰，下次信中寄来。

923. 致埃伦·纳西
（1854年11月7日）

亚瑟希望你烧掉我的信。我开始写此信时他出去了，可他刚回来。我问他是否保证履行你所提出的条件①，他说，"是的，你们现在彼此随便写什么危险东西都可以了"；他不是不信任"老朋友"，而是不放心战争的可能因素，信件偶然落到不相干的人手中，被不该看到的人看到，诸如此类。

这种种想法，我觉得十分好笑。这是一个男人看待通信的方式。男人们的信就像格言似的枯燥无味，不能交流思想。我以前总不大明白他们为什么把信写成那个样子。从某种意义上说，他们或许是对的。意想不到的情况确有时发生。至于我自己的信，我从不把它们看得多么重要，也从不考虑它们的下落，而亚瑟似乎把这两方面都看得很重。

---

① 埃伦对尼科尔斯要求她烧信的反要求是，他不过问她们通信的内容。

927．致埃伦·纳西
（1854年11月29日）

昨天我打算给你写信，可是刚坐下来，亚瑟就招呼我出去散步。我们出门时原不打算走远，尽管天色晦暗，阴云密布，早晨却是晴朗的。我们在荒原上走了半英里的时候，亚瑟提到那瀑布，他说融雪后想必很美。我也一直想去观赏它冬日的雄姿，于是我们继续朝前走。那瀑布确实妙不可言，恰似一道山洪，雪练般风姿绰约，从山岩顶上直泻而下。正流连观赏之际，天下起雨来，归途中大雨滂沱。可是，我对这次散步深感愉快，不管因为什么，我也不愿失去这次赏景的机会。

929．致玛格丽特·伍勒
（1854年12月6日）

关于战争，我不想说什么。不过当我读到那些可怕的报道时，我不能不想，战争是天降于人类的最大祸殃之一。我相信它不致旷日持久，因为我真正感到，经由战争赢得的任何荣光，都不能补偿因它而遭受的苦难。这个调子听起来或许有点儿不崇高，缺乏爱国精神。可我觉得，当我们步入中年，崇高和爱国精神对我们有了另一番意义，与我们年轻时所接受的那种意义不同了。

943．致莱蒂莎·惠尔赖特

（1855年2月15日）

……我现在正卧病在床，已经躺了三星期。自我婚后直到这次生病前，我身体一直极好。我丈夫和我跟我父亲住在一起，当然我不能离开他老人家。他身体颇好，比去年夏天好。我觉得，世上再也不会有比我的丈夫更好、更亲切的丈夫了。如今，我在健康时不短亲切的伴侣，在病中不缺最温存体贴的护理。

944．致埃伦·纳西

（1855年2月21日）

……我不打算谈我的病情，说也无益，适足令人生悲。我要告诉你一件让你放心的事，我知道这会使你感到宽慰——我发现我丈夫是个最能体贴人的护士、最亲爱的支持，一个女人在今世获得的最大安慰。白天他不辞劳苦地伺候我，夜间时时起来照料，经受了这样的考验，他的耐性丝毫未减退。

946．致爱米莉亚·泰勒

（1855年2月）

让我实话告诉你——我受罪极了，夜复一夜的煎熬苦不堪言。

我不停地恶心，没有片刻减缓。我用尽浑身力气呕吐，直到吐出来的东西带血。药物我已停服。要是你能寄来什么于我有益的东西，那就**寄**吧。

至于我丈夫，我的心和他紧贴在一起——他待我实在体贴，实在好，帮助实在大，实在有耐心。

可怜的乔[①]！他将要长时间受罪。愿上帝赐给他，赐给你，赐给我们大家健康、力量、安慰。

949．帕特里克·勃朗特致埃伦·纳西

（1855年3月30日）

我们遭遇了重大的困难。尼科尔斯先生深为焦虑不安，他已无力自持，无法写信。因此我抽片刻时间告诉你，我女儿病重，看来已濒临坟墓的边缘。倘若她能说话，她一定会口授我们，复你亲切的信，但现在我们只好尽力而为，自己来回信了。医生已宣告她的病无望，我们长时间以来痴心地怀着的希望，现已彻底破灭。我们只有静候那庄严的时刻到来，祈求上帝赐予我们思想和力量，以支持我们度过余生。

[①] 乔·泰勒，爱米莉亚的丈夫，玛丽·泰勒的哥哥。

950．亚·贝·尼科尔斯致埃伦·纳西

（1855年3月31日）

勃朗特先生的信想已使你有所准备，接受我不得不奉告的不幸消息。我们亲爱的夏洛蒂已不在人世。她昨夜死于体力衰竭。两三个星期以来，我们为她极感不安，但直到星期日晚上才看清楚，她与我们相处的日子不久了。我们打算在星期四早晨将她安葬。

汉译文学名著

第一辑书目（30 种）

伊索寓言	〔古希腊〕伊索著　王焕生译
一千零一夜	李唯中译
托尔梅斯河的拉撒路	〔西〕佚名著　盛力译
培根随笔全集	〔英〕弗朗西斯·培根著　李家真译注
伯爵家书	〔英〕切斯特菲尔德著　杨士虎译
弃儿汤姆·琼斯史	〔英〕亨利·菲尔丁著　张谷若译
少年维特的烦恼	〔德〕歌德著　杨武能译
傲慢与偏见	〔英〕简·奥斯丁著　张玲、张扬译
红与黑	〔法〕斯当达著　罗新璋译
欧也妮·葛朗台 高老头	〔法〕巴尔扎克著　傅雷译
普希金诗选	〔俄〕普希金著　刘文飞译
巴黎圣母院	〔法〕雨果著　潘丽珍译
大卫·考坡菲	〔英〕查尔斯·狄更斯著　张谷若译
双城记	〔英〕查尔斯·狄更斯著　张玲、张扬译
呼啸山庄	〔英〕爱米丽·勃朗特著　张玲、张扬译
猎人笔记	〔俄〕屠格涅夫著　力冈译
恶之花	〔法〕夏尔·波德莱尔著　郭宏安译
茶花女	〔法〕小仲马著　郑克鲁译
战争与和平	〔俄〕列夫·托尔斯泰著　张捷译
德伯家的苔丝	〔英〕托马斯·哈代著　张谷若译
伤心之家	〔爱尔兰〕萧伯纳著　张谷若译
尼尔斯骑鹅旅行记	〔瑞典〕塞尔玛·拉格洛夫著　石琴娥译
泰戈尔诗集：新月集·飞鸟集	〔印〕泰戈尔著　郑振铎译
生命与希望之歌	〔尼加拉瓜〕鲁文·达里奥著　赵振江译
孤寂深渊	〔英〕拉德克利夫·霍尔著　张玲、张扬译
泪与笑	〔黎巴嫩〕纪伯伦著　李唯中译
血的婚礼——加西亚·洛尔迦戏剧选	〔西〕费德里科·加西亚·洛尔迦著　赵振江译
小王子	〔法〕圣埃克苏佩里著　郑克鲁译
鼠疫	〔法〕阿尔贝·加缪著　李玉民译
局外人	〔法〕阿尔贝·加缪著　李玉民译

第二辑书目（30种）

枕草子	〔日〕清少纳言著	周作人译
尼伯龙人之歌	佚名著	安书祉译
萨迦选集		石琴娥等译
亚瑟王之死	〔英〕托马斯·马洛礼著	黄素封译
呆厮国志	〔英〕亚历山大·蒲柏著	李家真译注
波斯人信札	〔法〕孟德斯鸠著	梁守锵译
东方来信——蒙太古夫人书信集	〔英〕蒙太古夫人著	冯环译
忏悔录	〔法〕卢梭著	李平沤译
阴谋与爱情	〔德〕席勒著	杨武能译
雪莱抒情诗选	〔英〕雪莱著	杨熙龄译
幻灭	〔法〕巴尔扎克著	傅雷译
雨果诗选	〔法〕雨果著	程曾厚译
爱伦·坡短篇小说全集	〔美〕爱伦·坡著	曹明伦译
名利场	〔英〕萨克雷著	杨必译
游美札记	〔英〕查尔斯·狄更斯著	张谷若译
巴黎的忧郁	〔法〕夏尔·波德莱尔著	郭宏安译
卡拉马佐夫兄弟	〔俄〕陀思妥耶夫斯基著	徐振亚、冯增义译
安娜·卡列尼娜	〔俄〕列夫·托尔斯泰著	力冈译
还乡	〔英〕托马斯·哈代著	张谷若译
无名的裘德	〔英〕托马斯·哈代著	张谷若译
快乐王子——王尔德童话全集	〔英〕奥斯卡·王尔德著	李家真译
理想丈夫	〔英〕奥斯卡·王尔德著	许渊冲译
莎乐美 文德美夫人的扇子	〔英〕奥斯卡·王尔德著	许渊冲译
原来如此的故事	〔英〕吉卜林著	曹明伦译
缎子鞋	〔法〕保尔·克洛岱尔著	余中先译
昨日世界：一个欧洲人的回忆	〔奥〕斯蒂芬·茨威格著	史行果译
先知 沙与沫	〔黎巴嫩〕纪伯伦著	李唯中译
诉讼	〔奥〕弗兰茨·卡夫卡著	章国锋译
老人与海	〔美〕欧内斯特·海明威著	吴钧燮译
烦恼的冬天	〔美〕约翰·斯坦贝克著	吴钧燮译

第三辑书目（40种）

埃达	〔冰岛〕佚名著　石琴娥、斯文译
徒然草	〔日〕吉田兼好著　王以铸译
乌托邦	〔英〕托马斯·莫尔著　戴镏龄译
罗密欧与朱丽叶	〔英〕莎士比亚著　朱生豪译
李尔王	〔英〕莎士比亚著　朱生豪译
大洋国	〔英〕哈林顿著　何新译
论批评　云鬈劫	〔英〕亚历山大·蒲柏著　李家真译注
论人	〔英〕亚历山大·蒲柏著　李家真译注
亲和力	〔德〕歌德著　高中甫译
大尉的女儿	〔俄〕普希金著　刘文飞译
悲惨世界	〔法〕雨果著　潘丽珍译
安徒生童话与故事全集	〔丹麦〕安徒生著　石琴娥译
死魂灵	〔俄〕果戈理著　郑海凌译
瓦尔登湖	〔美〕亨利·大卫·梭罗著　李家真译注
罪与罚	〔俄〕陀思妥耶夫斯基著　力冈、袁亚楠译
生活之路	〔俄〕列夫·托尔斯泰著　王志耕译
小妇人	〔美〕路易莎·梅·奥尔科特著　贾辉丰译
生命之用	〔英〕约翰·卢伯克著　曹明伦译
哈代中短篇小说选	〔英〕托马斯·哈代著　张玲、张扬译
卡斯特桥市长	〔英〕托马斯·哈代著　张玲、张扬译
一生	〔法〕莫泊桑著　盛澄华译
莫泊桑短篇小说选	〔法〕莫泊桑著　柳鸣九译
多利安·格雷的画像	〔英〕奥斯卡·王尔德著　李家真译注
苹果车——政治狂想曲	〔英〕萧伯纳著　老舍译
伊坦·弗洛美	〔美〕伊迪斯·华尔顿著　吕叔湘译
施尼茨勒中短篇小说选	〔奥〕阿图尔·施尼茨勒著　高中甫译
约翰·克利斯朵夫	〔法〕罗曼·罗兰著　傅雷译
童年	〔苏联〕高尔基著　郭家申译
在人间	〔苏联〕高尔基著　郭家申译
我的大学	〔苏联〕高尔基著　郭家申译

地粮	〔法〕安德烈·纪德著	盛澄华译
在底层的人们	〔墨〕马里亚诺·阿苏埃拉著	吴广孝译
啊，拓荒者	〔美〕薇拉·凯瑟著	曹明伦译
云雀之歌	〔美〕薇拉·凯瑟著	曹明伦译
我的安东妮亚	〔美〕薇拉·凯瑟著	曹明伦译
绿山墙的安妮	〔加〕露西·莫德·蒙哥马利著	马爱农译
远方的花园——希梅内斯诗选	〔西〕胡安·拉蒙·希梅内斯著	赵振江译
城堡	〔奥〕弗兰茨·卡夫卡著	赵蓉恒译
飘	〔美〕玛格丽特·米切尔著	傅东华译
愤怒的葡萄	〔美〕约翰·斯坦贝克著	胡仲持译

第四辑书目（30种）

伊戈尔出征记		李锡胤译
莎士比亚诗歌全集——十四行诗及其他	〔英〕莎士比亚著	曹明伦译
伏尔泰小说选	〔法〕伏尔泰著	傅雷译
海上劳工	〔法〕雨果著	许钧译
海华沙之歌	〔美〕朗费罗著	王科一译
远大前程	〔英〕查尔斯·狄更斯著	王科一译
当代英雄	〔俄〕莱蒙托夫著	吕绍宗译
夏洛蒂·勃朗特书信	〔英〕夏洛蒂·勃朗特著	杨静远译
缅因森林	〔美〕梭罗著	李家真译注
鳕鱼海岬	〔美〕梭罗著	李家真译注
黑骏马	〔英〕安娜·休厄尔著	马爱农译
地下室手记	〔俄〕陀思妥耶夫斯基著	刘文飞译
复活	〔俄〕列夫·托尔斯泰著	力冈译
乌有乡消息	〔英〕威廉·莫里斯著	黄嘉德译
生命之乐	〔英〕约翰·卢伯克著	曹明伦译
都德短篇小说选	〔法〕都德著	柳鸣九译
无足轻重的女人	〔英〕奥斯卡·王尔德著	许渊冲译
巴杜亚公爵夫人	〔英〕奥斯卡·王尔德著	许渊冲译
美之陨落：王尔德书信集	〔英〕奥斯卡·王尔德著	孙宜学译
名人传	〔法〕罗曼·罗兰著	傅雷译
伪币制造者	〔法〕安德烈·纪德著	盛澄华译
弗罗斯特诗全集	〔美〕弗罗斯特著	曹明伦译

弗罗斯特文集	〔美〕弗罗斯特著	曹明伦译
卡斯蒂利亚的田野：马查多诗选	〔西〕安东尼奥·马查多著	赵振江译
人类群星闪耀时：十四幅历史人物画像	〔奥〕斯蒂芬·茨威格著	高中甫、潘子立译
被折断的翅膀：纪伯伦中短篇小说选	〔黎巴嫩〕纪伯伦著	李唯中译
蓝色的火焰：纪伯伦爱情书简	〔黎巴嫩〕纪伯伦著	薛庆国译
失踪者	〔奥〕弗兰茨·卡夫卡著	徐纪贵译
获而一无所获	〔美〕欧内斯特·海明威著	曹明伦译
第一人	〔法〕阿尔贝·加缪著	闫素伟译

图书在版编目（CIP）数据

夏洛蒂·勃朗特书信/（英）夏洛蒂·勃朗特著；
杨静远译.—北京：商务印书馆，2023
（汉译世界文学名著丛书）
ISBN 978-7-100-22038-5

Ⅰ.①夏… Ⅱ.①夏…②杨… Ⅲ.①勃朗特（Brontë,
Charlotte 1816-1855）—书信集 Ⅳ.①K835.615.6

中国国家版本馆CIP数据核字（2023）第032982号

权利保留，侵权必究。

汉译世界文学名著丛书
夏洛蒂·勃朗特书信
〔英〕夏洛蒂·勃朗特　著
杨静远　译

商务印书馆出版
（北京王府井大街36号　邮政编码100710）
商务印书馆发行
北京通州皇家印刷厂印刷
ISBN 978-7-100-22038-5

2023年7月第1版　开本 850×1168　1/32
2023年7月北京第1次印刷　印张 13½
定价：68.00元